校企合作汽车专业系列丛书
互联网+创新型“十四五”精品教材

新能源汽车充电系统原理与检修

（微课版）

主　编　于西虎　徐增肖
副主编　姜　涛　邢广玉　赵培涛
郭宝垒　蔡龙普　李瑞阔

哈爾濱工程大學出版社
Harbin Engineering University Press

内容简介

本书注重理论与实际结合，系统地介绍了新能源汽车充电技术基础、动力蓄电池及管理系统、车载充电机的原理与检修、充电桩工作原理与检修、交流慢充系统原理与检修、直流快充系统原理与检修、充电连接装置的构造与检修、新能源汽车充电站及其运行。

本书知识全面、层次分明、通俗易懂、易学好教，既可作为应用型本科、职业院校汽车专业的通用教材，也可供汽车修理厂、职业技能培训和相关专业人员的参考用书。

图书在版编目（CIP）数据

新能源汽车充电系统原理与检修 ： 微课版 / 于西虎，徐增肖主编. —哈尔滨 ： 哈尔滨工程大学出版社，2024.1

ISBN 978-7-5661-4245-0

I. ①新… II. ①于… ②徐… III. ①新能源—汽车—充电②新能源—汽车—检修 IV. ①U469.72

中国国家版本馆 CIP 数据核字（2024）第 029566 号

新能源汽车充电系统原理与检修（微课版）
XINNENGYUAN QICHE CHONGDIAN XITONG YUANLI YU JIANXIU（WEIKE BAN）

责任编辑 吴振雷
封面设计 赵俊红

出版发行 哈尔滨工程大学出版社
社　　址 哈尔滨市南岗区南通大街 145 号
邮政编码 150001
发行电话 0451-82519328
传　　真 0451-82519699
经　　销 新华书店
印　　刷 唐山唐文印刷有限公司
开　　本 889 mm×1 194 mm　1/16
印　　张 12.5
字　　数 360 千字
版　　次 2024 年 1 月第 1 版
印　　次 2024 年 1 月第 1 次印刷
书　　号 ISBN 978-7-5661-4245-0
定　　价 49.80 元
http://www.hrbeupress.com
E-mail:heupress@hrbeu.edu.cn

前　言

随着汽车工业的快速发展，我国汽车产业技术不断进步、规模不断扩大，正向着汽车强国不断迈进。汽车产业是国民经济的支柱产业，我国汽车产销已连续 14 年稳居世界第一，约占全球汽车产销量的 30%。党的二十大对“加快构建新发展格局，着力推动高质量发展”作出了战略部署。现代汽车企业更要全面贯彻落实党的二十大精神，充分发挥汽车产业在构建新发展格局、引领科技创新、扩大消费需求、促进国民经济增长的支柱性作用。

在国家政策的引导下，新能源汽车正从技术研发、示范推广向产业化阶段快速推进。随着新能源汽车技术的发展，新能源汽车技术开发人员、产业服务人员相对短缺，急需培养一批掌握新能源汽车知识的人才队伍。本书知识全面、层次分明、通俗易懂、易学好教，并附有大量的图片及具体的维修实例，实用性强。

本书主要有以下特色。

（1）紧贴企业实际情况。通过行业、企业调研，掌握企业对新能源汽车检测与维修专业人才的岗位需求和技能要求，确定人才培养目标（中级/高级），构建科学合理的课程体系。根据课程教学目标，合理制定学生应具备的知识与能力结构；充分考虑企业生产实际，选择当前市场上广泛使用的新能源车型进行教学。

（2）体现行业技术发展。根据汽车领域的最新发展，本书充实新知识、新技术、新设备、新材料等方面的内容，体现教材的先进性。书中采用最新的国家技术标准，使内容更加科学和规范。

（3）符合学生阅读习惯。本书在内容的呈现上，较多地利用实物照片和表格等形式将知识点生动地展示出来，力求让学生更直观地理解和掌握所学内容。

本书由山东聊城市冠县职业教育中心的于西虎、徐增肖担任主编，由山东聊城市冠县职业教育中心的姜涛、邢广玉、赵培涛，鲁中职业学院（鲁中高级技工学校）的郭宝垒，高青县职业中等专业学校的蔡龙普，山东华正安司法鉴定中心的李瑞阔担任副主编。本书的相关资料和售后服务可扫描封底微信二维码或登录 www.bjzzwh.com 下载获得。

在编写过程中，编者引用了大量原厂手册及文献资料，在此向原作者们表示衷心的感谢。由于新能源汽车领域技术日新月异，同时编者知识和能力也会存在不足，书中难免存在不当之处，请读者及时反馈，以便以后修订。

编　者

CONTENTS
目录

第一章 新能源汽车充电技术基础

本章导读

新能源汽车是指采用新型动力系统，完全或者主要依靠新型能源驱动的汽车，具体包括插电式混合动力汽车、纯电动汽车和燃料电池汽车等。本书新能源汽车主要指纯电动汽车和插电式混合动力汽车。新能源汽车充电技术的关键问题是如何实现高效率的快速充电，这关系到充电器的容量和性能、电网的承载能力和动力电池的承受能力等。随着动力电池本身充放电速度的不断提高，充电系统的性能也在不断地改进，以满足在多种不同应用情况下的快速充电需求。本章将学习新能源汽车充电系统的相关知识。

学习目标

◎知识目标

1. 熟悉新能源汽车充电方法与充电模式。
2. 了解新能源汽车充电标准和技术要求及操作注意事项。
3. 掌握新能源汽车充电系统的结构组成及工作原理。

◎技能目标

1. 能对新能源汽车充电状态进行识别。
2. 能对新能源汽车进行正确充电。

素质目标

1. 树立大学生学习观，主动学习，树立职业理想，制定职业发展规划。
2. 培养学生对专业兴趣的认同感、自豪感，引导学生树立与新能源汽车相关的理想信念。

第一节 新能源汽车充电系统认知

一、新能源汽车充电系统的结构组成

新能源汽车充电系统

充电系统是新能源汽车主要的能源补给系统。图 1－1 是新能源汽车充电系统示意图。新能源汽车充电系统主要由充电桩、充电线束、车载充电器、高压控制盒、动力电池、DC/DC 转换器、低压蓄电池以及各种高压线束和低压控制线束等组成。

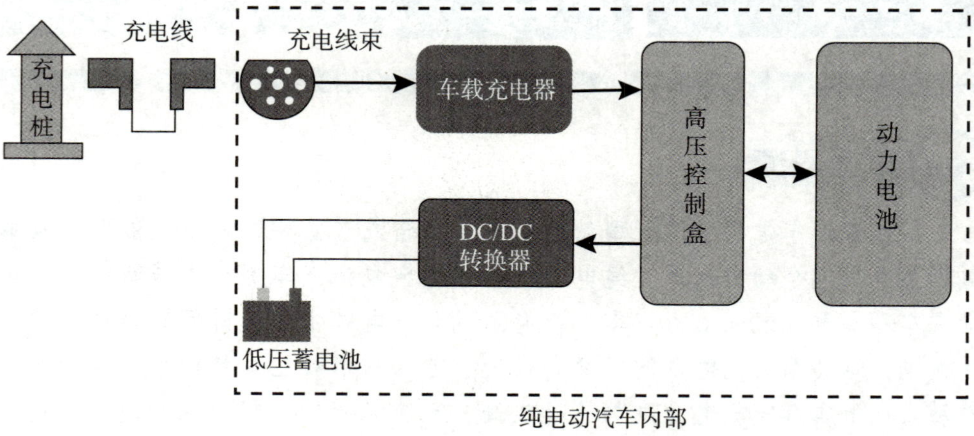

图 1－1　新能源汽车充电系统示意图

对于新能源汽车，高电压蓄电池充电系统是不可缺少的子系统之一，其功能是将电网的电能转化为车载高电压蓄电池的电能，当高电压蓄电池充满后自动停止充电。高电压蓄电池充电系统主要由充电器、充电设备和车载充电接口三部分组成。

（一）充电器

充电器是指将电网提供的交直流电能转化为车载高电压蓄电池所需的直流电能的装置（即 AC/DC、DC/DC 整流器）。新能源汽车充电器分为车载充电器（安装在车内）和非车载充电器（安装在充电桩内）两种。

车载充电器是指将 AC/DC 整流器安装在新能源汽车上，采用地面交流电网或车载电源对高电压蓄电池组进行充电的装置。车载充电器负责与交流电网建立连接并满足车辆充电电气安全要求。此外还通过控制导线与车辆建立通信。这样可以安全启动充电过程并在车辆与车载充电器之间交换充电参数（例如，最大电流强度）。

（二）充电设备

充电设备是指为满足新能源汽车充电而配备的户外使用型供电设备，可固定在停车场、广场及其他便于新能源汽车停靠的地点。充电设备给新能源汽车提供单相或三相交流电源，使用标准非接触式智能卡控制充电开始和结束，并提供过压、欠压、过流、过温、防雷等系统保护功能。

1. 移动充电包

移动充电包是一条充电线，任何有普通电源插口的地方都可以充电，体积和质量均较小，所以使用非常方便，如图 1－2 所示。可将移动充电包放在发动机室盖下方的移动充电包盒内或者后备厢内。由于使用普通家用插座将移动充电包连接到交流电压网络上，因此限制了最大充电电流强度。在我国针对该交流电压网络提供的相关产品型号可使用最大 16 A 电流强度或最大 3.7 kW 充电功率，属于车载慢充系统。从计算角度来说，使之前完全放电的新能源汽车高电压蓄电池重新充满电大约需要持续 7 h。为减少数小时计的最大充电功率使用时间，不允许以最大充电电流进行充电，因此实际充电持续时间更长。

图 1－2　移动充电包

需要注意的是使用家用插座为新能源汽车充电时，也需要考虑插座及线路的承受能力，如果使用一些伪劣产品的插座，存在充电插座烧毁、线路烧熔等安全隐患。

2. 固定充电桩

新能源汽车供电设备根据其尺寸和电气要求必须以固定方式进行安装，例如客户屋内或车库内；在公共场所例如停车场也可以设立这种充电桩。固定安装式充电桩设备（又称为“充电桩”）分为交流电充电桩和直流电充电桩。

交流电充电桩可通过两相（美国）或三相（在德国普及）方式将交流电充电桩连接至交流电压网络，但始终通过单相方式与新能源汽车充电接口进行连接。在我国，固定安装式交流电充电桩包括落地式和挂壁式两种。与移动充电包不同，在此最大电流强度可为 32 A，最大充电功率可为 7.4 kW，这些最大值由电气安装所用导线横截面大小所决定。进行安装时，电气专业人员根据导线横截面进行充电桩配置，从而确保可通过控制信号将相应最大电流强度传输至车辆。

在美国，充电电缆与交流电充电站之间不允许使用插接连接件，因此客户无法断开充电电缆与交流电充电站的连接。

直流电充电桩是固定安装式充电桩的另一种形式。与交流电充电桩不同，在直流电充电桩内已将交流电压转化为直流电压。因此在新能源汽车上无需通过车载充电器将交流电压转化为直流电压。直流电充电桩通常可提供远高于交流电充电桩的充电功率，因此通过直流电充电桩可更加迅速地为高电压蓄电池充电。

（三）车载充电接口

新能源汽车车载充电可分为快充和慢充，为了保证充电迅速高效，使用特定的充电接口进行充电，像在传统车辆上必须打开燃油箱盖一样，按压充电接口盖或操作遥控钥匙开锁按钮从而使充电接口盖开锁。此外，充电时需要保证整车防水密封性要求，通过另一个端盖防止真正的充电接口受潮和弄脏，并且要保证车载充电接口能够承受瞬时大电流的充电过程。

车载充电接口一般设置在车辆的侧面（原加油口位置）和前面（车标后面），不同厂家在充电接口位置设置时略有不同。新能源汽车车载充电接口安装在左侧外围板上，如图 1－3 所示。可以用直流充电桩给汽车进行充电，以 100 A 或 30 A 的充电电流给高压蓄电池充电；也可以用充电桩或家用 220 V 交流电充电。

图 1－3　车载充电接口

二、新能源汽车充电方法与充电模式

（一）新能源汽车充电方法及特点

新能源汽车充电方式主要有常规充电方式、快速充电方式、更换电池充电方式、无线充电方式及未来其他前沿技术等。

1. 常规充电方式

常规充电方式采用恒压、恒流的传统充电方式对新能源汽车进行充电，相应的充电机的工作和安装成本相对较低，新能源汽车家用充电设施（车载充电机）和小型充电站多采用这种充电方式。

车载充电机是新能源汽车的一种最基本的充电设备，如图1-4所示。充电机作为标准配置固定在车上或放在后备厢里。由于只需将车载充电机的插头插到停车场或家中的电源插座上即可进行充电，因此充电过程一般由客户自己独立完成。该方式直接从低压照明电路取电，充电功率较小，由220 V/16 A规格的标准电网电源供电，典型的充电时间为8~10 h（SOC值达到95%以上）。这种充电方式对电网没有特殊要求，只要能够满足照明要求的供电质量就能够使用。由于在家中充电通常是晚上或者是在电低谷期，有利于电能的有效利用。

小型充电站是新能源汽车的另一种充电方式，如图1-5所示。充电桩设置在街边、超市、办公楼、停车场等处，采用常规充电电流充电，新能源汽车驾驶员只需将车停靠在充电站指定的位置上，接上电线即可开始充电。计费方式是投币或刷卡，充电功率一般为5~10 kW，采用三相四线制380 V供电或单相220 V供电。其典型的充电时间是补电1~2 h，充满5~8 h（SOC值达到95%以上）。

图1-4　车载充电机充电方式

图1-5　小型充电站

常规充电方式主要优点是充电技术成熟，技术门槛低，使用方便，容易推广普及；充电设施配置简单，占地较小，投资少；电池充电过程缓和，电池能够深度充满；充电时电池发热温和，不易发生高温短路或爆炸危险，安全性较高；接口和相关标准较低；充电功率相对低，对配电网要求降低，基础设施配套需求小，选择夜间充电可避开傍晚用电高峰期，节能效果较好。

常规充电方式主要缺点是充电时间长，续驶里程有限，使用受到限制；用于有慢速充电需求的停车场所，如住宅小区停车场、社会公共停车场等。

2. 快速充电方式

快速充电方式是以150~400 A的高充电电流在短时间内为蓄电池充电，与常规充电方式相比安装成本相对较高。快速充电也可称为迅速充电或应急充电，其目的是在短时间内给新能源汽车充满电，大型充电站（机）多采用这种充电方式。

大型充电站（机）的快速充电方式，如图1-6所示。它主要针对长距离旅行或需要进行快速补充电能的情况进行充电，充电机功率很大，一般都大于30 kW，采用三相四线制380 V供电。其典型的充电时间是10~30 min。这种充电方式对电池寿命有一定的影响，特别是普通蓄电池不能进行快速充电，因为在短时间内接受大量的电量会导致蓄电池过热。快速充电站的关键是非车载快速充电组件，它能够输出35 kW甚至更高的功率。由于功率和电流的额定值都很高，因此这种充电方式对电网有较高的要求，一般应靠近10 kV变电站附近或在监测站和服务中心中使用。

图 1－6　新能源汽车充电站

快速充电方式主要优点是技术较为成熟，接口标准要求较低，充电速度快，可增加新能源汽车长途续航能力，是一种有效的补充方案。

快速充电方式主要缺点是充电功率较大，接口和用电安全提高，电池散热成为重要因素；电池不能深度充电，一般为电池容量的 80% 左右，容易损害电池寿命，需要承担更多的电池折旧成本；短时用电消耗大，对配电网要求较高，基础设施配套需求巨大。

3. 更换电池充电方式

除了以上几种充电方式外，还可以采用更换电池组的方式，即在蓄电池电量耗尽时，用充满电的电池组更换已经耗尽的电池组。新能源汽车用户把车停在一个特定的区域，然后用更换电池组的机器将耗尽的蓄电池取下，换上已充满电的电池组。由于电池更换过程包括机械更换和蓄电池充电，因此有时也称它为机械“加油”或机械充电。电池更换站同时具备正常充电站和快速充电站的优点，也就是说可以用低谷电给蓄电池充电，同时又能在很短的时间内完成“加油”过程。通过使用机械设备，整个电池更换过程可以在 10 min 内完成，与现有的燃油车加油时间大致相当。

电池更换方式主要优点是电池更换客户感受接近传统的加油站加油；用户只需购买裸车，电池采用租赁的方式，大幅降低了车辆价格；采用适合的充电方式保证电池的健康及电池效能的发挥，电池集中管理便于集中回收和维护，减小环境污染；选择夜间用电低谷时段慢速充电，可降低服务机构运行成本，对电网起到错峰填谷作用。

电池更换方式主要缺点是基础设施建设成本较高，占用场地大，电网配套要求高；需解决新能源汽车更换电池方便的问题，如电池设计安装位置、电池拆卸难易程度等；需要新能源汽车行业众多标准的严格统一，包括电池本身外形和各项参数的标准化，电池和新能源汽车接口的标准化，电池和外置充电设备接口的标准化等；电池更换容易导致电池接口接触不良等问题，对电池及车辆接口的安全可靠要求提高；电池租赁带来的资产管理、物流配送、计价收费等一系列问题，提高了运作复杂性和成本提高。

4. 无线充电方式

无线充电方式包括电磁感应式、磁场共振式、无线电波式三种方式。新能源汽车非接触充电方式的研究目前主要集中在感式充电方式，不需要接触即可实现充电。目前，日产和三菱都有相关产品推出，其原理是采用了可在供电线圈和受电线圈之间提供电力的电磁感应方式，即将一个受电线圈装置安装在汽车的底盘上，将另一个供电线圈装置安装在地面，当新能源汽车驶到供电线圈装置上时，受电线圈即可接收到供电线圈的电流，从而对电池进行充电。

相对于新能源汽车的有线充电而言，无线充电具有使用方便、安全、可靠，没有电火花和触电的危险，无积尘和接触损耗，无机械磨损，没有相应的维护问题，可以适应雨、雪等恶劣的天气和环境等优点。无线充电技术用于新能源汽车充电可以降低人力成本，节省空间，不影响交通视线等。如果可以实现新能源汽车的动态无线充电，则可以大幅减少新能源汽车配备的动力电池容量，从而减轻整车质量，降低新能源汽车的运行成本。

有了无线充电技术，公路上行驶的新能源汽车可通过安装在电线杆或其他高层建筑上的发射器快速补充电能。电费将从新能源汽车上安装的预付卡中扣除。

5. 移动式充电方式

对新能源汽车蓄电池而言，最理想的情况是汽车在路上巡航时充电，即所谓的移动式充电（MAc）。因此，新能源汽车用户就没有必要去寻找充电站、停放车辆并花费时间去充电了。MAc 系统埋设在一段路面之下，即充电区，不需要额外的空间。

接触式和感应式的 MAc 系统都可实施。对接触式的 MAc 系统而言，需要在车体的底部安装一个接触拱，通过与嵌在路面上的充电元件相接触，接触拱便可获得瞬时高电流。当新能源汽车巡航通过 MAc 区时，其充电过程为脉冲充电。对于感应式的 MAc 系统，车载式接触拱由感应线圈所取代，嵌在路面上的充电元件由可产生强磁场的高电流绕组所取代。很明显，由于机械损耗和接触拱的安装位置等因素的影响，接触式的 MAc 对人们的吸引力不大。

（二）新能源汽车常见充电模式

充电是新能源汽车使用过程中必不可少的环节，充电快慢影响着新能源汽车使用者的出行规律。根据新能源汽车动力电池组的技术特性和使用性质，在国际标准 IEC 61851－1 中（IEC 为国际电工委员会）规定了不同的充电模式。表 1－1 汇总了各种充电模式的重要参数。

表 1－1　新能源汽车各种充电模式的重要参数

充电类型	充电模式	额定电压电流	与车辆通信	充电插头连接
交流充电	充电模式一	220 V AC/16 A	无	插座
	充电模式二	220 V AC/8～16 A	通过充电电缆内的模块	插座
	充电模式三	220 V AC/16～63 A	通过充电站内的模块	交流充电桩
直流充电	充电模式四	380 V AC/30～300 A	通过充电站内的模块	非车载充电机（柜）

同样是充电，不同的充电模式除了充电时间外的差异，还有没有别的区别呢？根据充电电流大小及充电方式的异同，交流充电可以分为三种充电模式，各厂家不同模式对应不同的充电导线或不同颜色的插头。

1. 充电模式一

由于家用充电插座内不带控制导线和接近导线，充电模式一（图 1－7）无法与车辆建立通信，充电时无法限制和确认最大电流强度，所以大部分厂家都不采用。

1—普通家用插座；2—用于普通家用插座的插头；3—保护开关；4—充电电缆；5—充电插头；6—车辆上的充电接口。

图 1－7　充电模式一

2. 充电模式二

新能源汽车车载充电器负责与交流电压网络建立连接并满足车辆充电电气安全要求，此外还通过控制导线与车辆建立通信。这样可以安全启动充电并在车辆与车载充电器之间交换充电参数（例如最大电流强度）。采用随车配备的便携式移动充电包进行充电，一般采用充电模式二（图 1－8），可使用家用电源或厂家专用充电桩电源。充电电流较小，一般为 8～16 A，电流可采用两相交流电和三相交流电，因此依据电池组容量大小，充电时间为 5～8 h。

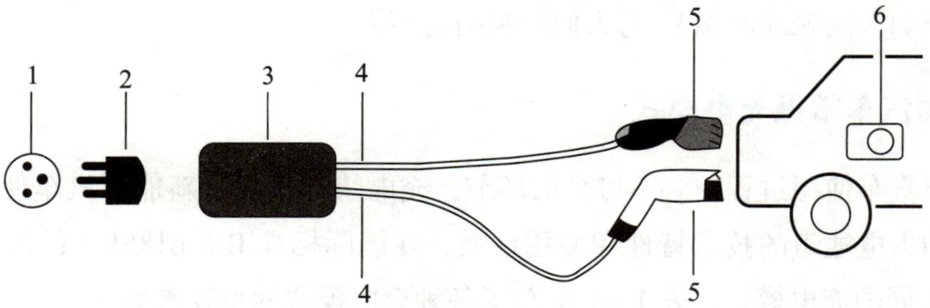

1—普通家用插座；2—用于普通家用插座的插头；3—集成式电缆箱；4—充电电缆；5—充电插头（欧规和美规）；6—车辆上的充电接口。

图 1－8　充电模式二

由于使用普通家用插座将集成式电缆箱连接到交流电压网络上，因此限制了最大充电电流强度。值得注意的是，一般家用插座为 10 A，16 A 插头并不通用，需要用电热水器或空调的插座。电源线上的插头有标明该插头是 10 A 或 16 A。充电模式二使用非常广泛，可设立在家里、公共停车场与公共充电站等地方，因充电时间较长，可满足白天运作、晚上休息的车辆。

3. 充电模式三

在充电站还没有全面普及的情况下，公共充电桩或厂家充电机很大程度上解决了新能源汽车在公共场合充电难的问题。通过厂家充电机或充电桩进行交流充电时，一般采用充电模式三（图1－9）。

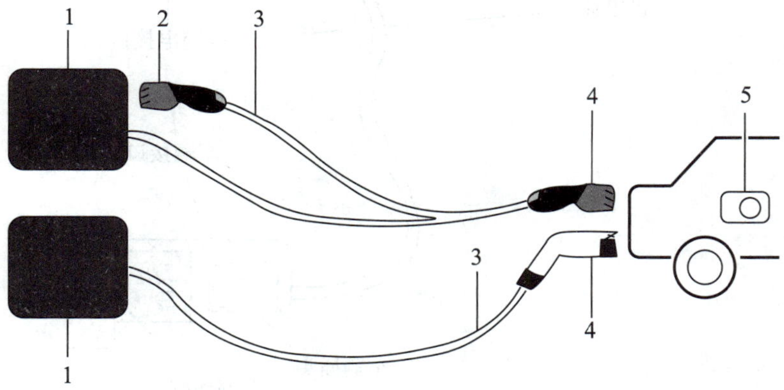

1—充电机或充电桩；2—充电插头（欧规）；3—充电电缆；
4—用于连接车辆的充电插头（欧规和美规）；5—车辆上的充电接口。

图1－9　充电模式三

交流充电桩充电需要通过充电模式三的充电插头进行车辆连接。在美国充电电缆与交流电充电站/充电桩之间不允许使用插接连接件。因此用户无法断开充电电缆与交流电充电站/充电桩的连接。

4. 充电模式四

直流充电桩主要用于对纯电动汽车进行快速充电，需要通过充电模式四的充电插头进行车辆连接。直流充电桩实质上为应急充电模式，其目的是短时间内给电动汽车充电。高功率、高电压的工作条件使得直流充电桩仅在大型充电站或公路旁作为应急使用。从总体使用层面来说，并不建议经常使用直流充电桩进行充电。直流充电桩仅部分车型支持。快速充电模式的电流和电压一般为150～400 A和200～750 V，充电功率大于50 kW。此种方式多为直流供电方式，地面的充电机功率大，输出电流和电压变化范围宽。

虽然快速充电的充电速度非常高，其充电时间接近内燃机注入燃油的时间，但充电设备安装要求和成本非常高，并且快速充电的电流电压较高，短时间内对电池的冲击较大，容易令电池的活性物质脱落和电池发热，因此对电池保护散热方面要求更高，并不是每款车型都可快速充电。无论电池再完美，长期快速充电终究影响电池的使用寿命。

（三）充电连接装置及连接方式

新能源汽车充电时，连接新能源汽车和新能源汽车供电设备的组件，除电缆外，还可能包括供电接口、车辆接口、缆上控制保护装置和帽盖等部件。充电连接装置示意图如图1－10所示。

连接方式指的是使用电缆和连接器将新能源汽车接入电网（电源）的方法。

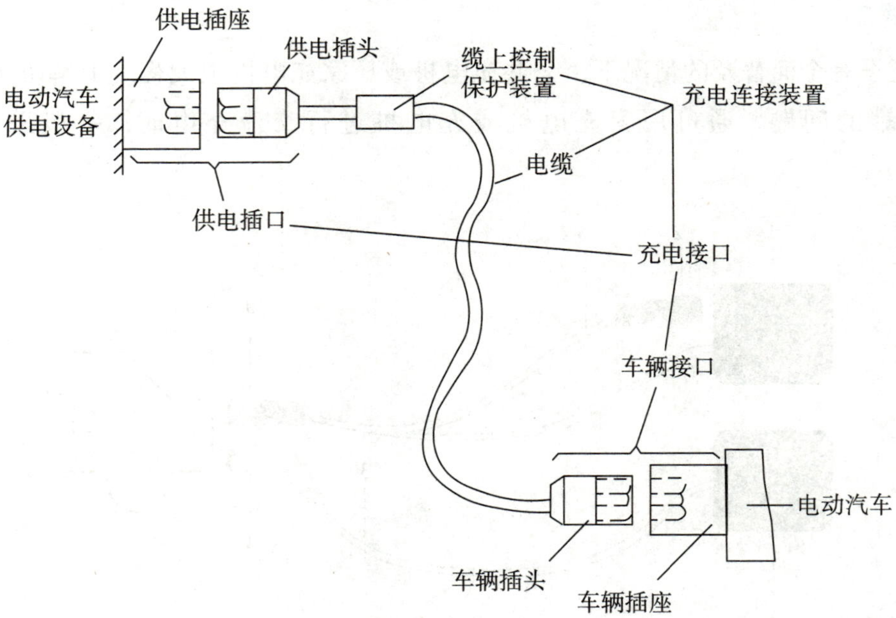

图 1－10　充电连接装置示意图

1. 连接方式 A（case A connection）

将新能源汽车和交流电网连接时，使用和新能源汽车永久连接在一起的充电电缆和供电插头，如图 1－11 所示。

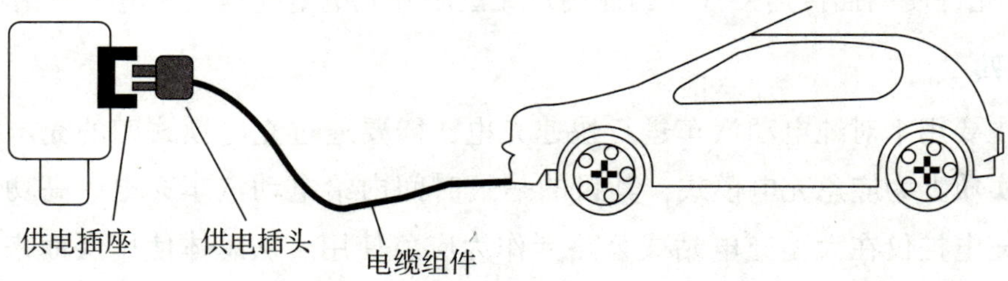

注：电缆组件是车辆的一部分

图 1－11　连接方式 A

2. 连接方式 B（case B connection）

将新能源汽车和交流电网连接时，使用带有车辆插头和供电插头的独立的活动电缆组件，如图 1－12所示。

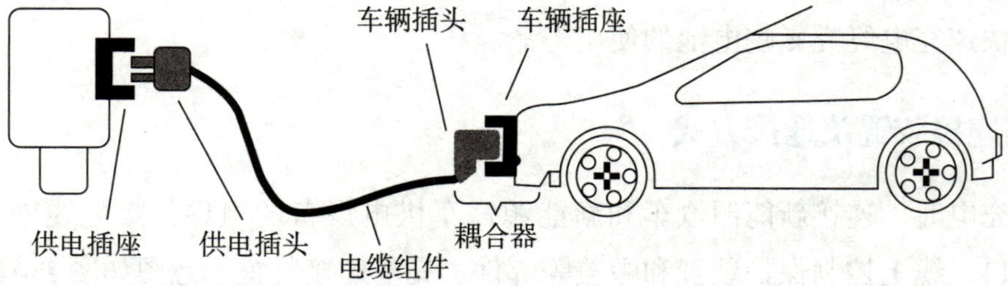

注：可拆卸电缆组件不是车辆或者充电设备的一部分

图 1－12　连接方式 B

3. 连接方式 C（case C connection）

将新能源汽车和交流电网连接时，使用和供电设备永久连接在一起的充电电缆和车辆插头，如图 1－13 所示。

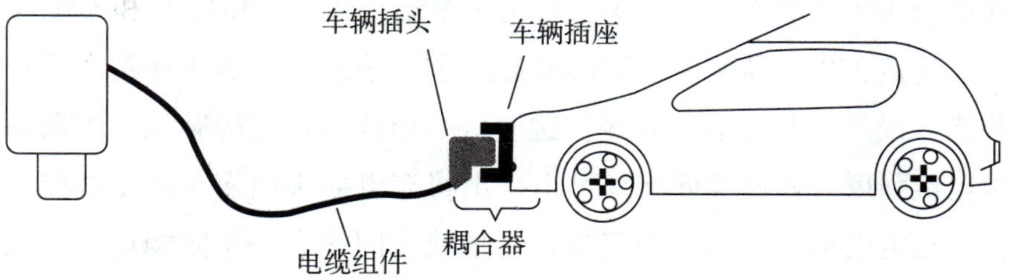

注：电缆组件是充电设备的一部分

图 1－13　连接方式 C

连接方式 A、连接方式 B、连接方式 C 适用于模式三，仅连接方式 C 适用于模式四。

三、新能源汽车充电标准和技术要求

（一）全球统一标准

为了加速新能源汽车市场化进程，降低开发成本，利于供应商、运营商及用户，缩短开发周期并利于新能源汽车厂商的出口竞争力，很多充电组件均采用标准化结构和功能。目前全球充电标准统一为“Combo（联合充电系统）”。

联合充电系统其优点是低成本、快速、便利、可靠、体积小、带宽高，可应用于其他场合。目前主要标准有美国机动车工程师学会（SAE）和国际电工委员会（IEC）标准。国家标准（GB）暂时没有统一的标准出台。

（二）充电插头的技术要求

所用充电插头为标准化部件（IEC 62196－2）。根据车辆配置和国家规格使用不同充电接口。

1. 美规交流充电插头技术要求

美国、日本、韩国等国家主要使用美规交流充电插头进行交流电充电。用于 7.4 kW 交流电充电和 3.7 kW 交流电的充电电缆基本上使用相同插头连接车辆，插头区别仅在于根据充电电缆的电流承载能力，接近导线内的电阻大小不同，图 1－14 为该插头的结构和接口。

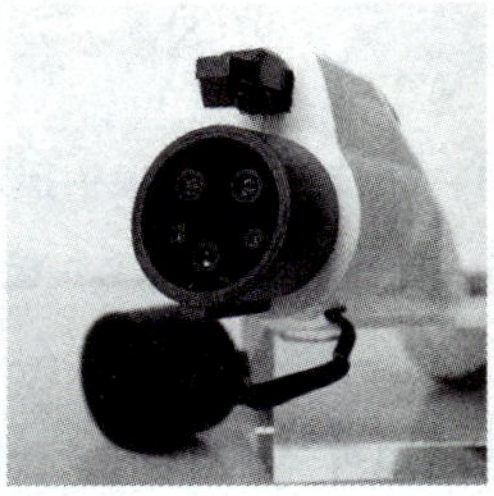

图 1－14　交流充电插头（美规型号）

2. 欧规交流充电插头技术要求

欧洲和我国主要使用欧规交流充电插头进行交流电充电。图 1－15 为该插头的结构和接口。在与交流电充电即车载充电机有关的标准中，国家电网的（Q/GDW 399—2009），仅规定

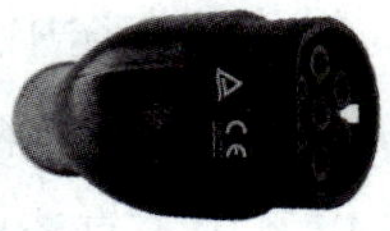

图 1－15　交流充电插头（欧规型号）

了接口的定义、实现的功能，对于具体外形尺寸、控制电路并未具体说明；南方电网只有交流充电桩的标准。通过了解，现在交流充电的标准已经统一，即中华人民共和国工业和信息化部的（QC/T 841—2010）。

无论是美规充电插头还是欧规充电插头，常用 5 个端子接口。相位 L 和零线 N 采用带有屏蔽层的高电压导线设计，连接 220 V 高压电，端部通过一个扁平高电压插头连接车载充电器的交流电接口。控制导线和限流导线使用普通信号导线，这些信号导线也带有屏蔽层。控制导线用于确定和传输最大的可用充电电流强度。通过接近导线可识别出将充电插头插入车辆充电接口内的充电电缆最大电流负载能力。在充电电缆插头内，限流接口与地线之间接有一个欧姆电阻。电阻值说明所用充电电缆允许的最大电流强度（根据导线横截面）。在标准（IEC 61851）中规定了电阻和电流强度的分配情况。地线在充电接口附近与车辆接地电气连接，通过这种方式保护接地。

3. 组合充电插头 Combo 技术要求

Combo 充电是依据标准（IEC 62196）用于新能源汽车的充电插接系统，既支持交流电充电也支持直流电充电，主要包括一个车辆充电接口和一个充电插头（集成有两个分别用于交流电充电和直流电充电的充电插头）。这种通用插接系统只需要具备一个车辆充电接口便可实现不同的交流电和直流电充电方式。在此分为用于美国市场的型号 Combo 1 接口，如图 1－16 所示。欧洲市场的型号 Combo 2 接口，如图 1－17 所示。

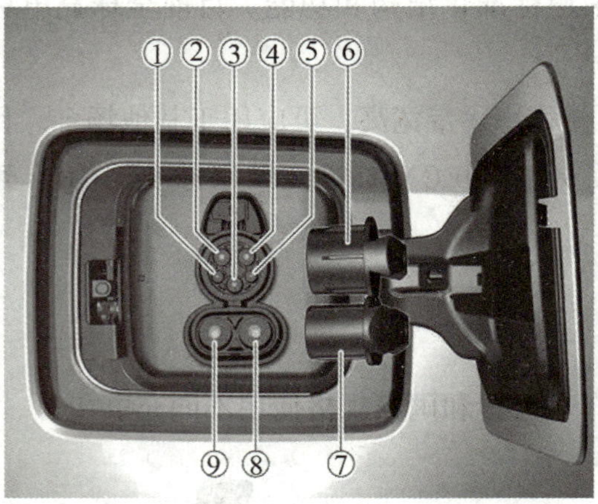

1—相位 L 接口；2—接近导线接口；
3—地线 PE 接口；4—控制导线接口；
5—零线 N 接口；6—未使用；
7—直电流负极导线接口；8—直流电正极导线接。

图 1－16　交直流充电插头接口（美规 Combo 1）

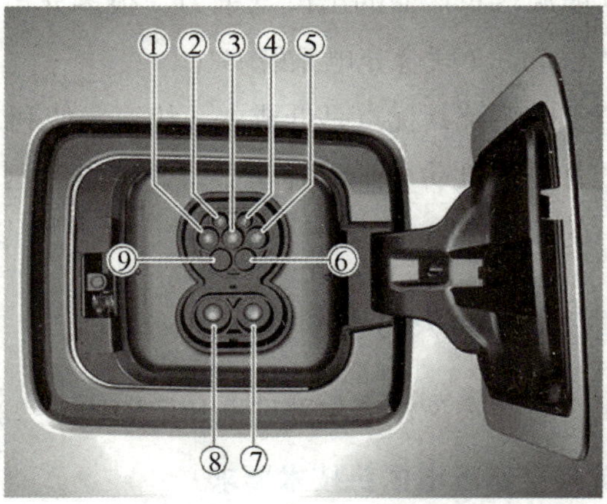

1—接近导线接口；2—相位 2 接口；3—地线 PE 接口；
4—零线 N 接口；5—控制导线接口；6—交流电充电插孔保护帽；7—直流电充电插孔保护帽；8—直流电负极导线接口；9—直流电正极导线接口。

图 1－17　交直流充电插头接口（欧规 Combo 2）

这两种型号的直流电接口触点相同，由于与交流电充电相比直流电触点尺寸较大，可实现最大 200 A 电流，因此可在途中进行快速充电。

用于 Combo 充电的车辆充电接口（Combo 1 和 Combo 2）包括上述用于交流电充电的插孔（型号 1 和型号 2）以及用于直流电充电的插孔，这种充电接口的优点是客户既可使用交流电充电站也可使用直流电充电站进行高电压蓄电池充电。

进行直流电充电时，充电期间断开充电插头会产生电弧。为了避免这种情况，充电期间以电动机械方式锁止充电插头，这样可以避免使用者遇到危险情况。充电插头上的人机工程学造型手柄以及较小插入力和拉力确保用手便可实现舒适插头操作。

4. 我国直流充电插头的技术要求

中国型号充电插头是指我国直流充电标准，目前直流充电接口相关的标准有中华人民共和国工业和信息化部、国家电网有限公司和中国南方电网有限责任公司三个标准，尚未完全统一。三个通信协议均将充放电过程划分为握手阶段、配置阶段、充电阶段、充电结束阶段，对于充电机与 BMS 的地址分配也是一样的，但由于三个标准的起草单位均没有重叠，所以协议中报文的具体格式并不相同。三个标准均遵循 CAN2.0B 协议的内容，推荐波特率为 250 kb/s，均推荐使用独立的 CAN 总线接口。负电流值代表充电，正电流值代表放电，图 1－18为该插头接口。

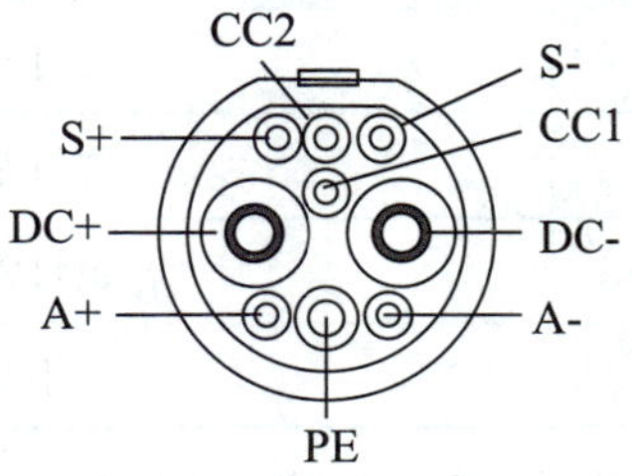

（a）插头端子布置图

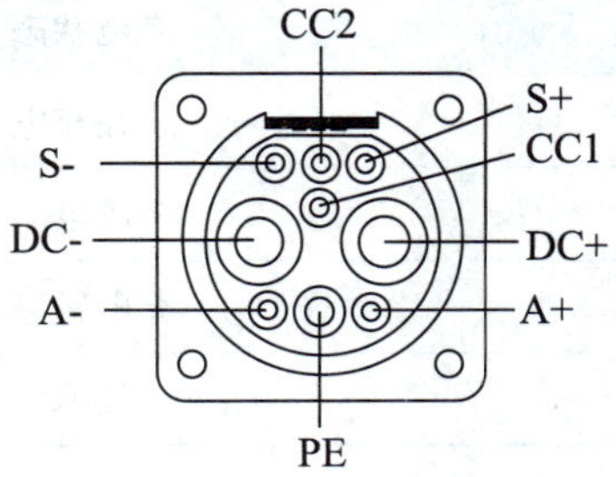

（b）插座端子布置图

S＋—通信 CAN－H；S－—通信 CAN－L；CC1—充电连接确认 1；CC2—充电连接确认 2；
DC＋—直流电正极导线接口；DC－—直流电负极导线接口；PE—地线接口；A＋—低压辅助电源＋；A－—低压辅助电源。

图 1－18　直流充电插头接口（中国型号）

出于安全考虑，在充电接口连接过程中，端子连接顺序为：保护接地、直流电源正极与直流电源负极、低压辅助电源正极与低压辅助电源负极、充电通信、充电确认；在脱开的过程中则顺序相反。新能源汽车的车辆控制装置能够通过测量检查点的峰值电压判断充电插头与充电接口是否充分连接。

5. 日本直流充电插头 CHAdeMO 技术要求

CHAdeMO 充电是另一种直流电充电，主要在日本作为标准充电方式使用。CHAdeMO 是 CHArge de Move 的缩写，即“移动充电”（Charge for moving）。目前，欧洲和美国的充电站也可进行符合 CHAdeMO 要求的快速充电。采用这种方式时，充电电压在 300～600 V 范围内变化，电流强度最高可达 200A，因此充电功率约为 60 kW，用于直流电充电的充电接口位于车辆右侧后方。图 1－19 为该插头接口。

图 1－19　CHAdeMO 充电插头接口

四、新能源汽车充电状态的识别

新能源汽车充电时可以通过充电接口的充电指示灯、220 V家用充电移动包的集成式电缆箱、充电桩（机）用户操作界面或按钮指示灯等几个方面进行充电状态的识别。

（一）充电接口的充电指示灯

充电接口的充电指示灯有单个LED指示灯和C形光导纤维LED指示灯。奇瑞S15EV采用了单个LED指示灯，位于充电接口下方，打开加油口盖和充电口盖就可以看到。充电状态指示灯闪烁方式见表1-2。

表1-2　充电状态指示灯闪烁方式

序号	充电状态	指示灯状态
1	正在充电	红灯常亮
2	满电	绿灯常亮
3	充电暂停	黄灯常亮
4	故障	不亮

宝马i3插电式新能源汽车有1个C形光导纤维围绕在车辆充电接口周围可显示出充电状态；同时光导纤维还用作充电接口定向照明。

充电接口定向照明装置用于插上和拔下充电电缆时为驾驶员提供方向引导。充电接口盖打开后，2个LED就会发出白光。识别出正确插入充电插头后，就会关闭定向照明装置并显示初始化状态。

正确插入充电插头后就会立即开始初始化。初始化阶段最长持续10 s。期间LED以频率为1 Hz的橙色闪烁。成功进行初始化后可开始为高电压蓄电池充电。

LED以蓝色闪烁表示目前正处于高电压蓄电池充电过程。闪烁频率约为0.7 Hz。如果初始化阶段已顺利完成且当前不打算充电（例如，设定夜间低谷时充电），充电暂停或充电就绪。

充电结束后LED以绿色持续亮起时表示高电压蓄电池充电状态“已完全充电”。

如果在充电过程中出现故障，LED会以红色闪烁表示相关状态。在此LED以约0.5 Hz的频率闪烁3次，每3组暂停约0.8 s。

（二）220 V家用充电移动包的集成式电缆箱指示灯

220 V家用充电移动包的集成式电缆箱指示灯功能如图1-20所示，各个指示灯状态的定义一般位于集成式电缆箱的背面。

（三）充电桩/充电机指示灯

充电桩/充电机指示灯分为智能型和非智能型。智能型带有用户操作界面直接显示（例如，比亚迪100 A的直流充电机）。充电时蓝色充电指示灯不断闪烁。当车辆充满电时，充电机自动停止充电，此时粉色充电指示灯闪烁。

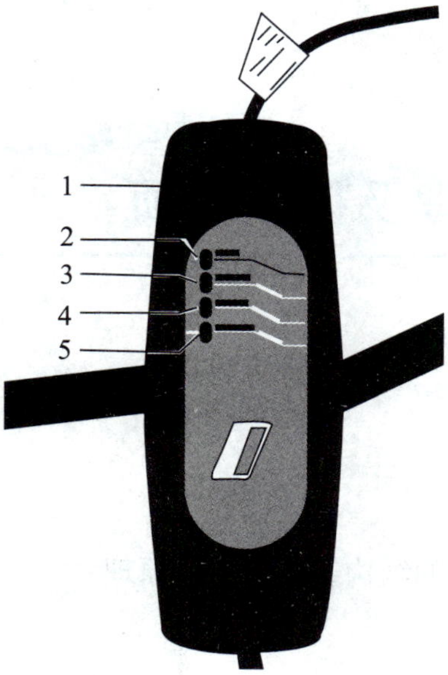

"电源"灯	"充电中"灯	"接地检测"灯	"充电故障"灯	状态
●	●	●	●	无电源接入
○	●	○/●	●	未请求充电
○	○	○/●	●	控制盒拱电
○	○/●	○	●	接地短路
○	○/●	●	●	未接地
○	●	○/●	○	车辆通信故障
○	●	○/●	⊠	车辆接地故障
○	●	⊠		内部故障
●＝暗　○=亮　⊠＝闪烁				

1—BMWi 移动式车辆供电设备；2—电源指示灯；3—充电状态指示灯；
4—车载充电器故障指示灯；5—充电期间故障指示灯。

图 1－20　集成式电缆箱指示灯功能

非智能型不带用户操作界面，只能通过按钮背景指示灯进行识别（例如，比亚迪 30 A 的直流充电机）。连接正常后，向右旋开充电机侧面的急停按钮，此时充电机为待机状态，中间 LED 指示灯闪烁为红色；充电时中间 LED 指示灯和启动/停止按钮为绿色；当车充满电时，充电机自动停止充电，此时中间 LED 指示灯闪烁为红色；如充电过程中或启动充电时出现故障，充电机中间 LED 指示灯闪烁为黄色。

第二节 新能源汽车充电系统工作原理及操作事项

一、新能源汽车充电系统的工作原理

本节以北汽新能源 EV 系列新能源汽车为例，介绍充电系统的结构组成与工作原理。

（一）充电系统低压设计的功能

纯电动汽车充电系统低压部分主要用于低压供电及控制信号。

1. 车载充电器相关低压部分

12 V 电源（低压蓄电池）供电：供充电过程中 BMS、VCU、仪表等用电。

CAN 通信：BMS 通过 CAN 通信控制车载充电器工作状态。

CAN 网络系统，如图 1－21 所示。

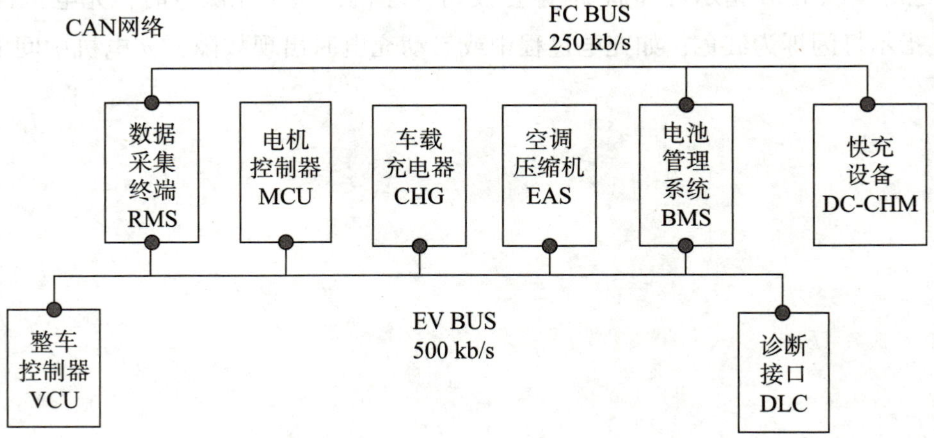

图 1－21　充电系统相关的 CAN 网络系统结构示意图

2. DC/DC 转换器低压部分

通过使能控制 DC/DC 转换器开关机，12 V 电源提供整车低压系统用电。

低压充电系统控制方式，如图 1－22 所示。

3. 其他相关的低压部分

如充电接口相关低压部分等。

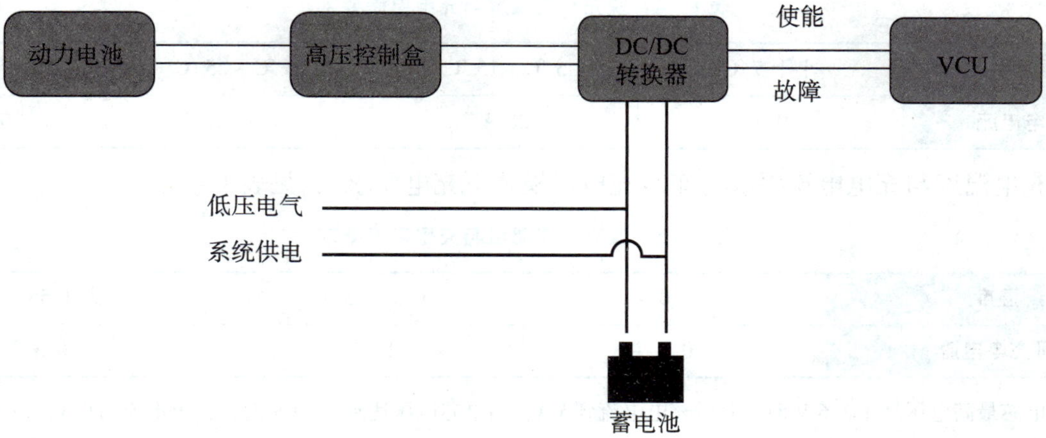

图 1－22　低压充电系统控制方式

（二）慢充和快充控制策略

1. 充电系统控制过程

作为纯电动汽车的核心，动力电池的充电过程由 BMS 进行控制及保护。

车载充电器工作状态及指令均由 BMS 发出的指令进行控制，包括工作模式指令、动力电池允许最大电压、充电允许最大电流、加热状态电流值。

快充和慢充的流程均为：采用恒流－恒压充电方法，在不同温度范围内以恒定电流充电至动力电池组总电压达到或最高单体电压达到此温度条件下的规定电压值，以恒定电压充电至电流小于 0. 8 A后停止充电。

慢充控制顺序，见表 1－3。

表 1－3　慢充控制顺序

车载充电器	动力电池及 BMS	VCU、仪表及数据采集终端
200 V 上电	待机	待机
12 V 低压供电等待指令	唤醒	唤醒
接收指令并执行加热流程	BMS 检测电池状态并发送加热指令	
接收指令并停止工作	BMS 监控电池温度并发送停止指令	
接收指令并执行充电流程	BMS 待充电器反馈后发送充电指令	
接收指令并停止工作	BMS 监控电池状态并发送完成指令	
完成后 1 min 控制充电桩结算	待机	待机

2. 充电温度与充电电流的要求

快充采用地面充电桩充电，快充充电温度与充电电流要求（非车载充电器模式下充电要求），见表 1－4。

表 1－4　快充充电温度与充电电流要求

温度	小于 5 ℃	5 ℃～15 ℃	15 ℃～45 ℃	大于 45 ℃
可充电电流	0 A	20 A	50 A	0 A

慢充充电温度与充电电流要求（车载充电器模式下充电要求），见表 1－5。

表 1－5　慢充充电温度与充电电流要求

温度	小于 0 ℃	0 ℃～55 ℃	大于 55 ℃
可充电电流	0 A	10 A	0 A

注：当电芯最高电压高于 3.6 V 时，降低充电电流到 5 A；当电芯电压达到 3.70 V 时，充电电流为 0 A，请求停止充电。

（三）快充模式充电系统组成和原理

1. 快充模式充电系统组成

在快充模式下，充电系统主要由充电桩（直流快充桩）、快充接口、高压控制盒、动力电池、整车控制器、高压线束和低压控制线束等组成。

2. 快充模式充电系统结构原理

快充模式充电系统结构原理如图 1－23 所示。整车控制器是快速充电功能的主控模块。将快速充电接口由充电桩连接至车辆快充接口以后，整车控制器通过 CC 线判断充电接口已经正确连接，并启用唤醒线路唤醒车辆内部充电系统电路及部件。整车控制器通过输出高压接触器接通指令至高压控制盒，实现快速充电桩与动力电池之间高压电路的接通。接通并实现充电时，整车控制器向仪表输出正在充电的显示信息。

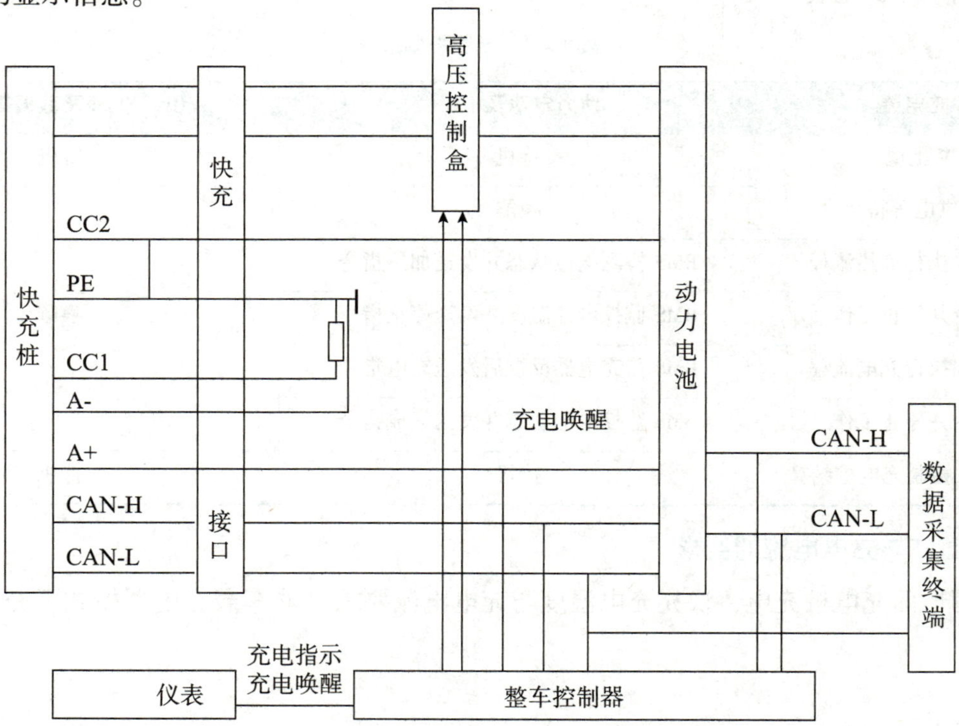

图 1－23　快充模式充电系统结构原理

3. 充电条件要求

（1）充电线连接确认信号正常。

（2）BMS 供电电源正常（12 V）。

（3）充电唤醒信号输出正常（12 V）。

（4）充电桩、VCU、BMS 之间通信正常（主继电器闭合、发送电流强度需求）。

（5）动力电池电芯温度大于 5 ℃，小于 45 ℃。

（6）单体电池最高电压与最低电压差小于 0.3 V（300 mV）。

（7）单体电池最高温度与最低温度差小于 15 ℃。

（8）绝缘性能大于 20 MΩ。

（9）实际单体最高电压不大于额定单体电压 0.4 V。

（10）高、低压电路连接正常（远程开关关闭状态）。

（四）慢充模式充电系统组成和原理

1. 慢充模式充电系统组成

在慢充模式下，充电系统主要由供电设备（充电桩）、慢充接口、车载充电机、高压控制盒、动力电池、整车控制器（VCU）、高压线束和低压控制线束等组成。

2. 慢充模式充电系统结构原理图

慢充模式充电系统结构原理如图 1－24 所示。

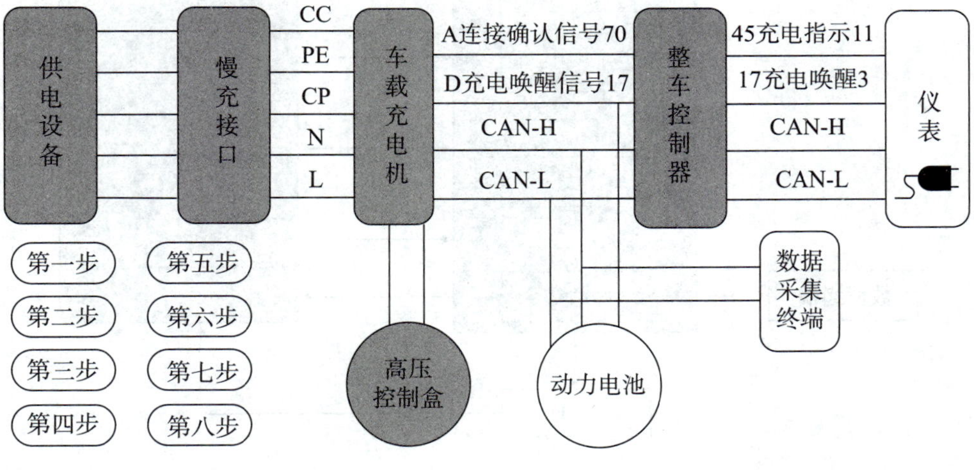

图 1－24　慢充模式充电系统结构原理

充电枪连接通过车载充电机（充电器）反馈到整车控制器，再唤醒仪表显示连接状态（负触发）；充电机同时唤醒整车控制器和动力电池管理模块（正触发），整车控制器唤醒仪表启动显示充电状态（负触发）；正、负主继电器由整车控制器发出指令，并由动力电池管理模块控制闭合。

慢充模式充电系统工作电路如图 1－25 所示，充电桩通过 CC 连接确认信号后，把 S_1 开关从12 V 端切换到 PWM 端；当检测点 1 电压降到 6 V 时，充电桩 K_1/K_2 开关闭合输出电流。

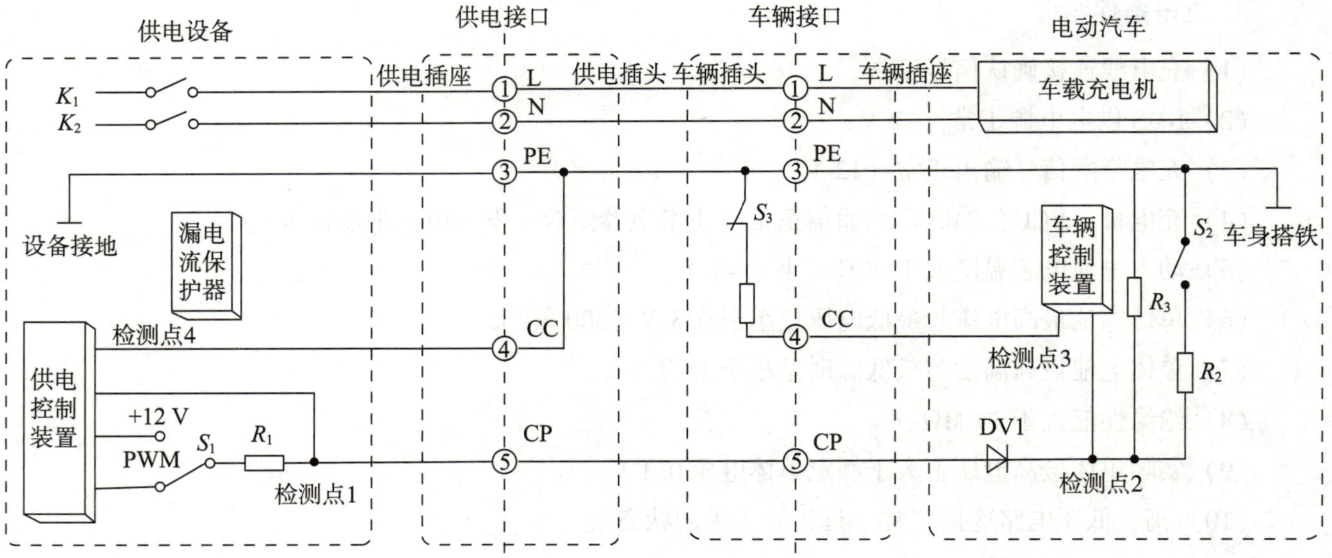

图 1 –25　慢充模式充电系统工作电路

3. 慢充模式充电控制流程

慢充模式充电控制过程如下（图 1 –26）。

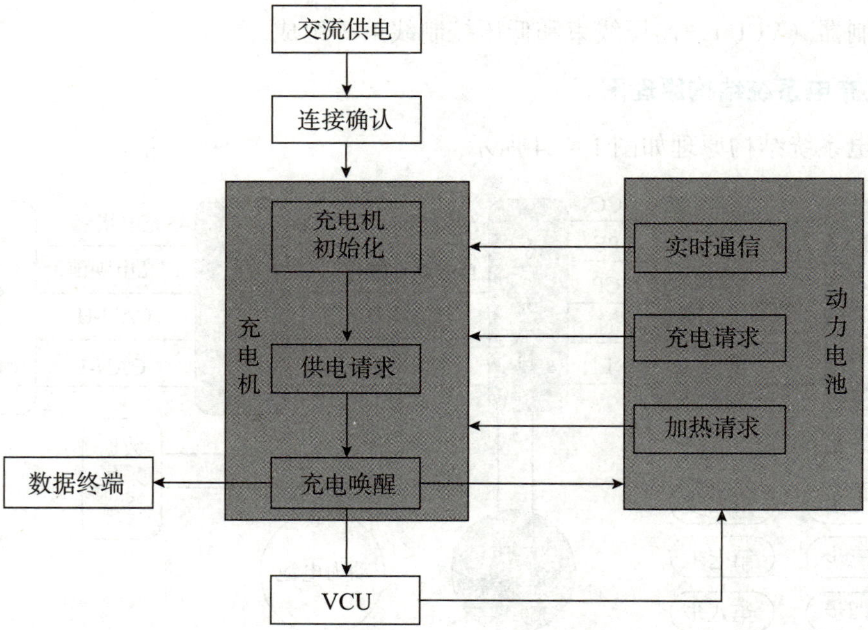

图 1 –26　慢充模式充电控制过程

（1）交流供电。

（2）充电唤醒。

（3）BMS 检测充电需求。

（4）BMS 给车载充电机发送工作指令并闭合继电器。

（5）车载充电机开始工作，进行充电。

（6）电池检测充电完成后，给车载充电机发送停止指令。

（7）车载充电机停止工作。

（8）电池断开继电器。

4. 充电条件要求

（1）充电线连接确认信号正常。

（2）充电机供电电源正常（含 220 V 和 12 V）及充电机工作正常。

（3）充电唤醒信号输出正常（12 V）。

（4）充电机、VCU、BMS 之间通信正常（主继电器闭合、发送电流强度需求）。

（5）动力电池电芯温度大于 0 ℃，小于 45 ℃。

（6）单体电池最高电压与最低电压差小于 0.3 V（300 mV）。

（7）单体电池最高温度与最低温度差小于 15 ℃。

（8）绝缘性能大于 20 MΩ。

（9）实际单体最高电压不大于额定单体电压 0.4 V。

（10）高、低压电路连接正常（远程控制开关关闭状态）。

二、新能源汽车充电操作及注意事项

（一）充电电源选择

新能源汽车的逐步普及已是不争的事实，然而目前充电和行程问题成为普及推广的主要瓶颈。目前，国家电网正在初步规划充电站，由于工程量大、投入成本高、周期长，充电时间长、车位少、充电站覆盖点少等缺陷，导致新能源汽车车主苦于无法方便地对自己的爱车进行充电。因此，有的车主就会在家里拉出线缆，私自改造充电接口，对新能源汽车进行充电，这种充电方式存在安全隐患。

由于技术和工艺的限制，目前新能源汽车车载充电器功率都比较小，一般在 3 kW 左右，采用 220 V 家用电的电流大概在 16 A 左右，而一般情况下入户电流容量最大不超过 16 A，因此，家用电缆会因过载工作而有可能引起火灾。

国家在新能源汽车充电方面有标准，建议车主使用充电桩进行充电，因为充电桩能根据供电电源的容量自动限制车载充电器的充电功率，并能在出现故障后安全、可靠地切断电源，避免火灾等事故发生。相关标准中不建议在没有充电桩的情况下进行充电，更禁止在没有充电桩的情况下采用三相工业用电进行充电。目前，新能源汽车充电市场并未完善，充电手段参差不齐，直接将充电枪插到家用电上充电的现象也并不少见。新能源汽车车主需要注意的是，如不按照国家标准或不按照规定的方式进行充电，那么出事故后车主是不能得到国家相关标准保护的。

（二）交流充电（慢充）充电桩和充电口选择

慢充的充电桩和主要技术参数见表 1－6。它可以采用停车位桩体式（落地安装）（250 V/AC 32 A/16 A）和家用车库挂壁式（250 V/AC 16 A）充电桩，也可以采用家用插座交流充电器

（240 V/AC 8 A）。

表 1－6　交流慢充的充电桩和主要技术参数

项目	参数	项目	参数
充电连接器	IEC/GB	安装	落地安装 挂壁安装
人机界面	LCD/LED/VFD 键盘	通信	RS485/2G/3G
计费装置	RFID/IC card	环境温度	－20 ℃～50 ℃
供电	200 V±10% 50 Hz±1 Hz	环境湿度	5%～95%
输出电压	单相 AC220 V±10%	海拔	≤2 000 m
输出电流	≤32 A	平均无故障工作时间	≥8 760 h
IP	IP55		

（三）直流充电（快充）充电桩和充电口选择

直流充电的充电桩和主要技术参数，见表 1－7。

表 1－7　直流充电的充电桩和主要技术参数

内容	技术指标
额定输出电压	DC 750 V（200～750 V）
额定输出电流	DC 100 A/250 A/400 A
输出稳定精度	≤±0.5%
输出稳流精度	≤±1%
功率因数	≥0.99（含 APFC）
效率	≥93%（半载以上）

（四）充电时的注意事项

混合动力车辆插有充电电缆时不要加油，与易燃物品应保持充足安全距离。否则，未按规定插入或拔出充电电缆时，存在因燃油燃烧等导致人员受伤或物品损坏的危险。

通过家用插座为高电压动力电池充电，会导致插座上出现较高持续负荷。因此必须遵守以下说明。

（1）不要使用适配器或延长电缆。

（2）充电结束后首先拔出车上的充电插头，然后再拔出墙上的充电插头。

（3）避免绊倒危险以及充电电缆和插座机械负荷。

（4）不要将充电插头插在损坏的插座上。

（5）不要使用损坏的充电电缆。

（6）为高电压动力电池充电时，充电插头和充电电缆可能会变热。如果过热，则此充电插座不适于进行充电或充电电缆已损坏，应立即中止充电并让电气专业人员进行检查。

（7）反复出现充电故障或中断情况时，联系具有专业资质的维修人员。

（8）仅使用防潮和防侵蚀的插座。

（9）不要用手指或物体接触插头触点区域。

（10）切勿自行维修或改进充电电缆。

（11）进行清洁前将电缆两侧拔出，注意不要将电缆浸入液体内。

（12）充电期间不允许进行自动洗车。

（13）仅在经过电气专业人员检查的插座上进行充电。

（14）在不了解的基础设施/插座上充电时，遵守用户手册内的特殊说明。在车上将充电电流设置为“较低”。

实践操作

新能源汽车的认识和基本操作

1. 实训要求

（1）认识新能源汽车的类型、特点和主要参数。

（2）认识车辆（吉利帝豪 EV450 或北汽 EV200）铭牌信息和车辆参数。

（3）了解车型（吉利帝豪 EV450 或北汽 EV200）主要零部件的位置，并说出作用。

（4）掌握启动、行驶及灭火操作。

（5）培养科学的态度，能够分工协作，注意安全防护，可独立完成任务。

2. 实训准备

（1）防护装备，实训着装。

（2）实训用车：吉利帝豪 EV450 或北汽 EV200 车型。

（3）专用修车工具。

（4）手工常用工具。

3. 实训内容

（1）查找新能源汽车主要零部件位置，并说出作用。

（2）学习了解新能源汽车高压上电、行驶和下电的基本操作。

4. 实训步骤

（1）查找新能源汽车主要零部件位置，并说出作用。

步骤 1：找出低压蓄电池。

位置：________________

型号：________________

步骤 2：找出电机控制器。

位置：________________

型号：________________

步骤 3：找出车载充电机。

位置：________________

型号：________________

步骤 4：找出整车控制器（VCU）。

位置：________________

型号：________________

步骤 5：找出 PTC 加热器。

位置：________________

步骤 6：找出驱动电机。

位置：________________

电动机型号：________________

额定功率：________________

步骤 7：找出动力电池位置，并记录信息。

位置：________________

电池类型：________________

额定容量：________________

步骤 8：找出空调压缩机。

位置：________________

型号：________________

步骤 9：找出制动真空泵。

位置：________________

型号：________________

（2）车辆（吉利帝豪 EV450/北汽 EV200）基本操作：高压上电、行驶和下电。

步骤 1：打开智能钥匙解锁开关，进入车内操作。

步骤 2：检查仪表工作状况，是否出现故障指示灯亮，如有则记录。

步骤 3：踩住制动踏板，按下点火开关。

步骤 4：检查仪表指示灯是否显示“REDAY”，如有则完成高压上电。

步骤 5：踩住制动踏板，换挡杆置于 D 挡位置，放开手刹，轻踩加速踏板，车辆前行。

步骤 6：踩住制动踏板，换挡杆置于 R 挡位置，放开手刹，轻踩加速踏板，车辆后退。

步骤 7：踩住制动踏板，换挡杆置于 P 挡位置，拉上手刹，按下启动按钮，观察仪表是否下电。

课程思政

新技术十分钟完成电动汽车充电

据发表在2022年下半年一期《自然》上的一项研究，美国宾夕法尼亚州立大学研究人员开发出一种突破性技术，将电动汽车电池的充电时间缩短为仅10分钟，这是更短充电时间和更长驾驶里程之间的破纪录组合。

研究人员称，对更小、充电更快的电池的需求比以往任何时候都要大。2022年8月，美国加利福尼亚州空气资源委员会通过了一项计划，限制并最终禁止在该州销售汽油动力汽车。

研究人员解释说，如果新车销售要转向电池驱动的电动汽车，需要克服两个主要缺点：充电速度太慢，以及体积太大。根据电池的不同，一些电动汽车充电可能需要一整天，而在加油站加满油只需要花几分钟。

新快速充电技术适用于大多数能量密集型电池，为将电动汽车电池从150千瓦时缩小到50千瓦时带来了可能性，又不会让驾驶员感到里程焦虑。更小、充电更快的电池将大大降低电池成本和钴、石墨、锂等关键原材料的使用，从而为大规模采用负担得起的电动汽车铺平道路。

研究团队与初创公司EC电力合作开发了该技术。该技术依赖于内部热调制，这是一种主动的温度控制方法，要求电池具有最佳性能。电池在热时运行效率最高，但不会太热。对于电池工程师来说，将电池始终保持在恰到好处的温度一直是主要挑战。从历史上看，研究人员依靠外部笨重的加热和冷却系统来调节电池温度，电池反应缓慢并浪费大量能源。

研究团队从电池内部调节温度。他们设计了一种新的电池结构，除了阳极、电解质和阴极之外，还添加了超薄镍箔作为第四种成分。镍箔可自我调节电池的温度和反应性，从而可在几乎任何电动汽车电池上实现10分钟快速充电。

研究人员说，真正的快速充电电池将产生直接影响，要取代内燃汽车成为主流，快速充电对于电动汽车至关重要。

现阶段电动汽车的里程和充电确实是其进一步普及的障碍。但电动汽车的兴起正带动充电技术的全面进步，如果一直停留在以前的认知，将无法想象未来的技术发展。本文描述的就是这样一个扫清障碍的成果。如果未来建立换电池站和充电站的成本问题、不同厂商电池的普适性问题能都逐渐解决，那么，电动汽车取代燃油车也不是不可能。

（来源：科技日报）

思考练习

一、填空题

1. 新能源汽车充电方式主要有____________、____________、____________、无线充电方式及未来其他前沿技术等。

2. 在快充模式下，充电系统主要由充电桩（直流快充桩）、快充接口、__________、____________、____________、高压线束和低压控制线束等组成。

3. 在慢充模式下，充电系统主要由供电设备（充电桩）、慢充接口、____________、____________、____________、整车控制器（VCU）、高压线束和低压控制线束等组成。

二、简答题

1. 简述新能源汽车几种充电方式的特点。

2. 简述新能源汽车充电时的注意事项。

第二章

动力蓄电池及管理系统

本章导读

动力蓄电池是新能源汽车的储能装置，蓄电池管理系统是动力电池的重要组成部分。它能对蓄电池的电压、温度、放电电流及电池容量进行实时监测，以提高蓄电池的使用寿命，保障整个系统的稳定运行。本章将学习动力蓄电池及管理系统的相关知识。

学习目标

◎知识目标

1. 了解新能源汽车动力电池的工作要求及动力电池组的充电控制。
2. 熟悉动力电池系统的基本结构原理。
3. 掌握动力电池主要性能指标及新能源汽车蓄电池的种类和特点。
4. 掌握动力电池管理系统的基本功能、工作原理及运行模式。
5. 了解动力电池常见故障及处理方法。

◎技能目标

1. 能对新能源汽车动力电池进行更换。
2. 能对动力电池进行故障检测。

素质目标

1. 培养学生独立思考和严谨的思维方式。
2. 感受协同合作的重要性，建立学习小组。

第一节 动力电池系统基础知识

一、动力电池主要性能指标

动力电池的产生

新能源汽车上的动力电池主要是化学电池，即利用化学反应发电的电池，可以分为原电池、蓄电池和燃料电池；物理电池一般作为辅助电源使用，如超级电容器。

动力电池是新能源汽车的储能装置，要评定动力电池的实际效应，主要是看其性能指标。动力电池性能指标主要有电压、容量、内阻、能量、功率、输出效率、自放电率、放电倍率、使用寿命等，根据动力电池种类不同，其性能指标也有差异。

（一）电压

电池电压主要有端电压、标称（额定）电压、开路电压、工作电压、充电终止电压和放电终止电压等。

1. 端电压

电池的端电压是指电池正极与负极之间的电位差。

2. 标称电压

标称电压也称额定电压，是指电池在标准规定条件下工作时应达到的电压。标称电压由极板材料的电极电位和内部电解液的浓度决定。铅酸蓄电池的标称电压为2 V；金属氢化物镍蓄电池的标称电压为1.2 V；磷酸铁锂电池的标称电压为3.2 V；锰酸锂离子电池的标称电压为3.7 V。

3. 开路电压

电池在开路条件下的端电压称为开路电压，即电池在没有负载情况下的端电压。

4. 工作电压

工作电压也称负载电压，是指电池接通负载后处于放电状态下的端电压。在电池放电初始的工作电压称为初始电压。

5. 充电终止电压

蓄电池充足电时，极板上的活性物质已达到饱和状态，再继续充电，电池的电压也不会上升，此时的电压称为充电终止电压。铅酸蓄电池的充电终止电压为2.7～28 V；金属氢化物镍蓄电池的充电终止电压为1.5 V；锂离子蓄电池的充电终止电压为4.25 V。

6. 放电终止电压

电池在一定标准所规定的条件下放电时，电池的电压将逐渐降低，当电池再不宜继续放电时，电池的最低工作电压称为放电终止电压。如果电压低于放电终止电压后电池继续放电，电池两端电压会迅速下降，形成深度放电。这样，极板上形成的生成物在正常充电时就不易再恢复，从而影响电池的寿命。放电终止电压和放电率有关，放电电流直接影响放电终止电压。在规定的放电终止电压下，放电电流越大，电池的容量越小。金属氢化物镍蓄电池的放电终止电压为 1 V，锂离子蓄电池的放电终止电压为 3.0 V。

（二）容量

容量是指完全充电的蓄电池在规定条件下所释放的总电量，单位为 A · h 或 kA · h，等于放电电流与放电时间的乘积。单元电池活性物质的数量决定单元电池含有的电荷量而活性物质的含量则由电池使用的材料和体积决定，通常电池体积越大，容量越高。电池的容量可以分为额定容量、n 小时率容量、理论容量、实际容量、荷电状态等。

1. 额定容量

额定容量是指在室温下完全充电的蓄电池以 11（A）电流放电，达到终止电压时所放出的容量。

2. n 小时率容量

n 小时率容量是指完全充电的蓄电池以 n 小时率放电电流放电达到规定终止电压时所释放的电量。

3. 理论容量

理论容量是指把活性物质的质量按法拉第定律计算而得到的最高理论值。为了比较不同系列的电池，常用比容量的概念，即单位体积或单位质量的电池所能给出的理论电量，单位为 A · h/L 或A · h/kg。

4. 实际容量

实际容量也称可用容量，是指蓄电池在一定条件下所能输出的电量，它等于放电电流与放电时间的乘积，其值小于理论容量。实际容量反映了蓄电池实际存储电量的大小，蓄电池容量越大，新能源汽车的续驶里程就越远。在使用过程中，电池的实际容量会逐步衰减。国家标准规定新出厂的电池实际容量大于额定容量值为合格电池。

5. 荷电状态

荷电状态（state of charge，SOC）是指蓄电池在一定放电倍率下，剩余电量与相同条件下额定容量的比值，反映蓄电池容量变化的特性。SOC = 1 即表示蓄电池为充满状态。随着蓄电池的放电，蓄电池的电荷逐渐减少，此时可以用 SOC 值的百分数的相对量来表示电池中电荷的变化状态。一般蓄电池放电高效率区为（50% ~ 80%）SOC。对蓄电池 SOC 值的估算已成为电池管理的重要环节。

（三）内阻

电池的内阻是指电流流过电池内部时所受到的阻力，一般是蓄电池中电解质、正负极群、隔板等电阻的总和。电池内阻越大，电池自身消耗掉的能量越多，电池的使用效率越低。内阻很大的电池在充电时发热很严重，使电池的温度急剧上升，对电池和充电机的影响都很大。随着电池使用次数的增多，由于电解液的消耗及电池内部化学物质活性的降低，蓄电池的内阻会有不同程度的升高。电池内阻通过专用仪器测量得到。

绝缘电阻是电池端子与电池箱或车体之间的电阻。

（四）能量

电池的能量是指在一定放电制度下，电池所能输出的电能，单位为 W · h 或 kW · h，它影响新能源汽车的续驶里程。电池的能量分为总能量、理论能量、实际能量、比能量、能量密度、充电能量、放电能量等。

1. 总能量

总能量是指蓄电池在其寿命周期内电能输出的总和。

2. 理论能量

理论能量是电池的理论容量与额定电压的乘积，指一定标准所规定的放电条件下，电池所输出的能量。

3. 实际能量

实际能量是电池实际容量与平均工作电压的乘积，表示在一定条件下电池所能输出的能量。

4. 比能量

比能量也称质量比能量，是指电池单位质量所能输出的电能，单位为 W · h/kg。常用比能量来比较不同的电池系统。

比能量有理论比能量和实际比能量之分。理论比能量是指 1 kg 电池反应物质完全放电时理论上所能输出的能量；实际比能量是指 1 kg 电池反应物质所能输出的实际能量。由于各种因素的影响，电池的实际比能量远小于理论比能量。

电池的比能量是综合性指标，它反映了电池的质量水平。电池的比能量影响新能源汽车的整车质量和续驶里程，是评价新能源汽车的动力电池是否满足预定的续驶里程的重要指标。

5. 能量密度

能量密度也称体积比能量，是指电池单位体积所能输出的电能，单位为 W · h/L。

6. 充电能量

充电能量是指通过充电机输入蓄电池的电能。

7. 放电能量

放电能量是指蓄电池放电时输出的电能。

（五）功率

电池的功率是指电池在一定的放电制度下，单位时间内所输出能量的大小，单位为 W 或 kW。

电池的功率决定了新能源汽车的加速性能和爬坡能力。

1. 比功率

单位质量电池所能输出的功率称为比功率，也称质量比功率，单位为 W/kg 或 kW/kg。

2. 功率密度

从蓄电池的单位质量或单位体积所获取的输出功率称为功率密度，单位为 W/kg 或 W/L。从蓄电池的单位质量所获取的输出功率称为质量功率密度；从蓄电池的单位体积电池所获取的输出功率称为体积功率密度。

（六）输出效率

动力电池作为能量存储器，充电时把电能转化为化学能储存起来，放电时把电能释放出来。在这个可逆的电化学转换过程中，有一定的能量损耗。通常用电池的容量效率和能量效率来表示。

1. 容量效率

容量效率是指电池放电时输出的容量与充电时输入的容量之比，即

$$\eta_e = \frac{C_o}{C_i} \times 100\%$$

式中，η_e为电池的容量效率；C_o为电池放电时输出的容量，单位为 A · h；C_i为电池充电时输入的容量，单位为A · h。

影响电池容量效率的主要因素是副反应。当电池充电时，有一部分电量消耗在水的分解上。此外，自放电以及电极活性物质的脱落、结块、孔率收缩等也降低容量输出。

2. 能量效率

能量效率也称电能效率，是指电池放电时输出的能量与充电时输入的能量之比，即

$$\eta_E = \frac{E_o}{E_i} \times 100\%$$

式中，η_E为电池的能量效率；E_o为电池放电时输出的能量，单位为 W · h；E_i为电池充电时输入的能量，单位为 W · h。

影响能量效率的原因是电池存在内阻，它使电池充电电压增加，放电电压下降。内阻的能量损耗以电池发热的形式损耗掉。

（七）自放电率

自放电率是指电池在存放期间容量的下降率，即电池无负荷时自身放电使容量损失的速度，它表示蓄电池搁置后容量变化的特性。自放电率用单位时间容量降低的百分数表示，其表达式为

$$\eta_{\Delta c} = \frac{C_a - C_b}{C_a T_t} \times 100\%$$

式中，$\eta_{\Delta c}$为电池自放电率；C_a为电池存储前的容量，单位为 A · h；C_b为电池存储后的容量，单位为 A · h；T_t为电池存储的时间，常以天、月为单位。

（八）放电倍率

电池放电电流的大小常用“放电倍率”表示，即电池的放电倍率用放电时间表示或者说以一定的放电电流放完额定容量所需的小时数来表示，由此可见，放电时间越短，放电倍率越高，反之放电电流越大。

放电倍率等于额定容量与放电电流之比。根据放电倍率的大小可分为低倍率（0.5C）、中倍率（0.5C～3.5C）、高倍率（3.5C～7.0C）、超高倍率（7.0C）。

例如，某电池的额定容量为20 A·h，若用4 A电流放电，则放完20 A·h的额定容量需用5 h，也就是说以5倍率放电，用符号$C/5$或0.2C表示，为低倍率。

（九）使用寿命

使用寿命是指电池在规定条件下的有效寿命期限。电池发生内部短路或损坏而不能使用，以及容量达不到规范要求时电池使用失效，这时电池的使用寿命终止。

电池的使用寿命包括使用期限和使用周期。使用期限是指电池可供使用的时间，包括电池的存放时间。使用周期是指电池可供重复使用的次数，也称循环寿命。

目前，新能源汽车发展的瓶颈之一就是电池价格高。除此之外，成本也是一个重要的指标。

除上述主要性能指标外，还要求蓄电池无毒性、对周围环境不会造成污染或腐蚀，使用安全，有良好的充电性能，充电操作方便，充电时间短，耐振动，无记忆性，对环境温度变化不敏感，寿命长，制造成本低，易于调整和维护等。

从表2－1中可以看出，锂离子电池由于能量密度高、充放电能量强、能量效率高等优点，已成为新能源汽车动力电池的首选。

表2－1　动力电池性能比较

电池类型	质量能量密度/（W·h/kg）	质量功率密度/（W/kg）	能量效率/%	循环寿命/次
铅酸电池	35～50	150～400	80	500～1 000
镍镉电池	30～50	100～150	75	1 000～2 000
镍氢电池	60～80	200～400	70	1 000～1 500
锂离子电池	100～200	200～350	>90	1 500～3 000

二、新能源汽车对动力电池的工作要求

动力电池是各种新能源汽车的主要能量载体和动力来源，也是新能源汽车整车成本的主要组成部分。电池的历史可以追溯到一个半世纪前。1859年，法国科学家普兰特（Plante）发明的铅蓄电池是世界上第一只可充电的电池。瑞典的杨格纳（Jungner）和美国的爱迪生（Edison）先后研制成功了镍铁电池和镍镉电池。这些电池在实际应用中都经历了数次结构、工艺、材料方面的改进，性能

得到大幅度的提高。随着20世纪80年代镍氢电池（全称为金属氢化物镍电池）的问世以及90年代锂离子电池出现，电池的性能和寿命有了长足进步。同时，电池从研制成功到规模化生产的周期也大大缩短。至今，在新能源汽车上普遍使用的电池有铅酸电池、镍氢电池和锂离子电池等。

根据容量的大小和输出功率的能力，动力电池可以分为能量型动力电池、功率型动力电池、能量/功率兼顾型动力电池。

（1）能量型动力电池。能量型动力电池通常具有比较大的容量，能够提供比较持久的能源供给，常常用于纯电动汽车、中度或重度混合动力电动汽车。这种电池总能量在整车的能源配置中占有较大的比例，常常超过10 kW·h，不仅可以吸收部分车辆制动回馈的能量，而且可以提高车辆纯电动模式运行时的续驶里程，降低污染物的总排放。

（2）功率型动力电池。功率型动力电池的容量通常比较小，可以提供瞬间大功率供电，主要用于电动工具、轻度混合动力电动汽车。在电动汽车中主要用于吸收制动回馈的能量，同时为车辆启动、加速工况提供瞬间的额外能量。

（3）能量/功率兼顾型动力电池。能量/功率兼顾型动力电池能量密度高，同时在SOC低时有提供大功率的能力，在SOC高时能接收大功率，即要求电池具有高能量、大功率兼顾的特性，主要用于插电式混合动力汽车。

由于不同种类新能源汽车的构型和工作模式不同，对动力电池的要求应结合不同的车型，下面分别予以说明。

（一）纯电动汽车电池的工作要求

纯电动汽车行驶完全依赖电池的能量，电池容量越大，可以实现的续驶里程越长，但电池的体积、质量也越大。纯电动汽车要根据设计目标、道路情况和行驶工况的不同来选配电池。具体要求归纳如下。

（1）电池组要有足够的能量和容量，以保证典型的连续放电不超过1C，典型峰值放电一般不超过3C；如果电动汽车上具有回馈制动功能，电池组必须能够接受高达5C的脉冲电流充电。

（2）电池要能够实现深度放电（如80%）而不影响其寿命，在必要时能实现满负荷甚至全负荷放电。

（3）需要安装电池管理系统和热管理系统，以显示电池组的剩余电量和实现温度控制。

（4）由于动力电池组体积和质量大，电池箱的设计、电池的空间布置和安装问题都需要认真研究。

（二）混合动力汽车对电池的工作要求

与纯电动汽车相比，混合动力汽车对电池的容量要求有所降低，但要求为整车实时提供足够的瞬时功率，即要实现“小电池提供大电流”。

由于混合动力汽车构型的不同，串联式和并联式混合动力汽车对电池的要求也有差别。

（1）串联式混合动力汽车完全由电机驱动，发动机－发电机总成与电池组一起为电机提供需要的电能，电池SOC处于较高的水平，对电池的要求与纯电动汽车相似，但容量要小一些。

（2）并联式混合动力汽车发动机和电机都可直接为车轮提供驱动力，整车的功率需求可以由不同的动力组合来满足。动力电池的容量可以更小，但是电池组瞬时提供的功率要满足汽车加速或爬坡要求，电池的最大放电电流有时可能高达20*C*以上。

在不同构型的混合动力汽车上，由于工作环境、汽车构型、工作模式存在巨大差异，对混合动力汽车用动力电池提出统一的要求是比较困难的，但一些共性的要求可以归纳如下几点。

（1）电池的峰值功率要大，能短时大功率充放电。

（2）循环寿命要长，达到1 000次以上的深度放电循环和40万次以上的浅度放电循环。

（3）电池的SOC应尽可能保持在50%～85%的范围内。

（4）需要配备电池管理系统和热管理系统。

（三）插电式混合动力汽车（PHEV）对电池的工作要求

PHEV对动力电池的要求应兼顾纯电动和混合动力两种模式。图2－1为PHEV的工作模式，PHEV在设计上既要实现在城市里以纯电动汽车模式行驶，又要实现在高速公路上以混合动力模式行驶。PHEV期望纯电动工作模式的行驶里程能够达到几十公里，而且期望电池在低SOC时也能提供很高的功率，满足HEV模式。

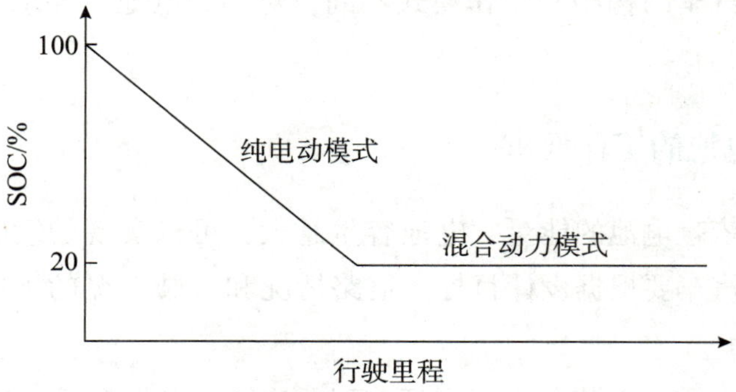

图2－1 PHEV的工作模式

图2－2表示了PHEV、EV和HEV对电池要求在功率密度和能量密度上的差别。从成本角度来讲，由于电池成本高，PHEV的售价会比传统汽车和无纯电动里程的混合动力汽车高。可见，PHEV对电池的要求是非常高的。

三、动力电池系统的基本结构原理

（一）动力电池系统的结构组成

新能源汽车的车载电源系统主要由辅助动力源和动力电池系统（动力电池模组、电池管理系统、动力电池箱辅助元器件）组成。辅助动力源是供给新能源汽车其他各种辅助装置所需能源的动力电源，一般为12 V或24 V的直流低压电源，其作用是给动力转向、制动力调节控制、照明、电动窗门等各种辅助装置提供所需的能源；动力电池模组由多个电池模块或单体电芯串联组成；电池管理系统是整个动力电池系统的神经中枢；动力电池箱用来放置动力电池模组；辅助元器件主要包括动力电池系统内部的电子电器元件，如熔断器、继电器、分流器、接插件、紧急开关、烟雾传感器、维修开关以及电子电器元件以外的辅助元器件，如密封条、绝缘材料等。

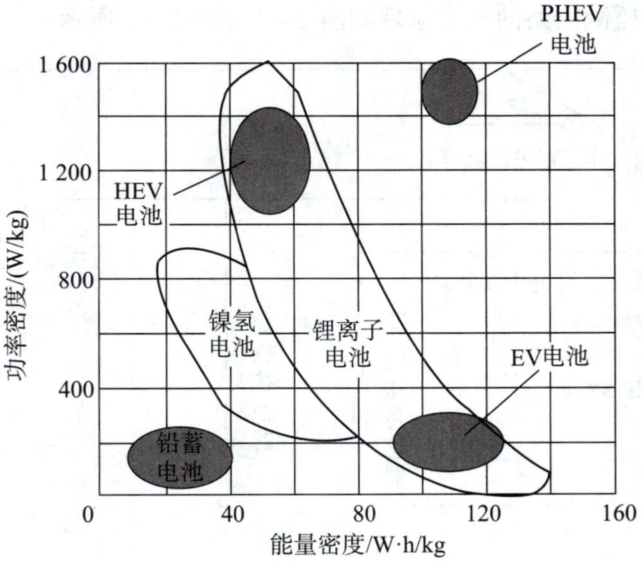

图 2－2　PHEV、EV 和 HEV 对电池要求在功率密度和能量密度上的差别

动力电池系统的组成及如图 2－3 所示。

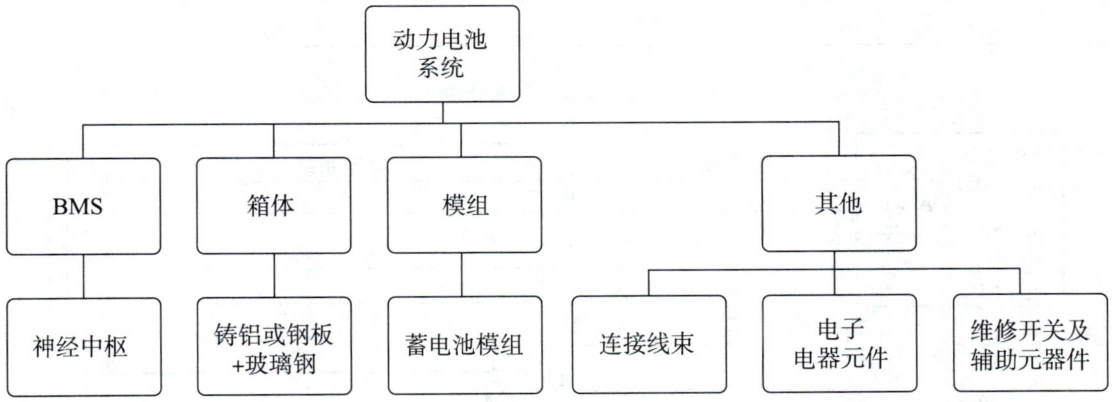

图 2－3　动力电池系统的组成

电池单体是构成动力电池模块的最小单元，一般由正极、负极、电解质及外壳等构成，实现电能与化学能之间的直接转换。

电池模块是一组并联的电池单体的组合，该组合的额定电压与电池单体的额定电压相等，是电池单体在物理结构和电路上连接起来的最小分组，可作为一个单元替换。

动力电池模组则是由多个电池模块或单体电芯串联组成的一个组合体。

（二）动力电池系统的工作原理

动力电池模组放置在一个密封并且屏蔽的动力电池箱内，动力电池系统使用可靠的高压接插件与高压控制盒相连，然后输出的直流电由电动机控制器转变为三相脉冲高压电，驱动电动机工作；系统内的 BMS 实时采集各电芯的电压、各传感器的温度值、电池系统的总电压值和总电流值等数据，实时监控动力电池的工作状态，并通过 CAN 线与 ECU 或充电动机进行通信，对动力电池系统充放电等进行综合管理。

高、低压系统及绝缘监测回路的工作原理如图 2－4 至图 2－6 所示。

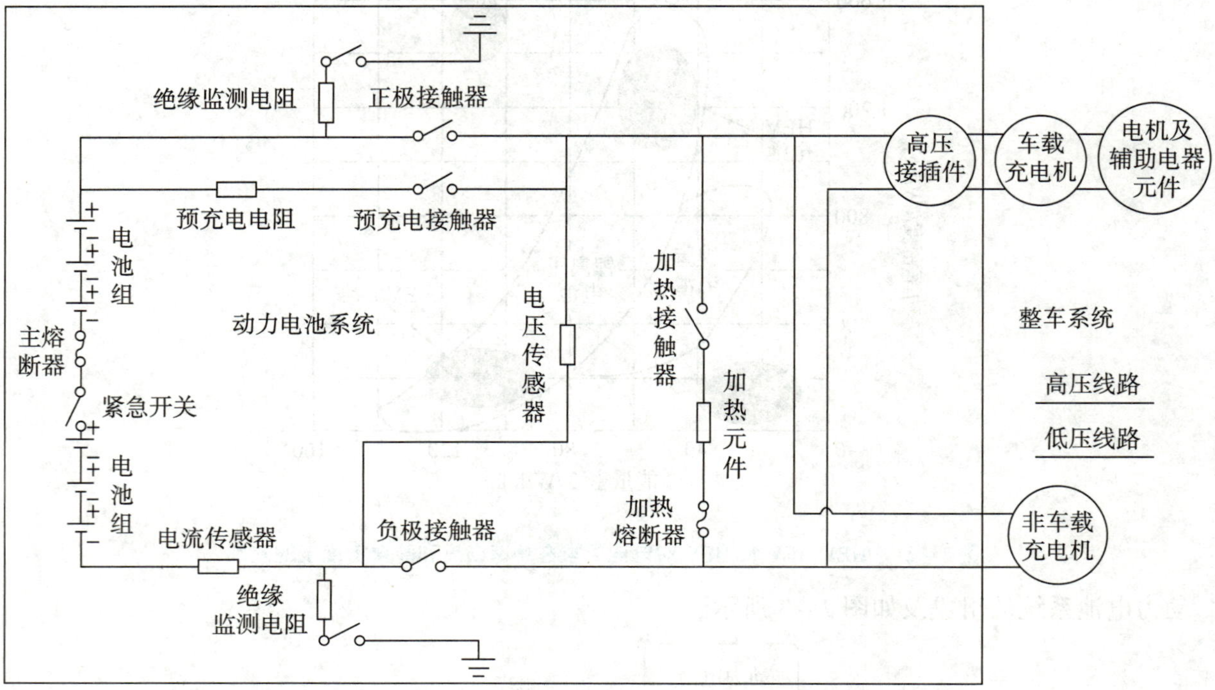

图 2－4　高压系统工作原理

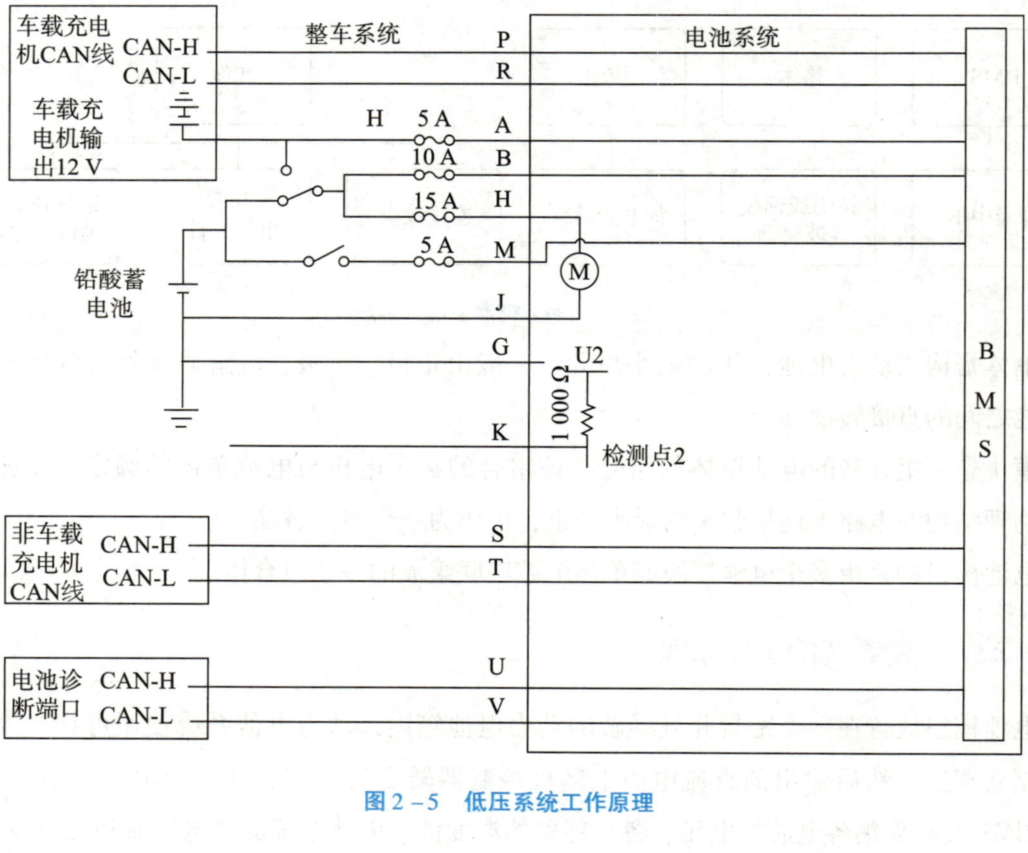

图 2－5　低压系统工作原理

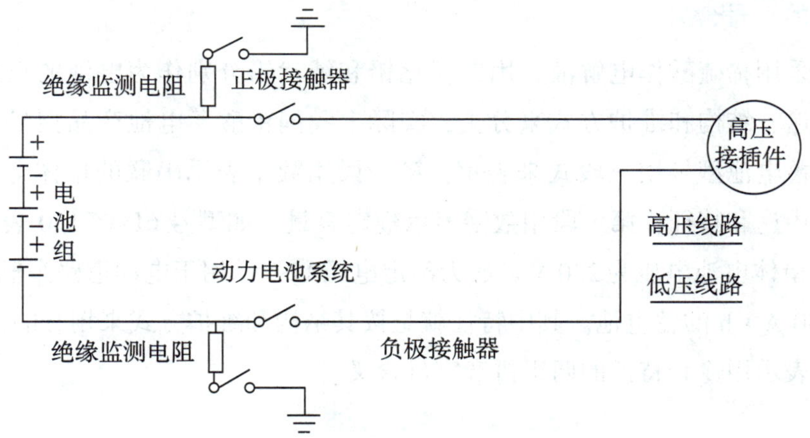

图 2－6　绝缘监测回路工作原理

四、新能源汽车蓄电池的种类及特点

（一）铅酸蓄电池

自 1859 年法国科学家普兰特（Plante）发明了铅酸蓄电池，至今已经过了一个半世纪。多年来铅酸蓄电池历经了许多重大的改进，由于制造工艺及相关配套技术成熟，且具有价格便宜、规格齐全、原料易得、使用可靠、温度特性好、可大电流放电等优点，因此在许多领域里得到了广泛应用。

铅酸蓄电池是指正极活性物质使用二氧化铅，负极活性物质使用海绵状铅，并以硫酸溶液为电解液的蓄电池。铅酸蓄电池主要用在低速电动汽车上。

1. 铅酸蓄电池的基本分类

铅酸蓄电池分为免维护铅酸蓄电池和阀控密封式铅酸蓄电池。

（1）免维护铅酸蓄电池。免维护铅酸蓄电池由于自身结构上的优势，电解液的消耗量非常小，在使用寿命内基本不需要补充蒸馏水，它具有耐振、耐高温、体积小、自放电小的特点。使用寿命一般为普通铅酸蓄电池的 2 倍。市场上的免维护铅酸蓄电池也有两种：第一种是在购买时一次性加电解液，以后使用中不需要添加补充液；另一种是电池本身出厂时就已经加好电解液并封死，用户根本就不能加补充液。

（2）阀控密封式铅酸蓄电池。阀控密封式铅酸蓄电池在使用期间不用加酸加水维护，电池为密封结构，不会漏酸，也不会排酸雾。电池盖子上设有溢气阀（也叫安全阀），其作用是当电池内部气体量超过一定值，即当电池内部气压升高到一定值时，溢气阀自动打开排出气体，然后自动关闭，防止空气进入电池内部。

阀控密封式铅酸蓄电池分为玻璃纤维（AGM）电池和胶体（GEL）电池两种。AGM 电池采用吸附式玻璃纤维棉作隔膜，电解液吸附在极板和隔膜中，电池内无流动的电解液，电池可以立放工作，也可以卧放工作；GEL 电池以二氧化硅（SiO_2）作凝固剂，电解液吸附在极板和胶体内，一般立放工作。无特殊说明，皆指 AGM 电池。电动汽车使用的动力电池一般是阀控密封式铅酸蓄电池。

2. 铅酸蓄电池的型号含义

铅酸蓄电池是采用稀硫酸作电解液，用二氧化铅和绒状铅分别作为电池的正极和负极的酸性蓄电池。它通常按用途、结构和维护方式来分类，实际上我国铅酸蓄电池产品型号的中间部分就包含其类型。通常铅酸蓄电池型号用三段式来表示：第一段用数字表示串联的单体电池数；第二段用两组字母分别表示其用途和特征；第三段用数字表示额定容量。如型号 6DAW150 表示为由 6 个单体电池串联组合（通常单体电池电压为2.0 V）成为额定电压12 V，用于电动道路车辆的干荷电式、免维护及额定容量为 150 A·h 的蓄电池。其中特征就是按其结构和维护方式来划分的，表 2－2 中列出了铅酸蓄电池型号中表示用途和特征的两组拼音字母含义。

表 2－2　铅酸蓄电池型号含义

表示蓄电池用途		表示蓄电池特征	
字母	含义	字母	含义
Q	启动用（启动发动机，要求大电流放电）	A	干荷电式（极板处于干燥的荷电状态）
G	固定用（固定设备中作保护等备用电源）	F	防酸式（电池盖装有防酸栓）
D	电池车（作牵引各种车辆的动力电源）	FM	阀控式（电池盖设有安全阀）
N	内燃机车（用于内燃机车启动和照明等）	W	无需维护（免维护或少维护）
T	铁路客车（用于车上照明等电器设备）	J	胶体电解液（电解液使用胶状混合物）
M	摩托车用（摩托车启动和照明）	D	带液式（充电态带电解液）
KS	矿灯酸性（矿井下照明等）	J	激活式（用户使用时需激活方式激活）
JC	舰船用（潜艇等水下作业设备）	Q	气密式（盖子的注酸口装有排气栓）
B	航标灯（航道夜间航标照明）	H	湿荷式（极板在电解液中浸渍过）
TK	坦克（用于坦克启动及其用电设备）	B	半密闭式（电池槽半密封）
S	闪光灯（摄像机等用）	Y	液密式

（二）锂离子电池

锂离子电池是由日本索尼公司在 1990 年首先推向市场的新型高能蓄电池。与其他蓄电池比较，锂离子电池具有电压高、质量能量密度高、充放电寿命长、无记忆效应、无污染、快速充电、自放电率低、工作温度范围宽和安全可靠等优点。相比于镍氢电池，新能源汽车采用锂离子电池，可使电池组的质量下降 40%～50%，体积减小 20%～30%，能源效率也有一定程度的提高。所以锂离子电池逐渐成为新能源汽车动力电池的首选，如图 2－7 所示。

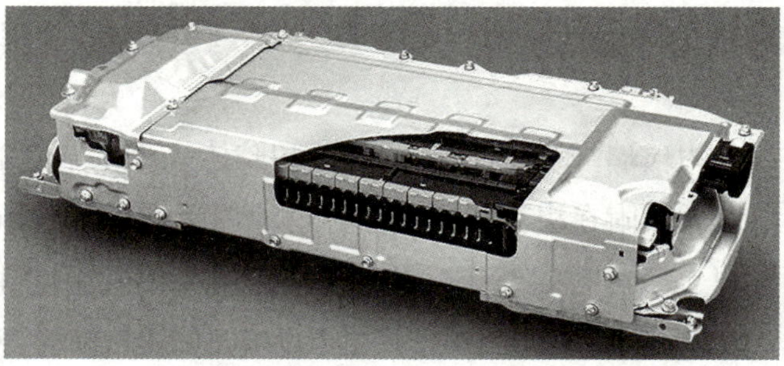

图 2－7　锂离子电池

1. 锂离子电池的分类及特点

（1）锂离子电池的分类

按电解质材料分类：根据所用电解质材料的不同，锂离子电池可以分为聚合物锂离子电池和液态锂离子电池。

按正极材料分类：根据正极材料的不同，锂离子电池可以分为锰酸锂离子电池、磷酸铁锂离子电池、镍钴锂离子电池及三元（镍钴锰）材料锂离子电池。目前，应用广泛的是锰酸锂离子电池、磷酸铁锂离子电池和三元锂电池。

按外形分类：根据外形形状的不同，锂离子电池可以分为方形锂离子电池和圆柱形锂离子电池。

（2）普通锂离子电池的特点

单体电池工作电压高达3.7 V，是镍－镉电池、镍－氢电池的3倍，铅酸蓄电池的2倍；质量轻；比能量大，高达150 W·h/kg，是镍－氢电池的2倍、铅酸电池的4倍，因此质量是相同能量的铅酸电池的1/4～1/3；体积小，高达到400 W·h/L，是铅酸电池的1/3～1/2；提供了合理的结构和更美观的外形设计条件、设计空间；循环寿命长，以容量保持60%计，电池组100%充放电循环次数可以达到600次以上，使用年限可达3～5年，寿命为铅酸电池的2～3倍；自放电率低，每月不到5%；允许工作温度范围宽，锂离子电池可在－20 ℃～55 ℃条件下工作；无记忆效应，所以每次充电前无须像镍－镉电池、镍－氢电池一样放电，可以随时随地进行充电；电池充放电深度对电池的寿命影响不大，可以全充全放；无污染，锂离子电池中不存在有毒物质，因此被称为“绿色电池”，而铅酸蓄电池和镍－镉电池由于存在有害物质铅和镉，故环境污染问题严重。

2. 典型锂离子电池

锂离子电池内部主要由正极、负极、电解质及隔膜组成。正、负极及电解质材料及工艺上的差异使电池有不同的性能，并且有不同的名称。目前市场上的锂离子电池正极材料主要是钴酸锂（$LiCoO_2$），另外还有少数采用锰酸锂（$LiMn_2O_4$）及镍酸锂（$LiNiO_2$）的，一般将后两种正极材料的锂离子电池称为“锂锰电池”及“锂镍电池”。新开发的磷酸铁锂动力电池是用磷酸铁锂（$LiFePO_4$）材料做电池正极，它是锂离子电池家族的新成员。下面主要介绍钴酸锂电池、锰酸锂电池、磷酸铁锂电池及镍钴锰酸锂三元材料电池的工作原理、特点及放电特性。

（1）钴酸锂电池

目前，用量最大、使用最普遍的锂离子电池是钴酸锂电池，其结构稳定，比容量高，综合性能突出，但是其安全性差，成本非常高，主要用于中小型号电芯，标称电压为3.7 V。其理论容量为274 mA·h/g，实际容量为140 mA·h/g左右，也有报道实际容量已达155 mA·h/g。

优点：工作电压较高（平均工作电压为3.7 V），充放电电压平稳，适合大电流充放电，比能量高，循环性能好，电导率高，生产工艺简单，容易制备等。

缺点：价格昂贵，抗过充电性较差，循环性能有待进一步提高。

（2）锰酸锂电池

合成性能好、结构稳定的正极材料锰酸锂是锂离子蓄电池电极材料的关键。锰酸锂是较有前景的锂离子正极材料之一，但其较差的循环性能及电化学稳定性却大大限制了其产业化，掺杂是提高其性能的一种有效方法。掺杂有强 M—O 键、较强八面体稳定性及离子半径与锰离子相近的金属离子，能显著改善其循环性能。

优点：安全性略好于镍钴锰酸锂三元材料；电压平台高，1*C* 放电中值电压为 3.8 V 左右，10*C* 放电中值电压在 3.5 V 左右；电池低温性能优越；对环境友好；成本低。

缺点：电池高温循环性能差；极片压实密度低于三元材料，只能达到 3.0 g/cm^3 左右；锰酸锂电池比容量低，一般只有 105 mA · h/g 左右；循环性能比三元材料差。

（3）磷酸铁锂电池

磷酸铁锂（$LiFePO_4$）动力电池是以磷酸铁锂作为正极材料的锂离子电池，虽在2002 年出现，但从目前各种锂离子电池的性能对比可以看出，磷酸铁锂电池是目前最适合于新能源汽车产业化运用的锂离子电池。《中国汽车技术发展报告（2014—2015）》中的数据显示，2013 年磷酸铁锂电池装车总容量为 82.1×10^4 kW · h，占各类型电池装车总量的95%。

磷酸铁锂电池有以下特点。

① 高效率输出。标准放电为 2*C* ~ 5*C*，连续高电流放电可达 10*C*，瞬间脉冲放电（10 s）可达 20*C*。

② 高温时性能良好。外部温度 65 ℃时内部温度则高达 95 ℃，电池放电结束时温度可达 160 ℃。

③ 电池的安全性好。即使电池内部受到伤害，电池也不燃烧、不爆炸，安全性好。

④ 经 500 次循环，其放电容量仍大于 95%。

⑤ 过放电到 0 V 也无损坏。

⑥ 对环境无污染。

⑦ 可快速充电。

⑧ 成本低。

（4）镍钴锰酸锂三元材料电池

镍钴锰酸锂三元电池融合了钴酸锂电池和锰酸锂电池的优点，在小型低功率电池和大功率动力电池上都有应用。但该种电池的材料之一——钴是一种贵金属，价格波动大，对钴酸锂的价格影响较大。钴处于价格高位时，三元材料价格较钴酸锂低，具有较强的市场竞争力；但钴处于低价位时，三元材料相较于钴酸锂的成本优势就大大减小。随着性能更加优异的磷酸铁锂的技术开发，三元材料大多被认为是磷酸铁锂未大规模生产前的过渡材料。

优点：镍钴锰酸锂材料比容量高，电池循环性能好，10*C* 放电循环可以达到 500 次以上；高低温性能优越；极片压实密度高，可以达到 3.4 g/cm^3 以上。

缺点：电压平台低，1*C* 放电中值电压为 3.66 V 左右，10*C* 放电平台在 3.45 V 左右；电池安全性能相对差一点；成本较高。

三元材料电池不同温度下的放电曲线如图 2 – 8 所示。

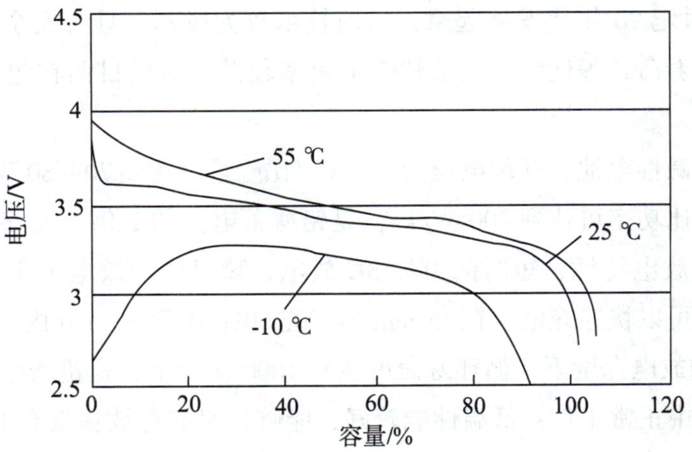

图 2－8　三元材料电池不同温度下的放电曲线

最后，给出钴酸锂电池、镍钴锰酸锂电池、锰酸锂电池及磷酸铁锂电池的性能，以及应用领域的对比，见表 2－3。

表 2－3　钴酸锂电池、镍钴锰酸锂电池、锰酸锂电池及磷酸铁锂电池的对比

性能	钴酸锂 ($LiCoO_2$)	镍钴锰酸锂 ($LiNiCoMnO_2$)	锰酸锂 ($LiMn_2O_4$)	磷酸铁锂 ($LiFePO_4$)
振实密度/ (g/cm^3)	2.8～3.0	2.0～2.3	2.2～2.4	1.0～1.4
比表面积/ (m^2/g)	0.4～0.6	0.2～0.4	0.4～0.8	12～20
克容量/ (mA·h/g)	135～140	140～180	90～100	130～140
电压平台/V	3.7	3.5	3.8	3.2
循环次数	≥500 次	≥500 次	≥300 次	≥2 000 次
过渡金属	贫乏	贫乏	丰富	非常丰富
原料成本	很高	高	低廉	低廉
环保	含钴	含镍、钴	无毒	无毒
安全性能	差	较好	良好	优秀
适用领域	中小电池	小电池、小型动力电池	动力电池、低成本电池	动力电池、超大容量电源

（三）镍－氢电池

目前在美国、日本等发达国家的很多油电混合动力汽车均使用镍－氢（NiMH）电池组。镍－氢电池是由美国人斯坦福发明的，其正极材料是氢氧化镍（NiOH），负极则是金属氢化物，即储氢合金（MH），电解液是 30% 的氢氧化钾水溶液。这里所谓“储氢合金”是指具有很强吸收氢气能力的金属镍，其单位体积储氢的密度相当于储存 1 000 个大气压的高压氢气。储氢合金能稳定地储气和放气，其工作原理是利用水的氢离子移动反应来获得电流，这时氢气在负极上被逐渐消耗掉。其能量密度（电动汽车的续航能力）与普通的锂电池差距并不大，约为 70～100 W·h/kg。

镍－氢电池于 20 世纪 90 年代发展起来，目前技术较为成熟，具有安全性好、无污染、比能量高、快速充放电、循环寿命长等优势。但是其能量效率较低，所以目前在包括丰田普锐斯在内的混合动力汽车上使用广泛。

镍－氢电池是一种碱性电池，标称电压为 1.2 V，比能量可达到 70～80 W·h/kg，有利于延长新能源汽车的行驶里程；比功率可达到 200 W/kg，是铅酸蓄电池的 2 倍，能够提高车辆的启动性能和加速性能；有高倍率的放电特性，短时间可以 3*C* 放电，瞬时脉冲放电率很大；过充和过放电性能好，能够带电充电，并可以快速充电，在 15 min 内可充 60% 的容量，1 h 内可完全充满，应急补充充电的时间短；在 80% 的放电深度下，循环寿命可达到 1000 次以上，是铅酸电池的 3 倍；采用全封闭外壳，可以在真空环境中正常工作；低温性能较好，能够长时间存放；没有 Pb 和 Cd 等重金属元素，不会对环境造成污染；可以随充随放，不会出现其他电池在没有放完电后即充电而产生的“记忆效应”。

镍－氢电池用于新能源汽车，主要优点是启动、加速性能好，一次充电后的行驶里程较长，不会对周围环境造成污染，易维护，快速充电，时间短。镍－氢电池在充电过程中容易发热，发热产生的高温会对镍－氢电池产生负面影响。高温状态下，正极板的充电效率较差，并会加速正极板的氧化，使电池寿命缩短。镍－氢电池在充电后期会产生大量的氧气，在高温环境条件下将加速储氢合金氧化，并使储氢合金平衡压力增加，使储氢合金的储氢量减少而降低镍－氢电池的性能。尼龙无纺布隔膜在高温作用下会发生降解和氧化。尼龙无纺布隔膜发生降解时，会产生氨根离子和硝酸根离子，加速了镍－氢电池的自放电；尼龙无纺布隔膜发生氧化时，氧化成碳酸根，使镍－氢电池的内阻增加。在镍－氢电池充电的过程中，电池温度迅速升高，会使充电效率降低，并产生大量氧气，如果安全阀不能及时开启，会有发生爆炸的危险。

在镍－氢电池的制造技术上进行一些改进，例如，正极板采用多极板技术而负极板采用端面焊接技术，在电解液中适当加入 LiOH 和 NaOH，采用抗氧化能力强的聚丙烯毡做隔膜等，可以有效地提高镍－氢电池的耐高温能力。在镍－氢动力电池组的单体镍－氢电池之间，加大散热间隙，采取有效的散热措施和建立自动热管理系统，以保证镍氢电池正常工作并延长使用寿命。

镍－氢电池的成本很高，达 600～800 美元/（kW·h）。不同的储氢合金具有不同的储氢能力，价格也不相同。我国自行研制了稀土系的储氢合金，已达到世界先进水平，为我国生产镍－氢电池提供了有利条件。目前高档电动车多采用镍－氢电池或锂离子电池。

第二节　动力电池组的充电控制

一、动力蓄电池组的充电要求

动力蓄电池组的充电模式若采用“限流、限压”两阶段充电模式，在充电开始阶段，一般采用最佳充电倍率（锂离子电池为0.3*C* A）进行限流充电。在这一阶段，由于蓄电池的电动势较低，即使蓄电池充电电压不高，蓄电池的充电电流也会很大，必须对充电电流加以限制。所以，这一阶段的充电称为“限流”充电，即充电电流保持在限流值。随着充电的延续，蓄电池电动势不断上升，蓄电池的充电电压也不断上升。当蓄电池电压上升到允许的最高充电电压时，保持恒压充电。在这一阶段，由于蓄电池电动势还在不断上升，而充电电压又保持不变，所以蓄电池的充电电流呈双曲线趋势不断下降，一直下降到零。但在实际充电过程中，当充电电流减小到0.015*C* A时，就可停止充电。这一阶段的充电被称为“恒压”充电。

动力蓄电池组充电过程及充电电压、电流的变化曲线如图2－9所示。这是锂离子电池组对充电模式的基本要求。此外，充电系统还必须具有自动调节充电参数、自动控制和自动保护等功能。

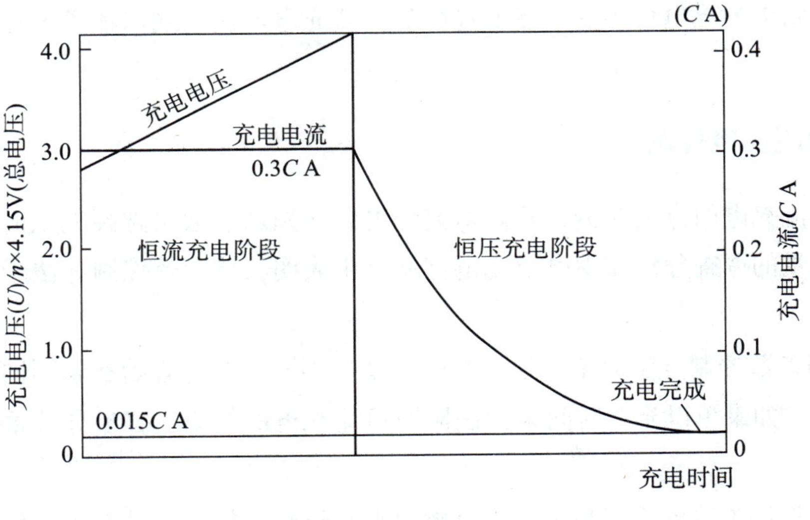

（图中 *n* 为电池组中串联的单体电池个数）

图2－9　充电过程及充电电压、电流的变化曲线

（一）自动调节充电参数

在充电过程中，充电系统必须根据蓄电池组的状态、蓄电池管理系统（BMS）输出的信息和整车监控输出的信息，自动调节充电参数和自动控制充电。

在充电时，尤其在恒压充电阶段，如果锂离子电池组中有某一个单体电池的充电电压超过允许的充电电压（根据不同锂离子电池的特性，一般设定为3.9～4.3 V）时，充电系统应会根据蓄电池管理系统（BMS）输出的信号，自动减小充电电压和电流，使该锂离子电池的充电电压不超过允许的充电电压，防止该锂离子电池过压充电。又如，在充电开始时，经蓄电池管理系统（BMS）监测到有某一个单体电池的电压过低，充电系统应能自动减小初始充电电流，待锂离子电池的电压正常后，再转入正常充电。

（二）自动控制和自动保护功能

在充电过程中，锂离子电池组和新能源汽车发生任何不正常情况时，如锂离子电池组短路、断路、高温、起火及损坏时，充电系统应能迅速切断电源，停止充电。

（三）与整车 CAN 总线通信

在充电过程中，充电系统的信息可与整车 CAN 总线通信。

二、动力蓄电池组充电分段恒流控制

在蓄电池组充电过程中，增大充电电流，蓄电池极板上单位时间内恢复的活性物质增多，充电时间就可缩短，但过大的充电电流会损害蓄电池。蓄电池可接受的充电电流是有限的，且会随充电时间呈指数规律下降。在蓄电池充电过程中，充电电流曲线在该指数函数曲线以上时会导致蓄电池电解液发生析气反应（过充电），反之则不能有效缩短充电时间。理想化的蓄电池快速充电过程是充电电流始终保持在蓄电池充电可接受电流的极限值，即充电电流曲线与该蓄电池的充电可接受电流曲线相重合。

（一）分段恒流充电控制方案

要实现分段恒流充电的自动控制，阶段恒流充电终止判断参数可选择充电时间、蓄电池温度和蓄电池电压等。大量的调查分析和蓄电池充电试验结果表明，单参数控制方法难以实现理想的分段恒流充电控制。

（1）充电时间参数控制方法简单，但在蓄电池型号不同、充电起始状态不同、所需的充电时间也不一样的条件下，如果单以充电时间来控制阶段恒流充电的结束，容易导致蓄电池过充电或充电时间延长。

（2）温度参数控制方法的优点是可实现蓄电池温度过高保护，但是由于受环境和传感器响应时间延迟的影响，如果仅以蓄电池温度参数作为阶段恒流充电终止判断标准，则容易造成蓄电池过充电。

（3）电压参数控制被认为是较好的阶段恒流充电终止控制方法，其不足也是显而易见的，如不能识别因蓄电池极板硫化而产生的充电电压异常升高及蓄电池充电过程中出现的异常温升等，将导致蓄电池充电时间延长或蓄电池损坏。

为了保证在各种情况下均能检测蓄电池的实际充电状态，并实现较为理想的阶梯形充电电流曲线，采用充电时间、蓄电池温度和终止电压3个参数作为各阶段恒流充电终止判断依据，控制流程如图2－10所示。图中，t为蓄电池温度；T_0为停充温度；$t_{(n)}$为设定的第n次恒流充电的充电时间；$I_{(n)}$为设定的第n次恒流充电的电流值；$U_{(n)}$为设定的第n次恒流充电的终止电压。分段恒流充电结束后再进行一段时间的定压充电，是为了确保蓄电池能完全充足。

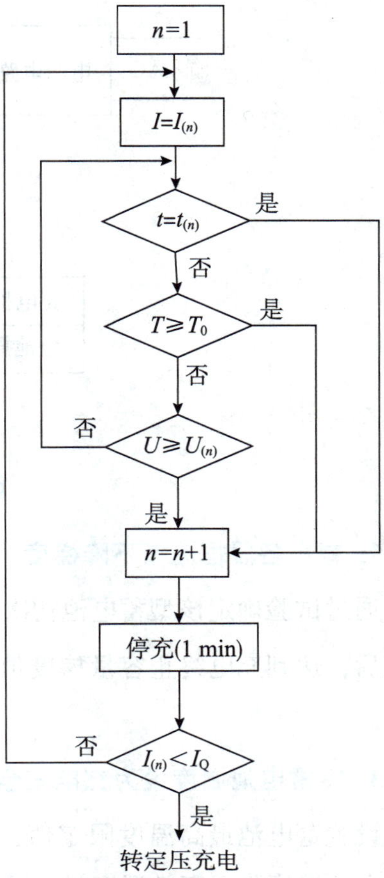

图2－10　分段恒流充电控制流程

3个控制参数的具体控制策略如下。

1. 时间参数控制

根据蓄电池容量和充电电流，预先设定某段恒流充电的时间，当充电时间达到设定值时，通过定时器发出信号，结束该阶段的恒流充电并自动将充电电流减小，进入下一段恒流充电。

2. 温度参数控制

设定某段恒流充电至可接受电流极限时的蓄电池温度最高值，根据温度传感器检测的蓄电池温度来控制充电装置。当外界环境温度较低、设置的蓄电池最高温度较高时，采取控制温升法，当蓄电池的温升达到设定值时，温控器使充电装置停止充电，直到温度下降至适当值时，自动进入下一阶段恒流充电。

3. 电压参数控制

蓄电池的绝对电压可以反映蓄电池的充电情况，设定某段恒流充电达到或接近充电可接受电流极限值的电压，当电压达到设定值时，充电装置便自动结束本阶段恒流充电，进入下一阶段。

（二）分段恒流充电智能化控制方案

分段恒流充电智能化控制框图，如图2－11所示。该电路采用CPU控制，可对充电蓄电池和充电环境温度进行检测，对蓄电池充电进行计时，采样充电过程中蓄电池的电压和电流，对分段恒流充电过程进行控制。

分段恒流充电智能化控制方案如下。

1. 采用容量梯度法确定阶段恒流充电终止标准

采用容量梯度参数dU/dC作为阶段恒流充电终止判断标准，按该型蓄电池恒流充电特性曲线确定充电终止容量梯度参数，在充电过程中，控制器以设定的频度对充电电压进行采样，计算$I_{(n)}$下的容量梯度值，并与设定的充电终止容量梯度标准进行比较，根据比较结果判断是否终止当前阶段恒流充电。

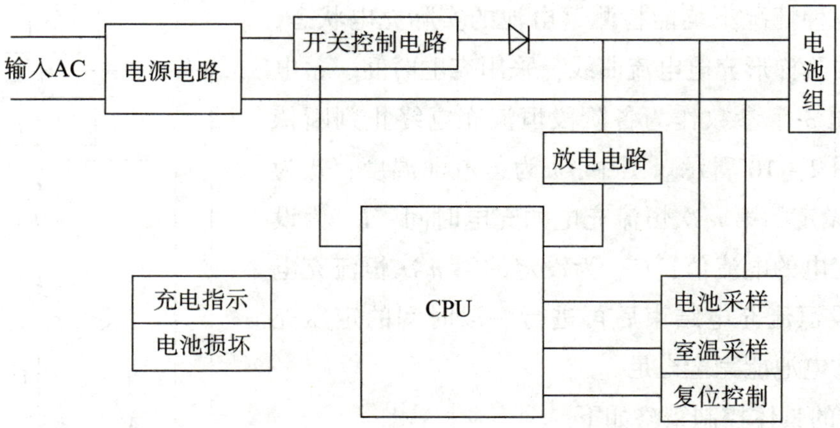

图 2－11　分段恒流充电智能化控制框图

2. 减小各段恒流值下降梯度

通过试验确定该型蓄电池初次恒流值 $I_{(n)}$，并减小阶段恒流充电的电流下降幅度。如果降低充电电流后，达到充电终止容量梯度值的时间很短（设定一个最小充电时间），则适当增大电流下降的幅度。

3. 将蓄电池温度设为充电安全保障控制参数

设置蓄电池最高温度限定值，在充电过程中，如果蓄电池温度达到了限定值，立即停止充电。当蓄电池温度降至正常温度时，适当减小充电电流继续充电，直到该段恒流充电结束。

三、动力蓄电池组充电的均衡控制

目前，限压限流充电方法无论在充电速度还是效果上都不够科学，充电初期极化效应并不激烈，蓄电池的电流接受能力最强，充电电流还应该加大；恒流后期蓄电池温升、内压增大，电流已经超出蓄电池接受能力，电流应该减小，同时，极化作用、趋肤效应降低了材料反应的活性，可利用反向电流脉冲削弱这些不利影响。要实现单体蓄电池电压的均衡控制，均衡器是蓄电池管理系统的核心部件，离开均衡器，管理系统即使得到了蓄电池组测量数据也无所作为，也就无所谓管理。

（一）断流与分流

均衡器按能量回路处理的方式分为断流和分流。断流是指在监控单体电压变化的基础上，在满足一定条件时把单体蓄电池的充电或负载回路断开，通过机械触点或电力电子部件组成开关矩阵，动态改变蓄电池组内单体蓄电池之间的连接结构。新能源汽车用蓄电池组功率很大，瞬时电流可达数百安培而且双极性变化，再考虑可行性、性价比、实用性、可靠性等诸多因素，断流的实施难度极大，不适合在新能源汽车动力蓄电池组上使用。

分流并不断开蓄电池的工作回路，而是给每只单体蓄电池各增加一个旁路装置，就像蓄电池伴侣，两者合起来的特性趋于蓄电池组内各单体蓄电池的平均特性。

（二）能耗型与回馈型

能耗型是指给各单体蓄电池提供并联电流支路，将电压过高的单体蓄电池通过分流转移电能以达到均衡的目的，实现并联电流支路的装置可以是可控电阻，或经能量功率变换器带动空调、风机等耗电设备。其实质是通过能量消耗的办法限制单体蓄电池出现过高或过低的端电压，只适合在静态均衡中使用，因高温升等特点降低了系统的可靠性，消耗能源，故不适合在动态均衡中使用。

回馈型与能耗型不同，回馈型是通过能量功率变换器将单体蓄电池之间的偏差能量馈送回蓄电池组或组中某些单体蓄电池。理论上，当忽略转换效率时，回馈型不消耗能量，可实现动态均衡。回馈型具有更高的研究价值和使用价值，最有可能达到实用化设计。

（三）能量功率变换器

蓄电池电压均衡可利用能量变换装置来实现，依据高频开关电源（SMPS）的原理和技术设计，基本的电源电路包括非隔离式的 Buck、Boost、Buck Boost、Cuk、Sepic、Zeta，隔离式的 Forward、Flyback、Push Pull、Half Bridge、Full Bridge、Iso-Cuk 等。充电时小容量蓄电池充入较少能量，分流电路吸收电能，放电时分流电路补充能量，能量功率变换器应能实现双向变换。原则上各种电源电路经改进设计都可以实现双向，最简单的方案是用两个电源，输入与输出交叉并联，两个电路分别控制。由于受成本、体积与质量、长期工作的可靠性等因素的影响，双向单功率变换器比单向双功率变换器更有优势，是发展方向。

（四）充电、放电和动态均衡

按均衡功能特点分充电均衡、放电均衡和动态均衡。充电均衡在充电过程中后期，单体蓄电池电压达到或超过截止电压时，均衡电路开始工作，减小单体蓄电池电流，以限制单体蓄电池电压不高于充电截止电压。与充电均衡类似，放电均衡在蓄电池组输出功率时，通过补充电能限制单体蓄电池电压不低于预设的放电终止电压。充电截止电压和放电终止电压的设置与温度有关联。与充电均衡和放电均衡不同，动态均衡不论在充电状态、放电状态，还是浮置状态，都可以通过能量转换的方法实现蓄电池组中单体蓄电池电压的平衡，实时保持相近的荷电程度。

充电均衡的唯一功能是防止过充电，而在放电使用中带来的是负面影响，在不加充电均衡时，容量小的蓄电池被一定程度过充，蓄电池组内任何单体蓄电池过放以前，蓄电池组输出电量略高于单体蓄电池最小容量。使用充电均衡时，小容量蓄电池没有过充，能放出的电量小于不用均衡器时轻度过充所能释放的电能，使得该单体蓄电池放电时间更短，过放的可能性就更大了。另外，当电动机控制器以蓄电池组电压降低到一定程度为依据减小或停止输出功率时，由于大容量蓄电池因充电均衡被充入更多电能而表现出较高的平台电压，掩盖了小容量蓄电池的电压跌落，将出现蓄电池组电压足够高而小容量单体蓄电池已经过放的情况。

放电均衡与充电均衡情形相似，即大容量浅充足放，小容量过充足放，加速单体蓄电池性能差异性变化的结果是相同的，都不能形成真正实用的产品，只有动态均衡集中了两种均衡的优点，尽管单体蓄电池之间初始容量有差异，工作中却能保证相对的充放电强度和深度的一致性，渐进达到共同的寿命终点。

（五）单向和双向

根据均衡器处理能量的可能流向分为单向型均衡和双向型均衡，双向型均衡器使用双向功率变换器，输入输出方向动态调整。比较而言，双向型均衡器更具优势，基于均衡效率考虑，对于单向型均衡器，使用自蓄电池组高压到单体蓄电池低压的变换器适用于放电均衡，如图 2－12（a）所示，使用自单体蓄电池低压到蓄电池组高压的逆变器适合充电均衡，如图 2－12（b）所示。

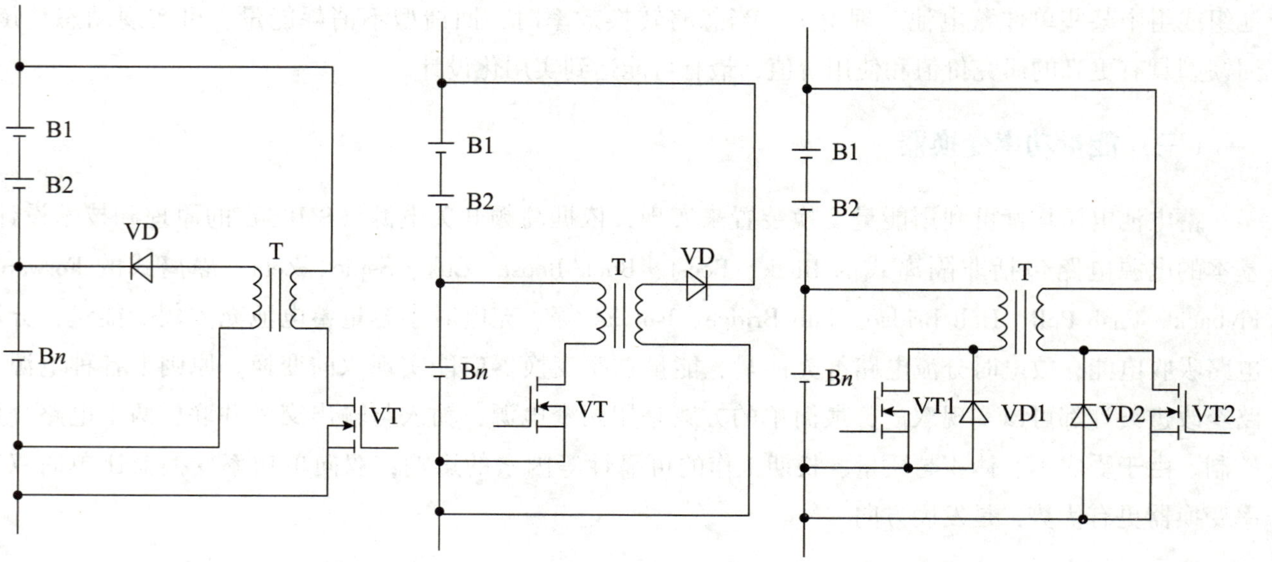

（a）电池组到单体电池的Buck变换器　（b）单体电池到电池组的Boost变换器　（c）双向型变换器

图 2－12　Buck 或 Boost 单向与双向型变换器

最先进的均衡方案是从单体蓄电池到单体蓄电池，从高压单体蓄电池直接把能量变换到低压单体蓄电池，具有最佳的均衡效率，实现难度也较大。按单体蓄电池容量大小排序 $C_1 > C_2 > \cdots > C_n$，n 是串联单体蓄电池数量，平均容量为 $C_a = (C_1 + C_2 + \cdots + C_n)/n$，设第 k 只单体蓄电池容量最接近平均值，即 $C_k = C_a$，则均衡系统的目标是从 $C_1, C_2, \cdots, C_{k-1}$ 取出能量 $C_{out} = (C_1 + C_2 + \cdots + C_{k-1}) - (k-1)C_a$，转移到 $C_{k+1}, C_{k+2}, \cdots, C_n$。考虑到能量变换效率，$k$ 值需要适当后移。

（六）集中与分散

在把上述单向和双向功率变换器连接蓄电池组电压的所有绕组合并为一个绕组后，就得到如图 2－13所示的集中式功率变换器，优点是功率变换器成本和技术复杂度大幅降低，主要缺点有低压绕组到各单体蓄电池之间的导线长度和形状不同，变比有差异，均衡误差大。另一方面，功率变换器与蓄电池组之间的 $n+1$ 条功率导线的布线工艺不容易设计，车辆行驶过程中对导线的拉伸和剪切给安全带来隐患。

基于成本和均衡效率考虑，集中式可应用于助力车等中小功率及蓄电池组无振动或少移动的场合。一种使用单只电容器循环均衡每只单体蓄电池的方法称为飞渡电容法，也属于集中式，如

图 2－13（d）所示。其特点是均衡功能直接通过电容器充放电进行，但开关上瞬间开启电流很大，易出现电弧或电磁干扰，开关触点压降直接影响均衡效果。

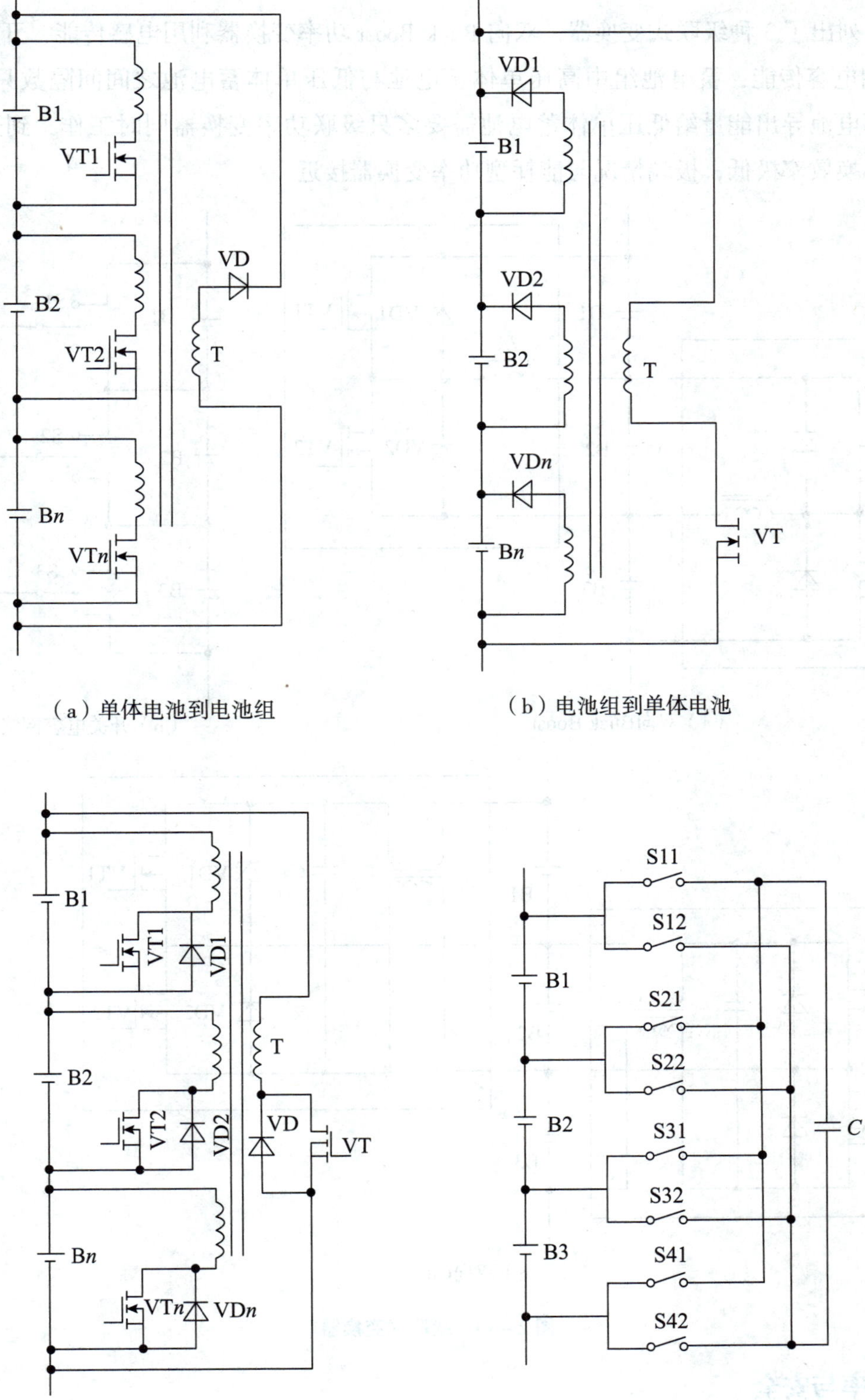

（a）单体电池到电池组　（b）电池组到单体电池

（c）双向变换器　（d）飞渡电容

图 2－13　集中式功率变换器

（七）独立与级联

一种均衡器的设计思路让每两只邻近的单体蓄电池实现均衡，进而达到各单体蓄电池之间的均衡。图 2－14 列出了 3 种级联式变换器，双向 Buck Boost 功率变换器利用电感传能，开关电容网络和双向 Cuk 利用电容传能，蓄电池组中高压单体蓄电池与低压单体蓄电池之间间隔数只单体蓄电池，从高压单体蓄电池导出能量给低压单体蓄电池需要多只级联功率变换器同时工作，到达目的单体蓄电池的能量转换效率极低，极端情况与能耗型功率变换器接近。

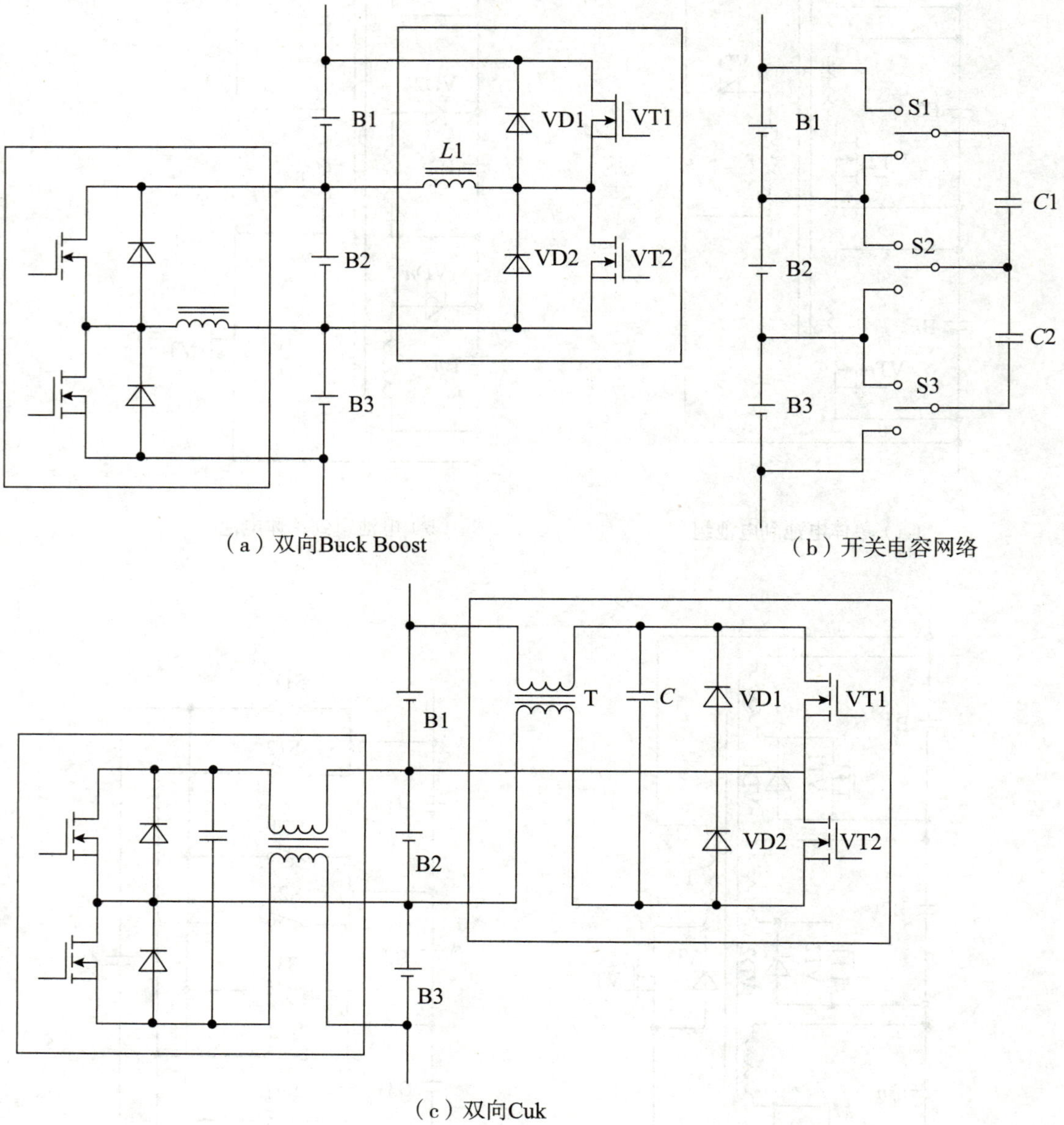

图 2－14　级联式变换器

（八）效率与安全

在将动态均衡应用于放电过程中，功率变换器的热耗取自蓄电池组能量，由于单体蓄电池电压较低，功率变换器效率是一个设计难点，须采纳和借鉴当代电源电路的最新设计技术，如同步整流、软开关等。

在均衡器设计中，参数超限报警、热保护等常规检测功能是必不可少的。新能源汽车内环境长期处于颠簸和振动，配线工艺、紧固结构都须认真设计，导线外皮磨损破裂短路，可能导致与蓄电池性能无关的火灾隐患，就功率变换器而言，还需要考虑浪涌抑制、过压过流保护、电磁兼容等问题，可靠性是均衡器的另一个设计难点。

（九）控制与管理

均衡控制方案不同，管理系统复杂程度也不一样，被动型均衡由充电器调整输出电压和电流，控制最简单，均衡能力也最差。国外产品有的采用主辅模块的分布式管理结构，辅模块相当于独立式均衡器，主模块完成管理系统的功能，两者通过现场总线连接。有的采用分级管理，上级模块管理下级模块，下级模块管理 12 只蓄电池。

在控制策略方面，要求把蓄电池电化学特性、电源技术、控制技术相结合，新能源汽车在行驶中随时会出现加速、滑坡、堵转、刹车等情况，蓄电池组输出的电流和功率呈双极性变化，各种阻抗特性和电动机控制器的调制特性都给蓄电池组电压变化带来复杂性，管理决策不能仅依据简单公式计算，应避免往复均衡，造成蓄电池能源的浪费。

第三节 动力电池管理系统及运行模式

电池管理系统（battery management system，BMS），是新能源汽车能量管理系统的核心，其主要任务是通过电压、电流及温度检测等功能实现对动力电池系统的各种控制、保护、故障报警及处理、与其他控制器通信功能等操作，保证电池安全可靠地使用，充分发挥电池的能力和延长使用寿命。

一、动力电池管理系统的基本功能

BMS 作为电池和整车控制器以及驾驶者沟通的桥梁，通过控制接触器控制动力电池组的充放电，并向 VCU 上报动力电池系统的基本参数及故障信息。其基本功能包括数据采集、电池状态计算、能量管理、安全管理、热管理、电压均衡控制及人机接口等，见表 2－4。

表 2－4　动力电池管理系统的基本功能

建立电池模型	—	描述电池参数的动态变化规律，用数学方程式表达，用于动力电池系统仿真
数据检测及采集	集中式或分布式检测装置	单体电池电压、电流，动力电池组总电压、总电流检测和采集，控制均衡充放电策略
能量管理	电池管理器模块	根据电池的电压、电流、荷电状态 SOC 控制电池的充放电，防止过充和过放
状态估算	电池管理器模块	根据动力电池荷电状态 SOC 和 SOH 算法估算电池寿命（衰减）状态
热量管理	热量检测模块及传感器	冷却系统和冷却装置（风扇或液泵）检测及控制
数据处理与通信	串行通信接口，CAN 总线	单体电池采用串行通信接口，整车管理系统采用 CAN 总线
数据显示	仪表、显示器	动力电池组实时对电压、电流、SOC、剩余电量、温度等数据进行显示和故障报警等
安全管理	自动断电、报警	动力电池过充、过放、过压、过流、高温等危险状态自动切断电源、报警等

二、动力电池管理系统的工作原理

动力电池管理系统的工作原理是将动力电池模组放置在一个密封并且屏蔽的动力电池箱里面，动力电池系统使用可靠的高压接插件与高压控制盒相连，然后输出的直流电由电机控制器转变为三相交流高压电，驱动电机工作；系统内的BMS实时采集各电芯的电压、各温度传感器的温度值、电池系统的总电压值和总电流值等数据，实时监控动力电池的工作状态，并通过CAN线与VCU或充电机之间进行通信，对动力电池系统进行充放电等进行综合管理。

其中BMS的主要工作原理可简单归纳为数据采集电路首先采集电池状态信息数据，再由电子控制单元（ECU）进行数据处理和分析，然后根据分析结果对系统内的相关功能模块发出控制指令，并向外界传递信息，如图2－15所示。

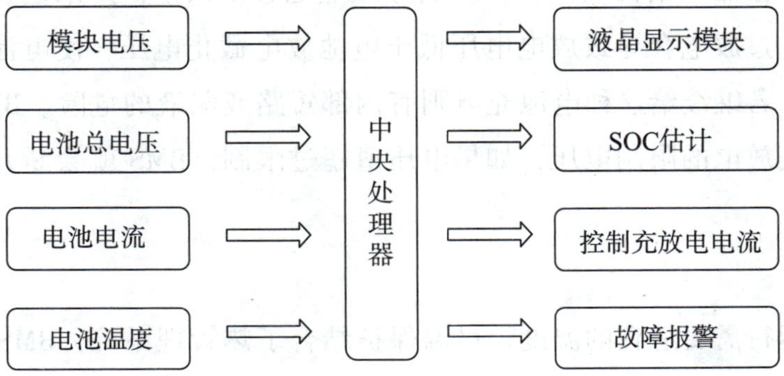

图2－15　BMS工作原理结构框图

BMS一般包括电池管理子系统、电压平衡控制子系统、热管理子系统和安全防护系统四个子系统。

（一）电池管理子系统

电池管理子系统的主要功能是通过电压检测等功能实现对动力电池系统的保护、对电池状态的估计和在线故障诊断。其中电池状态估计又包括电池剩余电量（SOC）和电池老化程度（SOH）两个方面。SOC是电池管理系统中最重要的一个指标，其工作原理是通过各类传感器采集电池的相关参数，包括电压、电流及温度等，然后由ECU对数据进行分析和处理，根据结果对SOC进行分析，并将结果传递到驾驶员仪表板上。

（二）电压平衡控制子系统

电压平衡控制子系统主要是通过充电控制、自动均衡、继电器控制、SOC估算、充放电管理、均衡控制、故障报警及处理、与其他控制器通信功能等实现电压平衡控制。

（三）热管理子系统

热管理子系统是为了确保动力电池系统能在适宜的温度下工作，以保障动力电池系统的电性能和寿命，其主要功能包括：①电池温度的准确测量和监控；②电池组温度过高时的有效散热和通风；③低温条件下的快速加热；④有害气体产生时的有效通风；⑤保证电池组温度场的均匀分布。

（四）安全防护系统

安全保护作为整个 BMS 重要的功能，主要包括过电流保护、过充过放保护、过温保护和绝缘监测。

1. 过电流保护

由于电池有一定的内阻，当工作电流过大时，电池内部会产生热量，从而造成电池温度升高、热稳定性下降。BMS 会通过判断采集的充放电电流值是否超过安全范围来采取相应的安全保护措施。

2. 过充过放保护

过充电会使电池正极晶格结构被破坏，从而导致电池容量减小，如果电压过高还会引发因正负极短路而造成的爆炸。过放电会导致放电电压低于电池放电截止电压，使电池负极上的金属集流体被溶解，电池被损坏，若继续给这种电池充电则有内部短路或漏液的危险。BMS 会判断采集的单体电池电压值是否超过充放电的限制电压，如果电压值超过限制，BMS 就会断开充放电回路从而保护电池系统。

3. 过温保护

动力电池的稳定运行需要适宜的温度。过温保护结合了热管理系统，BMS 在电池温度过高或过低时，禁止系统进行充放电。

4. 绝缘监测

动力电池系统的电压通常有几百伏，如果出现漏电，会对人员造成危险。BMS 会实时监测总正总负搭铁绝缘阻值，在该值低于安全范围时，上报故障，并断开高压电。

三、动力电池管理系统的要求

《电动汽车用电池管理系统技术条件》（QC/T 8997—2011）中规定了电池管理系统的一般要求和技术要求。

（一）电池管理系统的一般要求

（1）电池管理系统应能检测电池电和热相关的数据，至少应包括电池单体或者电池模块的电压、电池组回路电流和电池包内部温度等参数。

（2）电池管理系统应能对动力电池的荷电状态（SOC）、最大充放电电流（或者功率）等状态参数进行实时估算。

（3）电池管理系统应能对电池系统进行故障诊断，并可以根据具体故障内容进行相应的故障处理，如故障码上报、实时警示和故障保护等。

（4）电池管理系统应有与车辆的其他控制器基于总线通信方式的信息交互功能。

（5）电池管理系统应用在具有可外接充电功能的电动汽车上时，应能通过与车载充电机或者非车载充电机的实时通信或者其他信号交互方式实现对充电过程的控制和管理。

（二）电池管理系统的技术部分要求

（1）绝缘电阻。电池管理系统与动力电池相连的带电部件和其壳体之间的绝缘电阻值应不小于 2 MΩ。

（2）绝缘耐压性能。电池管理系统应能经受绝缘耐压性能试验，在试验过程中应无击穿或闪络等破坏性放电现象。

（3）状态参数测量精度。电池管理系统所检测状态参数的测量精度要求，见表 2－5。

表 2－5 状态参数的测量精度要求

参数	总电压值	电流值[①]	温度值	单体（模块）电压值
精度要求	≤ ±2% FS	≤ ±3% FS	≤ ±2 ℃	≤ ±0.5% FS

①应用在具有可外接充电功能的电动汽车上时，电流值精度同时应满足≤ ±1.0 A（当电流值小于 30 A 时）。

（4）SOC 估算精度。SOC 估算精度要求不大于 10%。

（5）过电压运行。电池管理系统应能在规定的电源电压下正常工作，且满足表 2－5 状态参数测量精度的要求。

（6）欠电压运行。电池管理系统应能在规定的电源电压下正常工作，且满足表 2－5 状态参数测量精度的要求。

四、动力电池管理系统的运行模式

（一）车载模式

车载模式下蓄电池管理系统结构框图如图 2－16 所示。蓄电池管理系统在车载运行模式下的作用是控制和显示。控制作用是蓄电池管理系统（中央控制模块）通过 CAN1 总线将实时的、必要的蓄电池状态告知整车控制器及电动机控制器等设备，以便采用更加合理的控制策略，既能有效完成运营任务，又能延长蓄电池使用寿命。显示作用是蓄电池管理系统（中央控制模块）通过高速 CAN2 总线将蓄电池组的详细信息告知车载监控系统，完成蓄电池状态数据的显示和故障报警等功能，为蓄电池的维护和更换提供依据。

（二）整车充电模式

整车充电模式下蓄电池管理系统结构框图如图 2－17 所示。电池管理系统在整车充电运行模式下的作用是实时了解整组蓄电池的充电状态，控制蓄电池充电，完成整组蓄电池的充电过程。

在整车充电模式下，车辆上的蓄电池不卸载到地面。充电机的充电线直接插在新能源汽车的充电插头上进行充电。此时的车载高速 CAN 总线加入充电机节点，其余不变。充电机通过高速 CAN 总线了解蓄电池的实时状态，调整充电策略，实现整组蓄电池的安全充电。

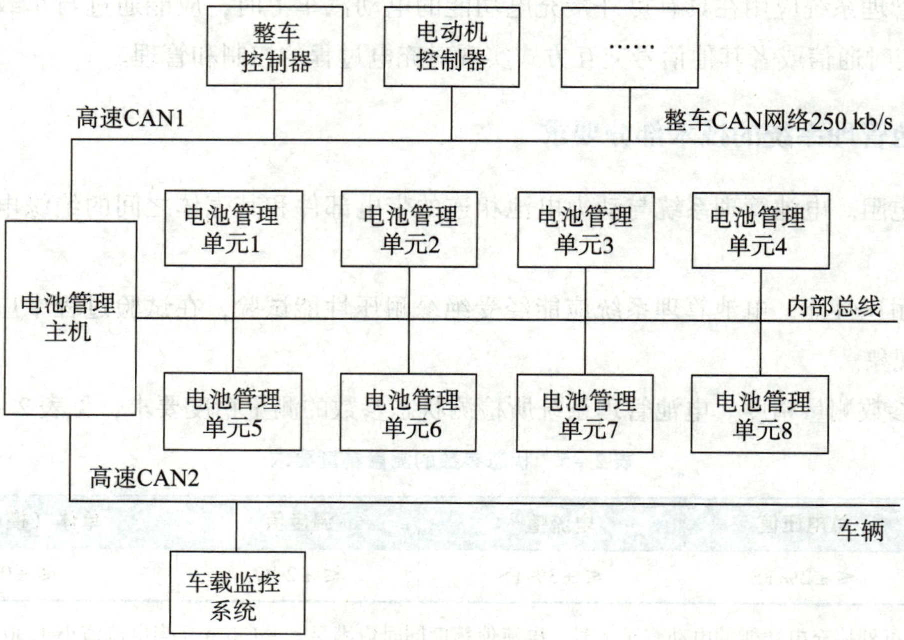

图 2－16　车载模式下蓄电池管理系统结构框图

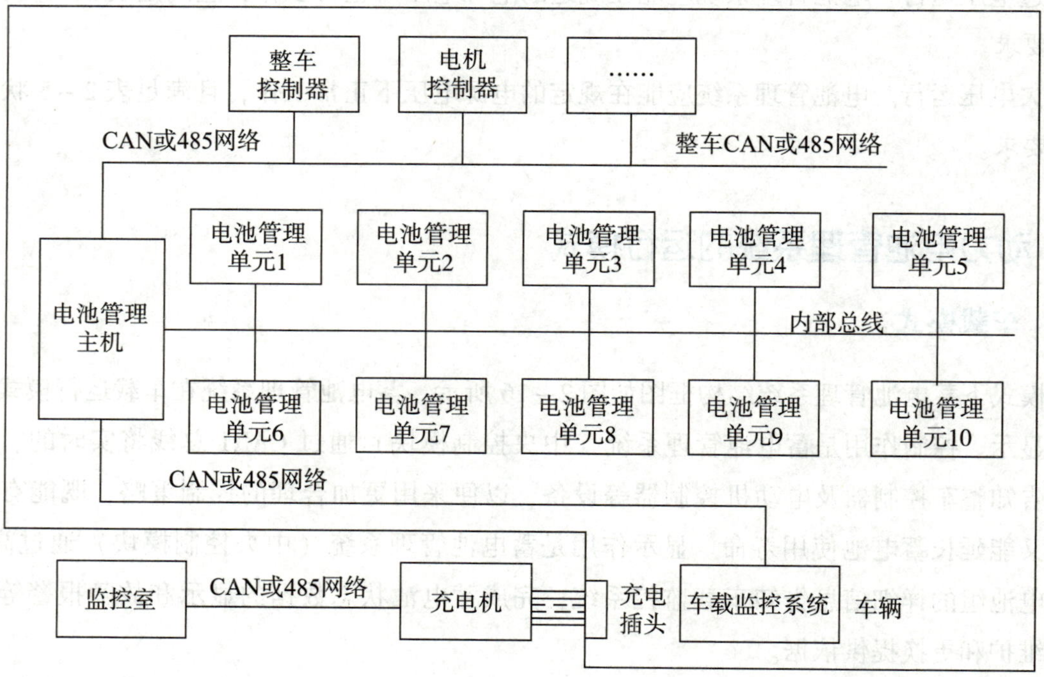

图 2－17　整车充电模式下蓄电池管理系统结构框图

（三）单箱充电模式

单箱充电模式下蓄电池管理系统结构如图 2－18 所示。蓄电池管理系统在单箱充电运行模式下的作用是适时了解单箱蓄电池的充电状态，控制蓄电池充电，完成单箱蓄电池的充电过程。

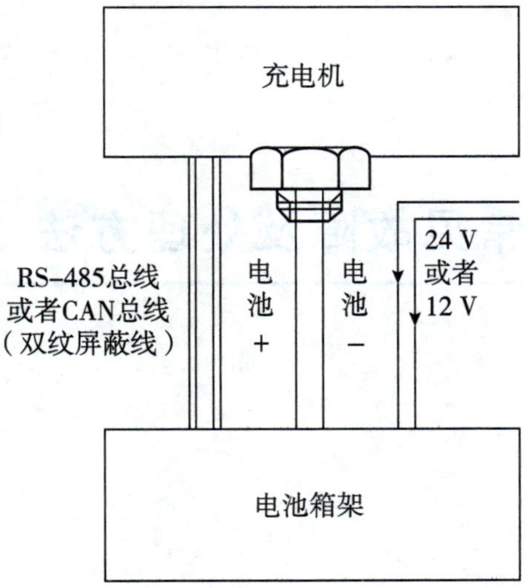

图 2－18　单箱充电模式下蓄电池管理系统结构

由于在日常补充充电模式下，从整车卸载下来的只有蓄电池箱以及蓄电池箱内的蓄电池测控模块，而中央控制器仍在车上，因此在充电的时候，利用蓄电池管理单元的 RS－485 总线或者 CAN 总线进行通信，蓄电池管理单元实时地将该单箱蓄电池各单体蓄电池的电压、温度和故障等信息告知充电机，实现安全优化充电。

第四节 动力电池常见故障及处理方法

一、电压类故障

（一）电池电压高

满电静置后，电池单串或几串电压明显偏高，其他单体正常。

故障原因：①采集误差；②LMU 均衡功能差或失效；③电芯容量低，充电时电压上升较快。

处理方法：①单体电压显示值较其余单体偏高，测量单体实际电压值进行比对，若实际值较显示值低，且与其他单体电压相同，则以实际值为标准对 LMU 单体电压进行校准；若测量值与显示值相符，则人工对单体电池进行放电均衡。②检查电压采样线是否断裂，虚接。③更换 LMU。

（二）电池电压低

满电静置后，电池单只或几只单体电压明显偏低，其他单体正常。

故障原因：①采集误差；②LMU 均衡功能差或失效；③电芯自放电率大；④电芯容量低，放电时电压下降较快。

处理方法：①单体电压显示值较其余单体偏低，测量单体实际电压值进行比对，若实际值较显示值高，且与其他单体电压相同，则以实际值为标准对 LMU 单体电压进行校准；若测量值与显示值相符，则人工对单体电池进行充电均衡。②检查电压采样线是否断裂，虚接。③更换 LMU；④对故障电池包进行更换。

（三）压差：动态压差/静态压差异常

充电时单体电压迅速至满电截止电压跳枪；踩油门时，单体电压比其他串下降迅速；踩刹车时，单体电压比其他串上升迅速。

故障原因：①连接电池铜牌紧固螺母松动；②连接面有污物；③电芯自放电率大；④电芯焊接连接铜牌开焊（造成该串单体容量低）；⑤个别单体电芯漏液。

处理方法：①对螺母进行紧固；②清除连接面异物；③对单串电池进行充/放电均衡；④对问题电池包进行更换。

（四）电压跳变

车辆运行或充电时，单体电压跳变。

故障原因：①电压采集线连接点松动；②LUM 故障。

处理方法：①对连接点进行紧固；②更换 LMU。

二、温度类故障

（一）热管理故障

（1）加热故障（加热片）。温度低于某一数值时，在充电时，加热不开启。

故障原因：①加热继电器或 BMU 故障；②加热片或继电器供电电路异常。

处理方法：①修复或更换加热继电器或 BMU；②检查并修复供电电路异常。

（2）散热故障（风扇）。温度高于某数值后，风扇未工作。

故障原因：①风扇继电器或 BMU 故障；②风扇或继电器供电电路异常。

处理方法：①修复或更换风扇继电器或 BMU 故障；②检查并修复供电电路异常。

（二）温度高

电池系统中某个或者某几个温度点偏高，运行或充电中达到报警阈值。

故障原因：①温度传感器故障；②LMU 故障 ；③电连接异常局部发热；④风扇未开启，散热差；⑤靠近电机等热源；⑥过充电。

处理方法：①测量温度传感器电阻值与显示值进行比对，若实际值较显示值低，且与其他温度值相同，则以实际值为标准对 LMU 温度值进行校准；②紧固电连接点，清除连接点异物；③确保风扇开启；④增加隔热材料与热源进行隔离；⑤暂停运营进行散热；⑥立即停止充电；⑦更换 LMU。

（三）温度低

电池系统中某个或者某几个温度点偏低，运行或充电中达到报警阈值。

故障原因：①温度传感器故障；②LMU 故障 ；③局部加热片异常。

处理方法：①测量温度传感器电阻值与显示值进行比对，若实际值较显示值高，且与其他温度值相同，则以实际值为标准对 LMU 温度值进行校准；②检查修复加热片；③更换 LMU。

三、充电故障

（一）直流充电故障

充电无法启动，充电跳枪，充电结束后 SOC 不复位。

故障原因：①电池故障（电压、温度、绝缘等异常）；②BMU 故障（充电模块或充电 CAN 异常）；③主负、充电继电器异常；④CC1 对地电阻、CC2 对地电压异常；⑤PE 地异常处理方法：①排除电池故障；②修复/更换失效部件；③截存充电报文，分析故障原因。

（二）交流充电故障

故障原因：①电池故障（电压、温度、绝缘等异常）；②BMU 故障（充电模块或充电 CAN 异常）；③主负、充电继电器异常；④CC 对地电阻、CP 对地电压异常；⑤PE 地异常。

处理方法：①排除电池故障；②修复/更换失效部件；③截存充电报文，分析故障原因。

四、绝缘故障

故障原因：电池箱或插件进水，电芯漏液，环境湿度大，绝缘误报，整车其他高压部件（控制器、压缩机等）绝缘不过。

处理方法：①正极对地，如果有电压或绝缘阻值小于规定值，则判处负极电路漏电；②负极对地，如果有电压或绝缘阻值小于规定值，则判处正极电路漏电。根据其漏电电压大小除以此时的单串电压值就可以计算出漏电点位，然后根据不同情况分析处理。

五、通信故障

LUM 通信故障，BMU 通信故障；整车却是 1 个或几个 LMU 信息，或整车没有 BMS 信息。

故障原因：①LMU/BMU 故障；②LMU/BMU 供电电路或通信线路接触不良/故障；③信号干扰。

处理方法：①更换 LMU/BMU；②检查修复供电电路/通信线路；③检屏蔽查线，查找消除干扰源。

六、SOC 异常

（一）不准确

充电电量 ÷ 标称容量 = 充电的 SOC，若“充电的 SOC” + “剩余的 SOC”较实际显示值有偏差或者根据 SOC 与 OCV 的对应关系估算实际电量与 SOC 不对应，我们认为 SOC 不准确。

（二）不变化

故障原因：①通信异常（数据缺失）；②电流异常（霍尔及其输入输出电路）；③BMU 故障；④其他电池报警。

处理方法：①确保数据完整；②修复/更换失效部件；③消除所有电池报警。

（三）下降快

故障原因：①通信周期异常；②电流异常（霍尔正向电流大、反馈电流小）；③单体电压偏低，下降快；④BMU 故障；⑤低温。

处理方法：①更新 BMU 程序；②修复/更换失效部件。

（四）下降慢

故障原因：①通信周期异常；②电流异常（霍尔正向电流小、反馈电流大）；③BMU 故障。

处理方法：①更新 BMU 程序；②修复/更换失效部件。

（五）跳动

确认程序版本号是否正确。

七、电流异常

故障原因：①霍尔及其输入输出电路；②霍尔反装；③直流充电时如果 BMS 需求电压或电流为 0 时，充电机按最小输出能力输出。

处理方法：①更新 BMU 程序；②修复/更换失效部件。

实践操作

新能源汽车充电操作步骤

1. 实训要求

（1）能区分快、慢充电插座。

（2）能正确打开和关闭充电口，并会正确使用充电枪。

（3）会正确读取仪表充电显示值。

（4）能正确使用防护装备和绝缘工具。

（5）能正确拆装车载充电机。

（6）掌握车载充电机拆装注意事项。

（7）能正确使用汽车故障诊断仪、万用表。

（8）培养科学的态度，能够分工协作，注意安全防护，可独立完成任务。

2. 实训准备

（1）实训用车：吉利帝豪 EV450 或北汽 EV200 车型。

（2）防护装备：绝缘鞋、绝缘手套、护目镜、穿绝缘着装。

（3）专用修车工具：汽车故障诊断仪、万用表、灭火器等。

（4）手工常用工具。

（5）辅助材料。

3. 实训内容

（1）汽车故障诊断仪的正确使用。

（2）充电操作步骤。

（3）充电枪的正确使用和拆装。

4. 实训步骤

（1）学习汽车故障诊断仪的使用。

步骤 1：找到 OBD 插头，连接解码器。

步骤 2：车辆接通上电，检查解码器和蓝牙之间的连接情况。

解码器显示状态：______________________________

____

步骤 3：打开解码器，进入工作界面，选择车型。

步骤 4：读取故障码。

故障代码：______________________________

代码含义：______________________________

步骤 5：清除历史故障码后再次读取故障码。

故障代码：______________________________

代码含义：______________________________

步骤 6：读取与故障相关的数据流。

故障代码：______________________________

代码含义：______________________________

步骤 7：排故障后再次读码，确认无故障。

步骤 8：退出解码器，恢复车辆原貌，检查仪表显示。

仪表显示：______________________________

____

步骤 9：5S 实施。

（2）新能源汽车充电操作步骤。

步骤 1：将新能源汽车开入停车位。

充电桩型号：______________________________

输入电压：______________________________

输出电压：______________________________

步骤 2：关闭上电开关。

步骤 3：打开充电口保护盖。

检查充电口是否正常：______________________________

____

步骤 4：从充电桩取下充电枪。

检查充电枪是否正常：________________

____

步骤5：将充电枪插入充电口。

选择充电模式：________________

____

步骤6：观察车辆仪表充电状态。

充电过程仪表显示是否正常：________________

____

步骤7：充电结束，按下充电枪按钮，拔出充电枪。

电量显示情况：________________

续航里程数：________________

步骤8：关上车辆充电口保护盖。

检查保护盖是否盖好：________________

____

步骤9：关上充电口盖。

检查充电口关闭情况：________________

____

步骤10：将充电枪插入充电桩。

检查充电枪插入是否完好、可靠：________________

____

课程思政

工信部：将研究制定《新能源汽车动力蓄电池回收利用管理办法》

据工业和信息化部官网消息，为加强动力电池回收利用体系建设，做好回收利用管理办法研究工作，工业和信息化部节能与综合利用司近日召开新能源汽车动力电池综合利用工作座谈会。

工业和信息化部节能与综合利用司表示，下一步，将坚持问题导向，研究制定《新能源汽车动力蓄电池回收利用管理办法》和行业急需标准，健全动力电池回收利用体系，支持柔性拆解、高效再生利用等一批关键技术攻关和推广应用，持续实施行业规范管理，提高动力电池回收利用水平。

据了解，参会企业介绍了退役动力电池回收、梯次及再生利用技术攻关、商业模式创新等工作，围绕完善管理制度、健全技术标准体系、加强产业链上下游协作等开展了研讨。

（来源：人民网）

思考练习

一、填空题

1. 动力电池性能指标主要有________、________、________、能量、功率、输出效率、________、使用寿命等。

2. 电池电压主要有端电压、标称（额定）电压、________、________、充电终止电压和________等。

3. 电池的容量可以分为________、n 小时率容量、________、实际容量、荷电状态等。

4. 电池的能量分为________、________、实际能量、________、能量密度、充电能量、放电能量等。

5. 根据容量的大小和输出功率的能力，动力电池可以分为________、________、能量/功率兼顾型动力电池。

二、简答题

1. 简述新能源汽车蓄电池的种类及特点。

2. 简述动力电池管理系统的基本功能。

第三章 车载充电机的原理与检修

本章导读

车载充电机技术的发展为新能源汽车的普及起到了推动作用。车载充电机对充电功率、充电效率、重量、体积、成本以及可靠性要求较高。为实现车载充电机的智能化、小型化、轻量化、高效率化，相关的研究与开发工作取得了长足的发展，研究方向主要集中在智能化充电、动力蓄电池充放电安全管理、提高车载充电机效率和功率密度、实现车载充电机的小型化等方面。通过本章的学习，学生应能够掌握新能源汽车车载充电机的构造，能对新能源汽车车载充电机故障进行分析。

学习目标

◎**知识目标**

1. 熟悉车载充电机的工作过程。
2. 了解车载充电机的拓扑结构。
3. 掌握车载充电机的构造和功能及技术要求与常见故障。

◎**技能目标**

1. 理解车载充电机的检修流程。
2. 能够对车载充电机的常见故障进行检修。

素质目标

1. 培养学生刻苦钻研，求真务实的学习态度。
2. 树立知行合一、精益求精的工匠精神和开拓进取的创新精神。

第一节 车载充电机的认知

一、车载充电机概述

车载充电机定义

（一）车载充电机定义

车载充电机指固定安装在新能源汽车上的充电机，具有为新能源汽车动力蓄电池安全、自动充满电的能力。车载充电机依据蓄电池管理系统（BMS）提供的数据，能动态地调节充电电流或电压参数，执行相应的动作，完成充电过程如图 3－1 所示。

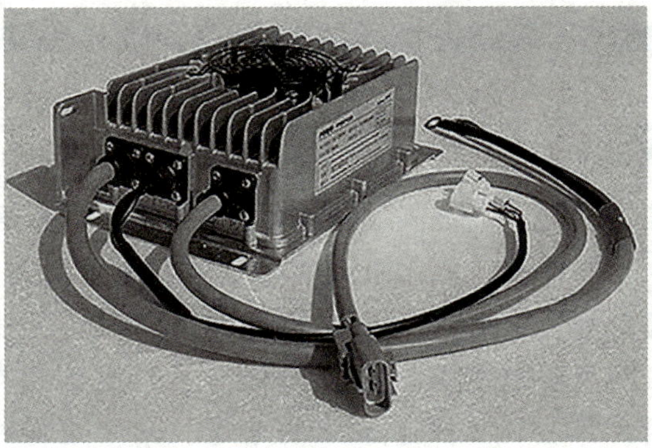

图 3－1　车载充电机

车载充电机安装在新能源汽车上，能通过停车场、车库、家庭住宅等能提供电源的充电桩给新能源汽车充电，大大减少了新能源汽车对充电基础设施的依赖。车载充电机可实现高效率、便捷的充电并保护动力蓄电池，基本已成为小型化的纯电动汽车的标准配置。

新能源汽车车载充电机采用高频开关电源技术，主要功能是将交流 220 V 市电转换为高压直流电给动力蓄电池进行充电，以保证车辆正常行驶。同时，车载充电机提供相应的保护功能，包括过电压、欠电压、过电流、欠电流等多种保护措施，当充电系统出现异常时及时切断供电。

（二）内部构造

车载充电机内部可分为主电路、控制电路、线束及标准件三部分。

1. 主电路

主电路前端将交流电转换为恒定电压的直流电，主要是全桥电路＋PFC 电路；后端为 DC/DC 变换器，将前端输出的直流高压电变换为合适的电压及电流供给动力蓄电池。

2. 控制电路

控制电路控制 MOS 管的开关、与 BMS 之间通信、监测车载充电机状态、与充电桩握手等。

3. 线束及标准件

线束及标准件用于主电路及控制电路的连接，固定元器件及电路板。

（三）特点

根据动力蓄电池特性设计充电的曲线，可以延长动力蓄电池的使用寿命；使用方便，维护简单，单独对 BMS 进行供电，由 BMS 控制智能充电，无须人工职守；保护功能齐全，适用范围广，具有过电压、欠电压、过电流、过热、输出短路、反接等保护功能；整机温度保护为 75 ℃（当机内温度高于 75℃时，车载充电机输出电流变小；高于 85 ℃时，车载充电机停止输出）。

按照国家汽车行业标准《电动汽车用传导式车载充电机》（QC/T 895—2011）的规定，车载充电机的额定输入电压为单相 AC 220 V，额定输入电流可分为 3 档，分别是 10 A、16 A 和 32 A，分别计算额定输入功率就是 2. 2 kW、3. 5 kW 和 7 kW，考虑到车载充电机的最高效率一般为 93% 左右，则其额定输出依次为 2 kW、3. 3 kW 和 6. 6 kW。目前，国内外市场上的车载充电机产品绝大部分隶属于这 3 种功率等级。

二、车载充电机的分类

新能源汽车充电系统有许多分类方法。按照与公共电网是否直接接触，充电系统分为接触式充电系统和感应式充电系统。接触式充电系统具有结构简单、成本较低、电能传输效率高等特点，是目前主流的充电系统。感应式充电系统不需要电源插座或充电电缆，电能通过埋在路面内的充电板无线传送给车内的动力蓄电池从而实现充电，感应式充电系统具有通用性强、操作简单、节约人力成本、节省土地资源等优点，但结构复杂、效率较低、成本较高，目前小范围应用于公交车等公共充电领域。

按照是否安装在车上，充电系统分为车载充电系统和非车载充电系统。车载充电系统安装在车辆内部，具有体积小、冷却和封闭性好、质量轻等优点，但功率普遍较小，充电所耗时间长；非车载充电系统安装在新能源汽车外部，具有规模大、使用范围广、功率大等优点，但体积大、重量大、不易移动，主要适用于新能源汽车的快速充电。

按照充电所耗时间，充电系统分为慢充系统和快充系统，分别对应直流供电和交流供电两种充电模式。慢充系统主要由车辆外部至供电端的线缆、充电接口及线缆、车载充电机、高压线束、高压配电设备、动力蓄电池及其控制器等构成。充电桩或家用交流电源通过车辆接口及线束与车载充电机连接，将交流 220 V 电源转换为直流电，给动力蓄电池充电。充电过程由车载充电机与 BMS 之间进行 CAN 通信交互，保证充电过程的安全。相较慢充系统，快充系统架构较为简单，涉及的车端零部件仅为充电接口、快充线束、动力蓄电池及其控制器。快充系统供电设备为充电桩，充电桩内部包含电源模块、计费系统、通信及控制系统、读卡及授权系统等。快充系统将三相

380 V工业电直接转成直流电给动力蓄电池进行充电，充电过程由充电系统的通信模块与BMS进行通信以保证安全。

三、充电机充电方式

动力蓄电池采用不同的充电方法对动力蓄电池使用寿命会有不同程度的影响，采用适当的充电方式对延长动力蓄电池的使用寿命意义重大。

常见的车载充电机充电方式有恒压充电、直流充电、阶段性充电、脉冲充电等。

（一）恒压充电

在整个充电过程中充电电压保持不变，充电电流随着充电时间的增加而逐渐减小，当充电电流小于一定值后停止充电。整个充电过程中能耗较小，能有效地避免动力蓄电池过充电，控制简单，易于操作。但往往待充电动力蓄电池的初始电压值较小，导致充电初期的充电电流很大，过大的电流一方面会造成动力蓄电池极化现象的发生，影响充电速度；另一方面造成动力蓄电池温度迅速提升，严重时容易烧坏动力蓄电池，酿成事故。所以在充电开始阶段，需要对充电电流值进行限制，让动力蓄电池保持在一个可接受的电流范围内充电。

（二）直流充电

直流充电开始时以恒定的电流为动力蓄电池充电，将要充满时改用恒定的小电流进行浮充充电，用来充足剩余电量和补偿动力蓄电池自放电，当充电电压达到额定电压时停止充电。恒流充电避免了恒压充电电流过大的问题，电流始终被限制在动力蓄电池可接受的范围内。

（三）阶段性充电

根据实际应用情况可分为两阶段或三阶段充电。第一阶段为恒流充电，用大电流快速给动力蓄电池充电，使动力蓄电池的电压达到一定电压值（根据动力蓄电池电压设定）；第二阶段为恒压充电，用比恒流小一些的电流继续对动力蓄电池充电，降低动力蓄电池的产气量；第三阶段为浮充充电，以涓流给动力蓄电池充电，确保动力蓄电池能够充满，当控制系统检测充电电流小于一定设定值时，结束充电。阶段性充电结合了恒压与恒流充电方式的优点，有利于减少动力蓄电池的极化，避免了过充电和大电流充电冲击。目前，充电大多采用阶段性充电。

（四）脉冲充电

采用脉冲充电间歇为动力蓄电池提供充足的休息时间，有利于动力蓄电池内部的活性物充分反应，有效地减少和消除极化现象的发生，并可以采用较大的电流充电，而不必担心动力蓄电池过热，能有效地提高充电效率、缩短充电时间、延长动力蓄电池的使用寿命。正负脉冲充电方式是对脉冲充电方式的改进，整个充电过程中包括正脉冲充电、间歇休息和负脉冲放电。首先进行正脉冲充电，休息一段时间后，对其进行短暂的负脉冲放电。对动力蓄电池短暂的负脉冲放电能有效地去除极化现象的发生，加快动力蓄电池内部的电化学反应，降低动力蓄电池温度，虽然损失了部分电能，但能够使动力蓄电池以较高的充电电流充电，能有效加快充电速度和提高充电效率，延长动力蓄电池的使用寿命。

恒压充电、恒流充电和阶段性充电的充电电压和电流是连续的，没有给动力蓄电池足够的休息时间来消除极化现象，极化可以引起动力蓄电池过热、析气等现象，限制充电速度，严重时影响动力蓄电池的使用寿命。脉冲充电方式和正负脉冲充电方式采用不连续的充电电流，能有效地减少或消除极化现象的发生，加快充电速度和延长动力蓄电池的使用寿命。

四、车载充电机的充电过程及特点

（1）车载充电机根据锂离子蓄电池的特性（对电压要求严格，电压过高会导致动力蓄电池过充电甚至动力蓄电池爆炸）而设定充电过程。

（2）充电初期，先用小电流对动力蓄电池激活，使得动力蓄电池内部化学反应充分建立起来，为大电流充电做准备。

（3）此后进入 18 A 恒流充电阶段。当电压充到 400 V 时，车载充电机减小充电恒流值而不进入稳压阶段，此后继续检测充电电压，当动力蓄电池电压再次达到 400 V 时，充电机再次减小充电电流，反复以上充电过程直到充电电流很小，车载充电机认为动力蓄电池已经充满并关机。

（4）车载充电机关机只是关闭充电处于空载状态而不是整机停机。

（5）根据动力蓄电池特性设计充电曲线，可以延长动力蓄电池的使用寿命。

（6）使用方便，维护简单，智能充电，无须人工职守。

（7）保护功能齐全，具有过电压、欠电压、过电流、过热、短路、输出反接等保护功能。

（8）直观性强，充电过程和故障采用指示灯指示，能一目了然。

（9）采用高频开关技术，使得充电机效率高、体积小、重量轻。

（10）车载充电机风扇由 45 ℃温控开关控制，当散热器温度低于 45 ℃时，风扇不转动；当散热器温度高于 45 ℃时，风扇开始转动，可以减少噪声和延长风扇使用寿命。整机温度保护为 65 ℃，当机内温度达到 65 ℃时，车载充电机停止工作，等待散热后，机内温度低于 65 ℃时自动恢复工作。

五、高压电控总成的主要功能

（1）控制高压交/直流电双向逆变、驱动电机运转，实现充、放电功能。

（2）将高压直流电转换为低压直流电为整车低压电器系统供电（DC/DC 变换器）。

（3）实现整车高压回路配电功能以及高压漏电检测功能（高压配电箱、漏电传感器模块）。

（4）CAN 通信、故障处理记录、在线 CAN 烧写以及自检等功能。

知识拓展

比亚迪 E5 汽车车载充电机

比亚迪 E5 汽车的车载充电机集成在高压电控总成内，高压电控总成集成了电机控制器、车载充电器机、DC/DC 变换器和高压配电模块、漏电传感器，如图 3－2 所示。

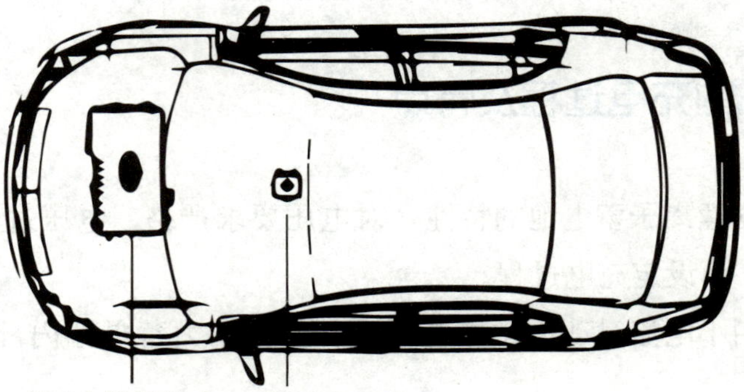

图 3－2　高压电控总成

六、高压配电箱

高压配电箱由铜排连接片、接触器、霍尔电流传感器、预充电阻，动力蓄电池正、负极输入等组成。接触器由蓄电池管理系统（BMS）控制，控制充放电。

七、漏电传感器

漏电传感器含有 CAN 通信功能，主要监测与动力蓄电池输出相连接的负母线与车身底盘之间的绝缘电阻，以判定高压系统是否存在漏电。漏电传感器将漏电数据信息通过 CAN 信号发送给蓄电池管理系统（BMS）、双向交流逆变式电机控制器（VTOG），采取相应的保护措施，如图 3－3 所示。

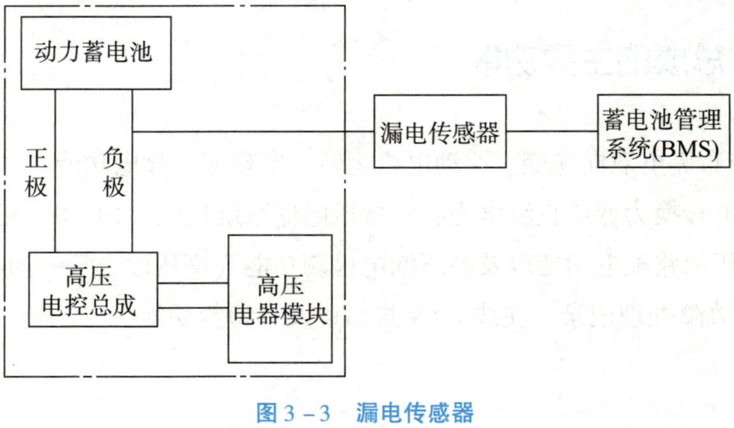

图 3－3　漏电传感器

八、双向交流逆变式电机控制器（VTOG）的主要功能

（一）驱动控制（放电）

采集加速踏板位置、制动、挡位、旋变信号等控制驱动电机正向、反向驱动，正、反转发电功能；具有高压输出电压和电流控制限制功能，具有电压跌落、过电流、过温、IPM过温、IGBT过温保护、功率限制、转矩控制限制等功能。同时，具备电控系统防盗、能量回馈控制、主动泄放、被动泄放控制功能。

（二）充电控制

交、直流转换，双向充、放电控制功能；自动识别单相、三相相序并根据充电电流控制充电方式，根据充电设备识别充电功率，控制充电方式；根据车辆或其他设备请求信号控制车辆对外放电；断电重启功能；在电网断电又供电的时候，可继续充电功能。

九、车载充电机的技术要求

（1）车载充电机和蓄电池管理系统之间能够进行通信，接收动力蓄电池数据，充电过程中应采用适当的方法保证串联电池中的单体蓄电池电压不超过上限。

（2）车载充电机应具有面板操作和远程操作功能，车载充电机及其监控系统相连，在监控计算机上能完成除闭合和切断输入电源外的所有功能。

（3）车载充电机应能通过监控网络向监控计算机传送对应蓄电池管理系统发送的数据。

（4）车载充电机应具有故障报警功能，能主动向监控系统发送故障信息。

（5）车载充电机应具有输入欠电压、输入过电压、输出短路、动力蓄电池反接、输出过电压、过温、动力蓄电池故障等保护功能。

（6）在脱离蓄电池管理系统的情况下，车载充电机应停止充电。

（7）车载充电机应提供一条充电电缆连接确认信号。一方面，在充电期间，当充电插头连接到汽车后，汽车控制逻辑可通过此信号来禁止在充电期间汽车驱动系统工作，保证充电安全；另一方面，此确认线与充电线形成闭锁，保证充电人员安全。

（8）提供良好的人机界面，完成车载充电机充电过程的闭环控制，并显示故障类型，提供一定的故障排除指示；提供开放式充电过程参数（包括充电模式、充电参数、阶段数）设定功能，并按照参数完成对充电过程的自动控制；当车载充电机的保护系统动作，引起充电过程中断，此时应能显示故障类型，对比较容易排除的故障提供简单的处理方法。

（9）整车充电时要为蓄电池管理系统提供所需的直流电源，目前一般取24 V/50 A。

（10）车载充电机的可靠性必须满足一定的指标，综合考虑成本和利用率，建议充电机要保证5年70 000～80 000 h的充电小时数。

（11）车载充电机的设计必须充分保证人身安全，其带电部分不可外露，同时保证车体和大地等

电位；充电机与充电站接地连接，充电机与车体外壳连接、充电站接地网连接等要可靠方便。

十、新能源汽车充电设备的研究现状

在国际上，发达国家早已将新能源汽车作为国家重要的战略性产业。美国各州都建立了为新能源汽车充电的充电桩，人们可驾驶新能源汽车行驶在各州而不必担心没有充电设备。

目前，全球已有许多著名的公司企业致力于研发车载充电机，包括 BURUSA、英飞凌、DELPHI 等，它们生产的车载充电机大多数为电动轿车设计，功率等级一般为 2 ~ 5 kW。国内设计车载充电机的厂家有北京启源、许继电气、珠海泰坦、青岛美凯麟等。这些厂家的车载充电机的设计基本参照国家车载充电机标准。表 3 – 1 为车载充电机额定输入电压和额定输入电流。表 3 – 2 为车载充电机输出电压等级。

表 3 – 1　车载充电机额定输入电压和额定输入电流

额定输入电压/V	额定输入电流/A	额定频率/Hz
单相 220	10	50
单相 220	16	
单相 220	32	

注：三相输入电压、电流为可拓展方式。

表 3 – 2　车载充电机输出电压等级

输出电压等级	输出电压范围/V	标称输出电压推荐值/V
1	24 ~ 65	48
2	55 ~ 120	72
3	100 ~ 250	144
4	200 ~ 420	336
5	300 ~ 570	384、480
6	400 ~ 750	640

知识拓展

功率因数校正技术的研究现状

车载充电机主要由整流装置和高频电力变换器组成，作为非线性元件它在工作时将会给电网运行带来很大的影响。由于车载充电机充电过程中使用了整流装置，这些整流装置大多采用二极管构成，而二极管整流电路不具有对输入电流的可控性，在工作时会产生大量的谐波，这会给电网带来严重的谐波污染，极大地降低了系统的功率因数。因此，为了抑制和消除谐波对电网的危害，在车载充电机的设计中必须引入功率因数校正（PFC）电路。一般情况下，根据 PFC 电路结构中是否有开关器件，功率因数校正技术可分为无源功率因数校正和有源功率因数校正。

无源功率因数校正电路主要由二极管整流桥、电感、电容等无源元器件构成。在工作过程中主要通过电感和电容的滤波作用对电路中的电流脉冲进行抑制，从而降低电路在工作过程中产生的高次谐波，进而提高电路的功率因数，提升电路的效率。这种电路的优点很明显，就是电路结构简单，而且无须进行控制即可进行功率因数校正。然而，不可控的功率因数校正技术显然不能为人们所使用，且当电路的输出不是纯阻性负载电路时，功率因数校正根本无法正常工作。因此，无源功率因数校正一般只在很小功率的电路中使用，如图 3－4 所示。

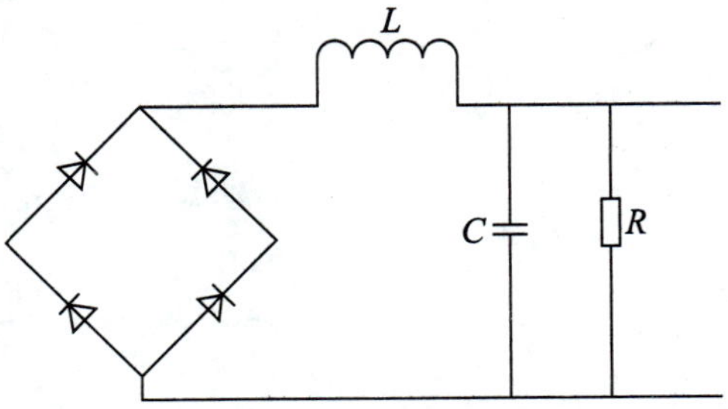

图 3－4　无源功率因数校正电路

有源功率因数校正技术在无源功率因数校正的基础上加入了可控的开关器件，通过开关管控制电感电流的大小，从而控制输入电流的波形，使之成为正弦波，其相位跟踪输入电压。这种电路通过合理控制，一般电路的谐波含量将非常低，基本上消除了谐波，且功率因数一般能达到 0.99 以上。同时，由于开关器件的可控性，使得电路的输出即使是非阻性负载也能正常工作，彻底解决了电路的谐波污染和功率因数低的问题。因此，有源功率因数校正技术受到了设计师们的青睐，它也被应用在了不同的电路中，如图 3－5 所示。

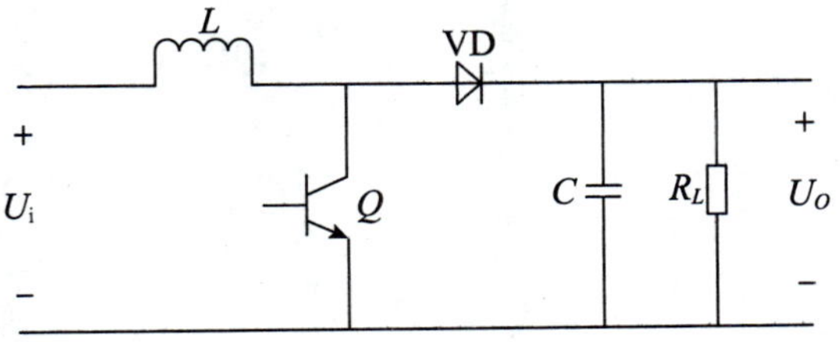

图 3－5　单相有源功率因数校正电路

随着科学技术的发展，功率因数校正的控制策略也层出不穷，传统的模拟控制已经不能满足人们的控制需求，数字控制策略悄然兴起。根据输入电流是否连续，数字型的功率因数校正控制方式有电流断续工作方式和电流连续工作方式两种。电流断续工作方式是纯电压跟踪的方式，纯电压跟踪方式的特点是输入电流的谐波大，输出电压的纹波也大，对功率器件的要求很高，易造成功率器件损毁。在电流连续工作方式中，根据反馈量和被控制量是否为输入电感电流的瞬时值，控制方式可分为直接电流控制和间接电流控制。直接电流控制是将输出电压与给定参考信号的差值与输入电压信号的乘积作为电流控制器的参考量，通过电流控制器来调节输入电感电流的大小。该控制方式由于其控制的电流误差小、动态响应时间短等优点，越来越受到人们的青睐。目前常用的电流控制模式有单周期控制、峰值电流控制、滞环控制和平均电流控制。

单周期控制是一种大信号的 PWM 控制技术，不需要乘法器的控制方法。它通过调节占空比，使每个开关周期的开关变量的平均值等于或正比于控制量。峰值电流控制是一种小信号的 PWM 控制技术，它的被控量一般为电感电流的峰值，通过调节占空比使每个开关周期的被控制量跟踪给定值。滞环控制是由电流基准信号产生电流上限值和下限值，构成电流滞环带，使被控电流工作在滞环带区间。平均电流控制是一种小信号的 PWM 控制，和峰值电流不同的是，它的被控量一般为电感电流的平均值，通过调节占空比使每个开关周期的被控质量能够跟踪给定值。

第二节 车载充电机的检修

一、车载充电机的拓扑结构

通过对车载充电机的工作性能进行分析，目前普遍采取的拓扑结构有 AC/DC 和 AC/DC/DC 两种变换结构。

（一）AC/DC 变换结构

图 3－6 为 AC/DC 变换结构框图，其将电网中的交流电经过整流、滤波、降压后变成满足负载充电要求的高纹波直流电，对动力蓄电池损耗较大。但是，按照输入电压与输出电压的连接方式进行分类，其有隔离、非隔离型两种。由于非隔离型中 AC/DC 没有电气隔离，考虑到使用者的人身安全，在实际运用中很少被采用；隔离型 AC/DC 变换器是在非隔离型 AC/DC 的基础上添加了隔离变压器，从而实现输入电压与输出电压之间的隔离，并且可以通过调节变压器变比来得到负载所需要的充电电压。对现有 AC/DC 隔离型变换器的拓扑结构进行归纳，大概有 5 种，但由于其不能满足车载充电机宽输出电压的特点，而且很难达到高功率因数，输入电流谐波小、整机效率高等要求，在现实应用设计中几乎不被考虑。

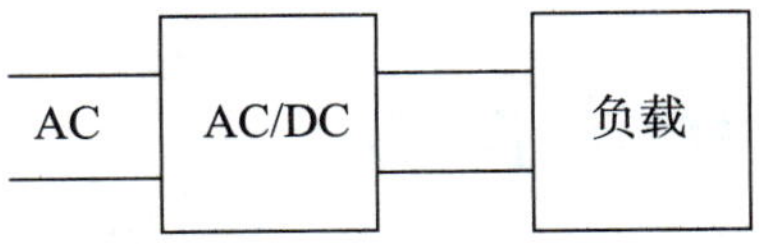

图 3－6　AC/DC 变换结构框图

（二）AC/DC/DC 变换结构

图 3－7 为 AC/DC/DC 变换结构框图，其由 AC/DC 和 DC/DC 两部分组成，先将输入的电网交流电经整流、滤波、升压后变成稳定的直流高电压，在通过移相隔离型全桥逆变后经整流、滤波生成满足动力蓄电池充电曲线的高精度低纹波直流电。前级 AC/DC 模块采用 Boost 型 A（active power factor correction，APFC）有源功率因数校正电路，实现输入电流跟踪输入电压，提高功率因数（power factor，PF）和降低输入电流中的谐波含量（total harmonic distortion，THD）对电网的影响，并为后级电路提供稳定的高压直流电。后级 DC/DC 模块采用隔离式移相全桥 ZVS－PWM（zero voltage switch，ZVS）逆变电路，为动力蓄电池提供一个宽输出电压范围、低纹波的高质量直流电。

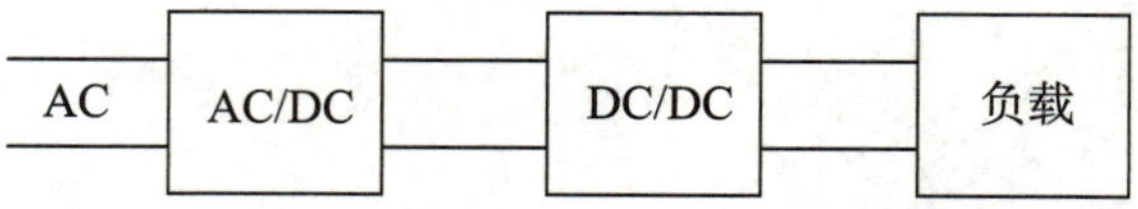

图 3－7　AC/DC/DC 变换结构框图

二、车载充电机常见故障

（一）12 V 低压供电异常

当车载充电机 12 V 模块异常时，BMS、仪表等由于没有唤醒信号，无法与车载充电机进行通信。

提示

判断方式：当 12 V 未上电，最简单的判断方式就是交流上电时，动力蓄电池没有发出继电器闭合的声音，一般都是 12 V 异常。需要检查低压熔丝盒内充电唤醒的熔丝及继电器以及车载充电机端子是否出现退针的情况。

（二）车载充电机检测的动力蓄电池电压不满足要求

在充电过程中，BMS 可以正常工作，但车载充电机工作开始前需要检测动力蓄电池电压，当动力蓄电池电压在工作范围内，车载充电机可以正常工作，否则车载充电机认为动力蓄电池不满足充电的要求。

提示

判断方法：此情况常见的为高压插件端子退针或高压熔丝熔断，或者动力蓄电池电压超出工作范围。

（三）车载充电机检测与充电桩握手不正常

车载充电机工作过程中会检测与充电桩之间的握手信号，当判断 CC 的开关断开，车载充电机认为此时将要拔掉充电枪，会停止工作，防止带电插拔，延长充电枪端子的使用寿命。当充电枪未插到位时，可能出现此情况。

（四）施工时电源线不符合标准所引起的无法充电故障

车辆在低温环境下，充电桩开始时与车载充电机连接正常，由于车辆动力蓄电池低温下需将单体蓄电池加热至 0 ℃～5 ℃时，才能进行正常充电，加热过程时，负载较小，电压下降并不多，进入充电过程时，负载加大，输入电压下降，充电桩为车载充电机提供的电源电压低于 187 V 时，车载充电机无法正常工作，车载充电机停止工作后，负载减小，测量时电压恢复正常。这种情况一定要在车载充电机进入充电过程时测量当时准确电压，来找到故障所在。

实践操作

车载充电机无输出电流故障诊断

1. 任务描述

一辆比亚迪 E5 新能源汽车在充电过程中，出现动力蓄电池继电器正常闭合，但车载充电机无输出电流的情况。现需要找出原因，完成对这辆比亚迪 E5 汽车进行充电的任务。

根据故障现象，这辆汽车无法充电的原因属于慢充系统常见故障，需要对该车车载充电机相关电路进行检查。要完成这个工作任务需要掌握车载充电机的原理及检修流程。

2. 准备工作

（1）防护装备：隔离栏、警示牌、绝缘手套、护目镜和安全帽、绝缘鞋。

（2）实训车辆：比亚迪 E5 纯电动汽车、比亚迪秦混合动力汽车等。

（3）工具设备：充电桩、充电连接装置等。

（4）辅助资料：汽车维修手册、教材。

3. 实施步骤

根据任务要求，每 6 个人 1 组，每组选出 1 名组长，组长对小组成员进行任务分配。以小组为单位，根据实训室的车载充电机配置，完成以下相关的操作。

（1）电源置于 OFF 位。

（2）连接充电枪，准备充电。

（3）用万用表检查 BMS 接插件 BMC 02 与车身接地值。直流充电正、负极接触器电源脚与车身接地正常电压值为 11 ~ 14 V。直流充电接触器控制脚与车身接地正常电阻值应小于 1 Ω。

（4）断开充电枪。

（5）拔下 BMS 接插件，将直流充电正、负极接触器控制脚与车身地短接，将吸合充电正、负极接触器。

（6）用万用表测量充电口 DC + 与 DC – 之间的电压，正常值应约为 650 V。

课程思政

欧洲电动汽车市场持续扩大

根据彭博新能源财经 2022 年上半年发布的数据，目前欧洲电动汽车销量占全球电动汽车总销量的34%，是仅次于中国的全球第二大市场。瑞典一家汽车咨询机构的数据显示，2021年欧洲电动汽车销量达230万辆，同比增长66%，占全部新车销量的19%，2019年占比仅为3.6%。

短短几年间，欧洲已成为全球电动汽车渗透率最高的市场之一，其迅猛增长的态势有赖于相关政策的大力扶持。自2020年起，德国、法国、意大利、西班牙、英国等欧洲国家相继推出汽车行业需求刺激措施，为购买电动汽车提供补贴，有力推动了电动汽车销量的增长。据统计，挪威的电动汽车销量已占到新车总销量的64.5%，电动汽车渗透率高居全球第一。挪威政府制定的气候保护目标和相关支持政策发挥了重要作用。

2021年7月，欧盟委员会公布应对气候变化的一揽子计划提案，旨在实现到2030年欧盟温室气体净排放量与1990年的水平相比至少减少55%，到2050年实现碳中和。交通领域是最重要的减排对象之一。提案要求尽快推出低碳运输方式以及与之相配套的基础设施和燃料等。根据提案，到2030年，新注册燃油车将比2021年减少55%，到2035年将不再有新的燃油车注册；到2035年，欧盟国家主要高速公路上每60公里将建一个充电站，每150公里建一个充氢站。

汽车企业纷纷加快其产品的电气化步伐。大众、宝马、戴姆勒等欧洲车企纷纷设立电动化目标，推出多款纯电新车型。今年第一季度，大众集团纯电动汽车交付量同比增加65%。截至3月底，大众已向客户交付9.9万多辆纯电动汽车，高于去年同期的6万辆，占据了欧洲电动汽车市场25%的份额，排名第一。今年3月，特斯拉位于德国柏林的超级工厂落成，预计每年生产至少50万辆电动汽车及所需电池。德国总理朔尔茨表示，电动汽车有望塑造欧洲未来交通格局。

在多方举措的推动下，电动汽车为欧洲地区减排作出重要贡献。一家汽车数据分析公司对包括德国、法国、英国在内的17个欧洲主要电动汽车市场进行了统计，数据显示，新推出和改进后的电动车型均受到市场欢迎，这对减少二氧化碳排放产生了积极影响，2021年统计地区的新车二氧化碳排放量同比减少了16%。

眼下，欧洲电动汽车的相关配套基础设施仍显不足，制约着市场进一步扩大。欧洲汽车制造商协会表示，欧洲国家需要持续加大对电动汽车基础设施的投资力度。根据测算，在欧盟范围内每周需要安装多达1.4万个公共充电桩，才能满足未来的使用需求，而目前欧盟每周安装的充电桩数量还不到2 000个。咨询公司麦肯锡的报告称，到2030年，欧盟需要安装至少680万个充电桩，才能实现其设定的温室气体净排放量减少55%的目标。

（来源：《人民日报》）

思考练习

一、填空题

1. 车载充电机内部可分为________、________、线束及标准件三部分。

2. 新能源汽车车载充电机采用________________技术，主要功能是将交流 220 V 市电转换为________________给动力蓄电池进行充电，保证车辆正常行驶。

3. 车载充电机主电路前端将交流电转换为______________________，主要是全桥电路＋PFC 电路。后端为______________________，将前端输出的直流高压电变换为合适的________________供给动力蓄电池。

4. 常见的车载充电机充电方式有_____________、_____________、____________、____________等。

二、简答题

1. 简述车载充电机的分类。

2. 简述充电机充电方式及特点。

第四章

充电桩工作原理与检修

本章导读

充电桩作为新能源汽车的能量补给装置，其充电性能关系到电池组的使用寿命、充电时间。目前的充电桩类似于加油站里的加油机，固定在地面或墙壁，安装于公共建筑（公共楼宇、商场、公共停车场等）和居民小区停车场或充电站，可以根据不同的电压等级为各种品牌的新能源汽车充电。通过本章的学习，学生应能够掌握充电桩的构造以及安装调试方法，能对充电桩故障进行分析。

学习目标

◎**知识目标**

1. 了解充电桩的相关知识和充电桩充电安全要求及充电桩的检测方法。
2. 掌握充电桩的作用、组成和工作原理及充电桩的组装方法和常见故障。

◎**技能目标**

1. 能够正确安装充电桩，并进行调试。
2. 能够对充电桩的常见故障进行检修。

素质目标

1. 强化“四个自信”，让爱国主义精神在学生心中牢牢扎根。
2. 培养学生精益求精、追求卓越的“质量观”。

第一节　充电桩的结构与工作原理

一、充电桩知识

充电桩知识

（一）充电桩概述

随着国内外新能源汽车的高速发展，与其对应的充电桩行业的发展也得到了前所未有的推进。充电桩类似于加油站里面的加油机，可以固定在地面或墙壁，安装于公共建筑（公共楼宇、商场、公共停车场等）和居民小区停车场或充电站内，可以根据不同的电压等级为各种品牌的新能源汽车充电。充电桩的输入端与交流电网直接连接，输出端装有充电插头用于和新能源汽车连接。充电桩一般提供常规充电和快速充电两种充电方式，人们可以使用特定的充电卡在充电桩提供的人机交互操作界面上刷卡使用，进行相应的充电方式、充电时间、费用数据打印等操作，充电桩显示屏能显示充电量、费用、充电时间等数据。

（二）新能源汽车充电桩的定义及构成

新能源汽车充电桩是为新能源汽车提供充电服务的设备装置，安装于公共楼宇、停车场、商场、运营车充电站等公共场所及居民小区等私人场所。充电桩的电力输入端与交流电网连接，带有充电插头的电力输出端与汽车连接实现充电。充电桩由硬件和软件构成。其中，硬件主要由总控单元、显示单元、监控单元组成，如图 4－1 所示。

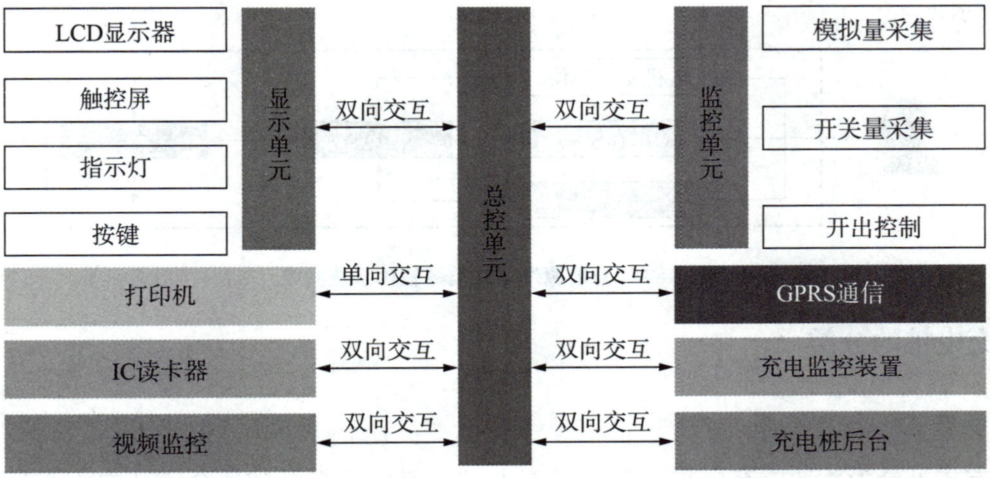

图 4－1　新能源汽车充电桩硬件构成

1. 总控单元

总控单元硬件系统的关键组成部分，与其他硬件单元双向或单向交互，是启动、运行、监控和关闭充电桩向汽车充电的决策核心，可将充电过程中采集的数据传输至后台。

2. 显示单元

显示单元由 LCD 显示器、触控屏、指示灯、按键构成，是用户与充电桩的直接交互对象。显示单元的主要作用为向用户提供充电费用信息和了解用户充电需求。

3. 监控单元

监控单元包括模拟量、开关量采集和开出控制。模拟量采集单元可获得用户在与显示单元交互过程中输入的数据。开关量采集可根据用户输入数据提供与用户充电需求匹配的充电量。在用户完成充电后，开出控制将指引用户结束充电行为。监控单元的主要作用为监测充电桩输入及输出电压电流、充电接口连接状态和车载电池状态，从而发现充电、车载电池异常状态，保护汽车和充电桩安全。

充电桩具体硬件设施包括充电枪、充电柜、配线柜等外部硬件和逆变器、变压器、整流器、滤波器、继电器等内部硬件。硬件设施通常采用耐候、耐温、阻燃性能好、绝缘性能优秀、抗电痕指数高的材料，如 ABS、PET、尼龙等塑料，如图 4－2 所示。

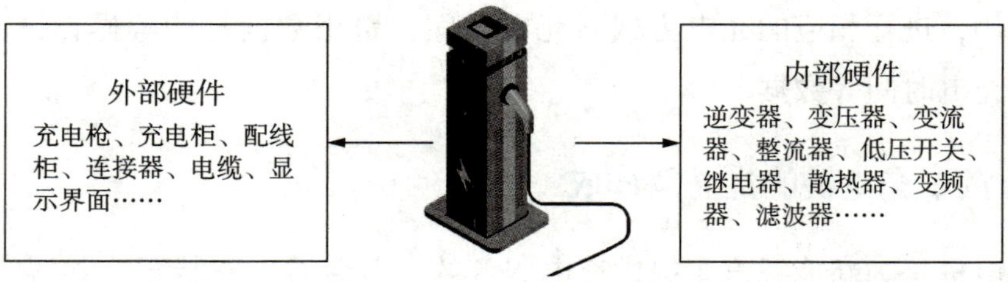

图 4－2　新能源汽车充电桩硬件设施

充电桩软件系统由多个模块构成，主要分为主控模块、IC 识别模块、人机交互模块、计费模块和充电模块，各模块在单独运作的同时进行信息交互，共同实现对汽车的充电和对用户的计费功能，如图 4－3 所示。

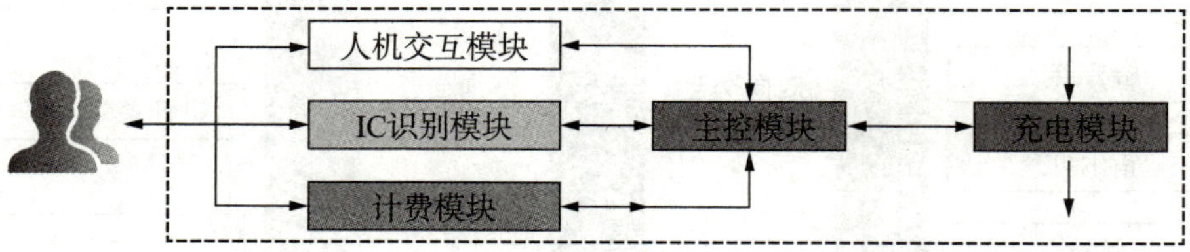

图 4－3　新能源汽车充电桩软件系统构成

（三）充电桩的分类

1. 按安装方式

按安装方式可分为落地式充电桩、壁挂式充电桩。落地式充电桩适合安装在不靠近墙体的停车位，适用于户外停车位或小区停车位，如图 4－4 所示。壁挂式充电桩必须依靠墙体固定，安装在靠近墙体的室内和地下停车位，如图 4 – 5 所示。

图 4 – 4　落地式充电桩

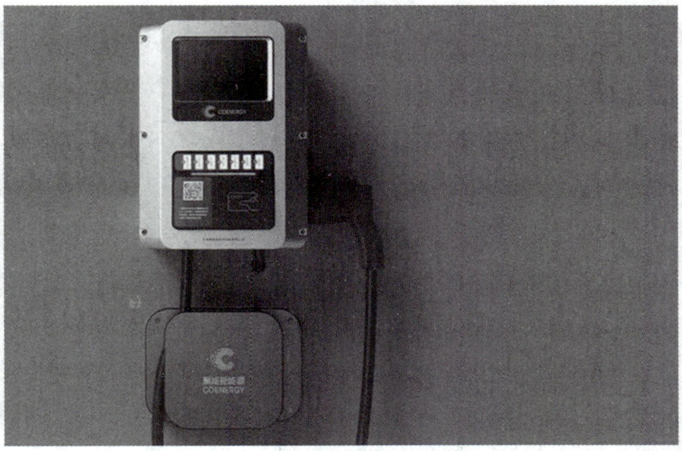

图 4 – 5　壁挂式充电桩

2. 按服务对象

按服务对象主要分为公共充电桩、专用充电桩和自用充电桩。公共充电桩是建设在公共停车场（库）结合停车泊位，为社会车辆提供公共充电服务的充电桩，例如，公共停车场；专用充电桩多为企业建造，服务对象为客户和内部人员，例如，商场停车场的充电桩；自用充电桩是建设在个人自有车位（库），为私人用户提供充电的充电桩，不对外开放。

3. 按安装地点

按安装地点主要分为室内充电桩和室外充电桩。室内充电桩的防护等级起码需要达到 IP32 以上；而室外充电桩需要面临风雨交加的恶劣环境，需要更好的绝缘性和避雷条件，其防护等级不应低于 IP54 方可保障人身安全、车身安全和充电设备安全。

4. 按充电接口数

按充电接口数主要分为一桩一充充电桩和一桩多充充电桩。目前市场上充电桩以一桩一充式为主；在公交停车场等大型停车场中，需要多充式充电桩，同步支持多台新能源汽车充电，不但加快充电效率，也节省了人工。一桩一充充电桩如图 4 – 6 所示；一桩多充充电桩如图 4 – 7 所示。

图 4 – 6　一桩一充充电桩图

图 4 – 7　一桩多充充电桩图

5. 按充电类型

按充电类型主要分为直流充电桩、交流充电桩和交直流一体充电桩。交流充电桩一般是小电流，桩体较小，安装灵活，充满电一般需6～8 h，适用于小型乘用电动车，多应用于公共停车场、大型购物中心和社区车库中，家用充电桩也多采用交流充电桩；直流充电桩一般是大电流，短时间内充电量更大，桩体较大，占用面积大（散热），适用于电动大巴、中巴、混合动力公交车、电动轿车、出租车、工程车等快速直流充电；交直流一体充电桩，集直流输出与交流输出于一体，充电桩通过主控制系统的智能调度，实现充电方式的多样化，应用范围更广泛。

二、交流充电桩

交流充电桩是固定安装在新能源汽车外，与电网连接，为新能源汽车车载充电机提供交流电源的供电装置。按照安装方式的不同，交流充电桩可分为壁挂式和落地式两种。壁挂式交流充电桩适合在空间拥挤、周边有墙壁等固定建筑物外实行壁挂安装；落地式交流充电桩适合在地下停车场或车库等各种停车场和路边停车位进行地面安装。

按提供的充电接口数量不同，交流充电桩可分为一桩一充式和一桩多充式两种。一桩一充式交流充电桩提供一个充电接口，适用于停车密度不高的停车场和路边停车位；一桩多充式交流充电桩提供多个充电接口，可同时为多辆新能源汽车充电，适用于停车密度较高的停车场所。

（一）交流充电桩的组成

1. 交流充电桩的组成及作用

交流充电桩采用市电220 V电压，具有必要的保护系统和通信系统，由电力输出接口传输给新能源汽车自带充电机，转换成直流电后对电池进行充电。交流充电桩没有充电模块，主要完成控制、计量、安全防护、与汽车连接等功能，直接向汽车输入交流电，由汽车的车载充电机完成电流的转换。充电桩的控制以主控板为中心，分别与交流电表、其他辅助模块及车载充电机通信，进行信息交互，通过继电器执行开关动作和回检，通过传感器完成充电状态的实时测量。交流充电桩电气系统原理框图如图4－8所示。

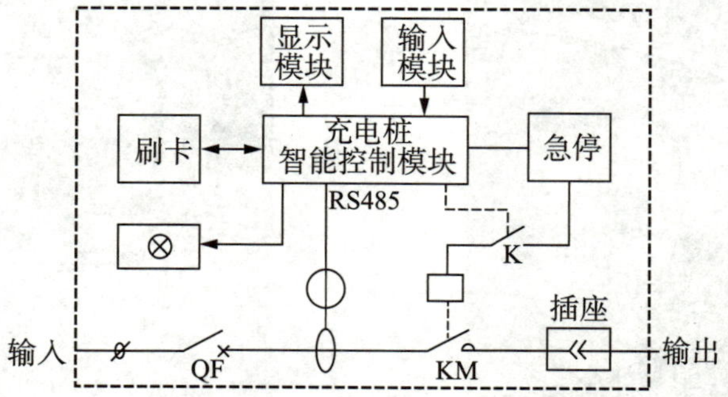

图4－8　交流充电桩电气系统原理框图

交流充电桩由充电桩体、漏电保护开关、交流接触器、电源板、控制板组件、LED 灯板、急停开关、LCD 显示屏、计量电表、刷卡模块、以太网模块或 4 G、5 G 模块（选配）等组成。交流充电桩只提供电力输出，没有变压整流功能，需连接车载充电机为新能源汽车充电，相当于只是起了一个控制电源的作用。

2. 新能源汽车充电设施的组成

新能源汽车充电设施包括充电电池、充电电缆、充电接口以及充电站中与新能源汽车充电相关的设施等。

3. 交流充电桩的内部结构

交流充电桩的内部结构由断路器、漏电保护器、防雷器、继电器、电压检测、急停检测、继电器控制、备用继电器控制、电流检测、CP 检测、CC 检测、调试接口、显示通信接口、刷卡通信接口、智能电表接口、GPRS 接口、按钮检测、AC/DC、微控制器、LED 指示灯控制等组成，如图 4－9 所示。

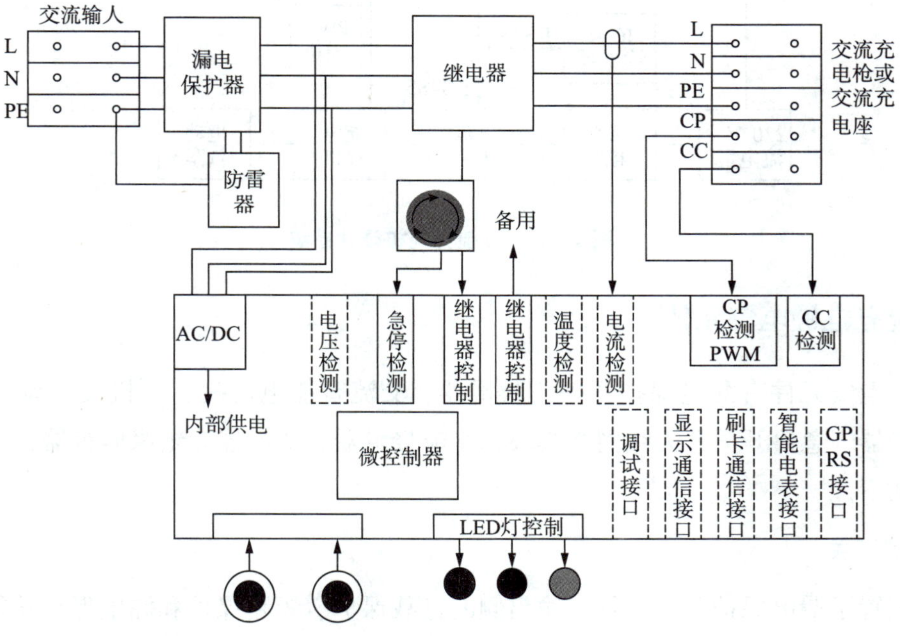

图 4－9　交流充电桩内部结构

（二）交流充电桩的工作原理

交流充电桩又称为交流供电装置，固定安装在新能源汽车外，与交流电网连接，人机交互界面采用大屏幕 LCD 彩色触摸屏，充电可选择定电量、定时间、定金额、自动（充满为止）四种模式。充电桩的交流工作电压为 220（1 ± 15%）V，输出功率为 3.5 kW、7 kW，普通纯电动轿车用充电桩充满电需要 4 ~ 8 h，由于充电桩造价低廉、主要安装在停车场，适用于慢充动力电池。交流充电桩的原理电路简图，如图 4－10 所示；交流充电桩硬件系统，如图 4－11 所示。

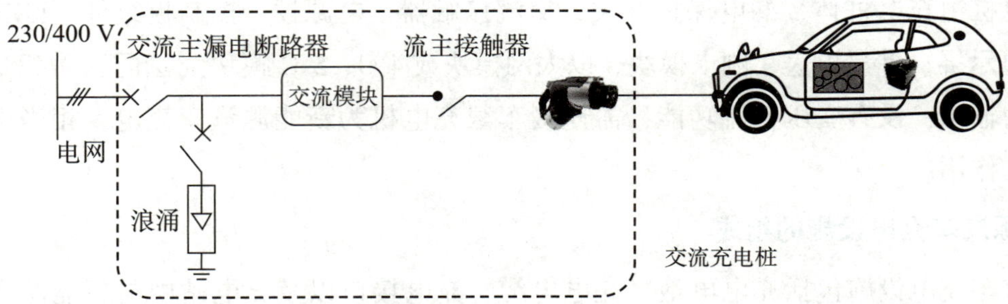

图 4－10　交流充电桩的原理电路简图

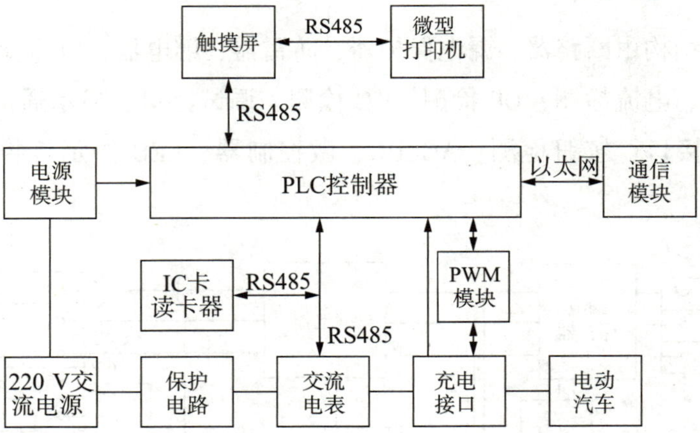

图 4－11　交流充电桩硬件系统

（三）交流充电桩电气元件

交流充电桩电气元件有漏电保护开关、防雷器、交流智能电能表、人机交互设备、运行状态指示灯、射频读卡器、急停开关、无线网络模块、交流接触器、继电器、绝缘监视器、主控板等。各电气元件的作用如下。

1. 漏电保护开关

交流输入配置了漏电保护开关，具备输出侧的过载保护、短路保护和漏电保护功能。

2. 防雷器

交流输入配置了 D 级防雷器，具备防感应雷、防操作过电压等保护功能。

3. 交流智能电能表

交流输出配置了交流智能电能表（静止式交流多费率有功电能表），安装在交流输出端与车载充电机之间，用来计量有功总电能和各费率有功电能。

4. 人机交互设备

人机交互设备有 LED 屏与按键。充电方式可设置为自动充满、按电量充、按金额充和按时间充；启动方式可选择立即启动和预约启动；充电过程中实时显示充电方式、时间、电量及费用信息。

5. 运行状态指示灯

运行状态指示灯可显示充电桩“待机”“充电”“结束”“异常”状态，若出现联锁失败、断路器跳闸（即过载保护、短路保护或漏电保护）等故障，指示灯均能显示出来。

6. 射频读卡器

射频读卡器支持 IC 卡付费方式，采用“预扣费与实结账”相结合的方式。

7. 急停开关

急停开关能快速切断输出电源。

8. GPRS/CDMA 无线网络模块

充电桩内部模块化安装，可用于联网运营类公共充电桩的对外通信。

9. 交流接触器

交流接触器应用于自动控制，是常用的低压控制电器，受继电器控制来实现继电器的通断。

10. 继电器

继电器应用于自动控制，是常用的低压控制电器。受主板控制来实现交流接触器线圈回路的通断。

11. 绝缘监视器

绝缘监视器是安全系统功能组件之一，应用于实时监测充电桩的绝缘状态，保障充电安全运行。

12. 主控板

主控板是充电桩的核心部件，集成了自检、信号控制、保护功能、通信等功能。

（四）车辆/供电接口触头布置

车辆/供电接口触头的布置方式如图 4－12 所示。

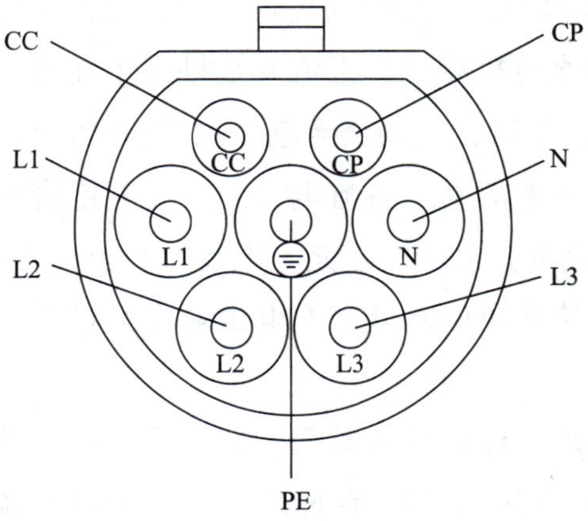

（a）供电接口

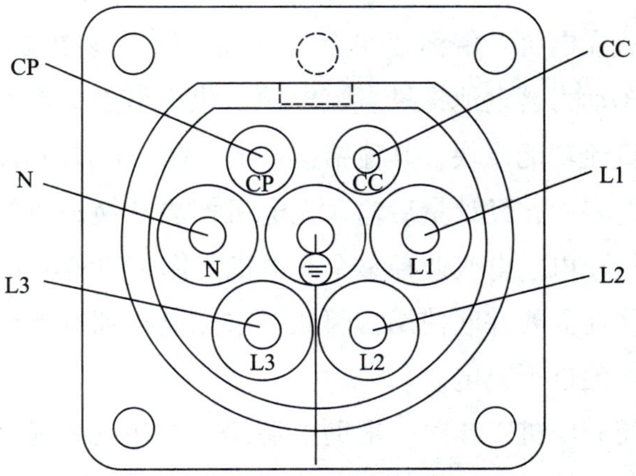

（b）车辆接口

图 4－12　车辆/供电接口触头布置方式

各触头电气参数值及功能定义见表4－1。

表4－1　触头电气参数值及功能定义

触头编号	额定电压	额定电流	功能定义
L1	250 V	10 A/16 A/32 A	单相交流电源
	400 V	16 A/32 A/63 A	三相交流电源
L2	400 V	16 A/32 A/63 A	三相交流电源
L3			
N	250 V	10 A/16 A/32 A	中线
	400 V	16 A/32 A/63 A	中线
PE			接地线，连接供电设备和车辆电平台
CC	0～30 V	2A	充电连接确认检测充电枪是否连接可靠
CP	0～30 V	2A	控制引导线，控制充电电流

三、直流充电桩

（一）直流充电桩的组成

直流充电桩采用三相四线制供电，可以提供足够大的功率，输出的电压和电流调整范围大（适用于乘用车和大巴车的电压需求），可以实现快充。直流充电桩与交流充电桩的计量和通信及扩展计费功能类似。

直流充电桩主要由计费控制单元、读卡器、LCD、无线模块、电表和非车载充电机、AC/DC电源模块、充电控制器、高压绝缘检测板、智能电表、触摸屏器、显示屏等组成。

（二）直流充电桩的工作原理

直流充电桩，俗称“快充”，它是固定安装在新能源汽车外、与交流电网连接，可以为非车载新能源汽车动力蓄电池提供直流电源的供电装置。与交流充电桩相比，直流充电桩多了充电模块，即交流转直流功能模块，其他结构基本一样。直流充电桩工作时，三相交流电经过EMC等防雷滤波模块进入电表中，经计量后输入充电机模块转换成可控制功率的高压直流电，经过充电枪直接给动力电池进行充电。电表监控整个充电机工作时的实际充电电量。根据实际充电电流及充电电压的大小，充电机往往需要并联使用，因此要求充电机拥有能够均流输出的功能，充电机输出经过充电枪直接给动力电池进行充电。

直流充电桩工作时，辅助电源给主控单元、显示模块、保护控制单元、信号采集单元及刷卡模块等控制系统供电。另外，在动力电池充电过程中，辅助电源给BMS系统供电，由BMS系统实时监控动力电池的状态。直流充电桩输出功率为40 kW、120 kW，最高450 kW。直流充电桩的原理电路简图如图4－13所示。

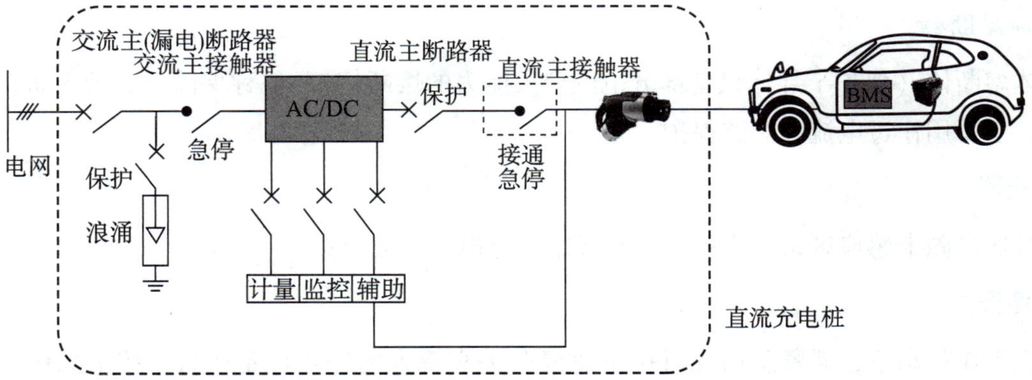

图 4－13　直流充电桩电路简图

（三）直流充电桩电气元件及功能

直流充电桩的主要电气元件有漏电保护器、防雷器、空气开关、充电机绝缘监测仪、泄放模块、直流接触器、直流熔断器、读卡器、急停开关、电能计量装置、直流源模块、低压辅助电源等。

直流充电桩的电气元件功能如下。

1. 漏电保护器

在规定条件下，当剩余电流达到或超过给定值时，能自动断开电路的机械开关电器或组合电器。

2. 防雷器

为设备提供安全防护的电子装置。当电气回路中因外界的干扰突然产生尖峰电流时，防雷器能在极短的时间内导通分流，从而避免浪涌对回路中其他设备的损害。

3. 空气开关

当线路中的负载电流超过整定电流时就会自动断开的开关。空气开关是低压配电网络和电力拖动系统中非常重要的保护电器，它集控制和开关等多种保护功能于一身，除能完成接触和分断电路外，还能对电路或电气设备引发的短路、严重过载及欠电压等进行保护。为了保护计费系统不受断电掉闸影响，部分充电桩仅作为保护桩内高压回路使用。

4. 充电机绝缘监测仪

在线监测充电系统中正、负母线对地绝缘电阻值的装置，同时还能监测充电侧的直流电压，起到了保护人身和设备安全的作用。

5. 泄放模块

放电（泄放）电阻，在充电系统中用于在规定的 1s 内降至 A 类电压，仅用作放电（握手阶段和结束阶段）。

6. 直流接触器

在《中华人民共和国国家标准》（GB/T27930—2015）中被称为继电器。主触头由驱动线圈回路控制，来实现主回路的接通、分断，具备耐高电压大电流的能力。

7. 直流熔断器

半导体熔断体（保护半导体设备部分范围分段能力的熔断体），俗称保险丝，位于桩内直流源与枪线之间，主要用作过电流和短路保护。

8. 读卡器

客户可通过磁卡感应区来实现刷卡启动或结束充电、完成计费。

9. 急停开关

充电机工作状态下，遇紧急情况可按下急停开关实现人为停止设备运行。按下急停开关后可触发充电桩报故障，有部分充电桩将急停开关串入桩内总闸脱扣线圈回路中，一旦动作，需要现场人工合闸方可恢复。

10. 电能计量装置

电能计量装置分为交流电能计量表和直流电能计量表，是分别计量充电桩交流侧和直流侧的计量装置。

11. 直流源模块

高频直流电源，输出的电压和电流可随负载需求进行调节，是直流桩的重要部件之一。

12. 低压辅助电源

直流电源，继电器吸合之后可输出 12 V 的直流电给 BMS 供电。

（四）车辆/供电接口触头布置

车辆/供电接口触头的布置方式如图 4－14 所示。

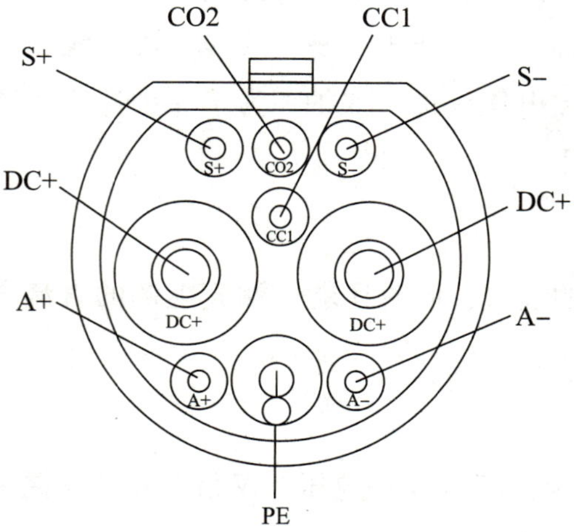

（a）供电接口

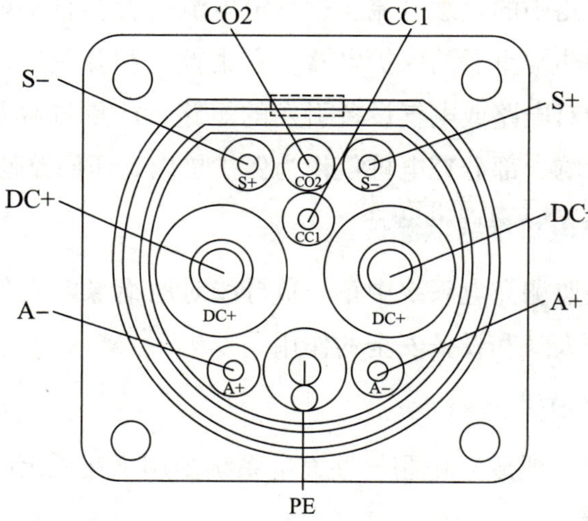

（b）车辆接口

图 4－14　车辆/供电接口触头布置方式

标准直流充电口端子定义及功能见表4－2。

表4－2　标准直流充电口端子定义及功能

端子编号	功能
DC－	高压输出负极，连接到动力电池
DC＋	高压输出正极，连接到动力电池
PE（CND）	车身地（搭铁）
A－	低压辅助电源负极
A＋	低压辅助电源正极，12 V
CC1	快充连接确认线，CC1 与 PE 之间有 1 kΩ
CC2	快充连接确认线，与 VCU 相连
S＋	快充通信 CAN－H，与 BMS 及数据采集终端相连
S－	快充通信 CAN－L，与 BMS 及数据采集终端相连

四、充电桩的安装

充电桩的安装大致可分为三个阶段：准备、施工和验收。

（一）准备阶段

准备工作是保证安装工程顺利进行、安全完成的重要前提，不仅体现在施工前，而且贯穿于整个施工的全过程。准备工作通常包括现场勘察、制订方案和准备材料。

（二）施工阶段

当施工方案达成一致并经有关部门批准后，即可进入安装工程的施工阶段。施工阶段包含现场的来料检验和确认、内外电气布线及固定（电气线路的敷设）、低压保护装置的安装（配电柜内部）和配电柜及充电桩的安装。

（三）验收阶段

安装施工完成后，应对充电桩各技术性能进行检测，对不符合要求的地方进行重新调试安装，直到满足充电和安全要求。

知识拓展

家用充电桩安装步骤

购买新能源汽车可以送充电桩，充电桩的安装步骤如下。

（1）联系物业公司。要和物业提前沟通好，确定小区充电桩的安装政策。

（2）考察自己的车位。一般小区都会有很多配电室，业主要自己选择一个距离车位最近的，就是要确定充电桩安装位置与配电室的位置之间的最短路线。这样在安装的时候可以节省费用。

（3）提供相关材料。将身份证复印件、车位产权证明、物业同意安装说明交给工作人员。目前有的电力公司只接受充电桩公司的申请，业主是不能自己去申请的。

（4）现场实地考察。电力公司的工程师会通知充电桩公司一个时间，届时物业电工、充电桩公司、电力公司和业主都要在现场，确定最终施工方案。

五、智能充电桩

智能充电桩牢牢固定在地面上，通过充电接口为新能源汽车的充电机以传导方式提供交流电能，具有通信和安全防护等功能。新能源汽车蓄电池放电后，其直流电按照与放电电流相反的方向通过蓄电池，使它恢复工作能力，这个过程称为蓄电池充电。

（一）智能充电桩的特点

智能新能源汽车充电桩是一种安装在新能源汽车上，采用地面交流电网和车载电源对电池组进行充电的装置，包括车载充电机、车载充电发电机组和运行能量回收充电装置，通过将一根带插头的交流动力电缆线直接插到新能源汽车的充电插座中给蓄电池充电。车载充电装置通常使用结构简单、控制方便的接触式充电器，也可以是感应充电器，它完全按照车载蓄电池的种类进行设计，针对性较强。非车载充电装置，即地面充电装置，主要包括专用充电机、专用充电站、通用充电机、公共场所用充电站等，它可以适应各种电池的各种充电方式。通常非车载充电器的功率、体积和重量均比较大，以便能够适应各种充电方式。

（二）智能充电桩的优点

智能充电桩具有以下优点。

（1）良好的扩展性和伸缩性，可通过增减功率单元和定制智能充电策略来快速响应用户需求变化。

（2）充电模块效率高，功率密度大，稳定可靠。

（3）配置灵活，可以满足不同规格新能源汽车的充电需求。

（4）充电设定方式支持自动设定方式和手动设定方式，支持刷卡充电、APP 扫码充电、集中控制台充电以及多种定制化充电方式。

（5）符合（GB/T20234. 1—2023）、（GB/T20234. 3—2023）、（GB/T18487. 1—2023）等最新国家标准规定。

（6）触摸彩屏显示，人机界面友好，易操作、易维护。

（7）通信接口丰富，兼容所有车辆 BMS 协议及充电后台协议。

（8）保护功能完善，包括过压保护、欠压保护、过载保护、短路保护、漏电保护、电池反接保护及接触器触点烧结检测保护等。

智能新能源汽车充电桩是推动新能源汽车进入市场的不可缺少的助力。在充电桩推广并建设的过程中，需要了解充电桩的基本构造，在此基础上不断发展充电桩的应用功能和便捷措施。

（三）智能充电桩发展前景

在大数据、物联网、人工智能、虚拟助手等新科技的推动下，充电桩的智能化程度越来越高。目前，使用手机确定充电设备位置的用户占据了充电用户的大多数。充电客户还可以通过手机客户端进行系统访问和充电缴费。充电桩主可以通过手机实现对充电设备的远程监控，保证充电业务正常运营。此外，桩与手机配对后，桩主可通过手机远程错峰充电，节省充电费用。这些手机应用都充分挖掘了充电桩的使用功能，在很大程度上提高了充电桩的使用效率。由此可见，充电桩市场前景还是十分广阔的。

第二节 充电桩安全使用与常见故障的检修

一、充电桩的安全要求及参数指标

（一）充电桩的安全要求

充电桩必须具备过流保护、欠压保护、防雷保护、输出短路保护、雷电保护及静电保护等保护装置，并且内有漏电保护器。充电桩在待机或充电过程中如出现漏电情况会及时跳闸，从而保护客户人身安全。国家规定充电桩应具备断路器及剩余电流保护器等相关装置，确保用户的人身安全及设备安全。

1. 过流保护

过流保护是指超过额定电流时，电路被自动切断，以防止过流烧坏电路板和电芯，避免设备故障。为更换方便，建议在充电桩中的过流保护器优先选择具备恢复力的自恢复保护丝。

2. 短路保护

短路不仅会损坏电源，严重时候会造成火灾。因此，一旦发现短路情况，充电桩要立即切断电源。

3. 漏电保护

漏电保护是指在操作过程中电器漏电，当电流达到一定值时，充电桩瞬时保护开关动作并断电，以确保人员和电器安全。

4. 过压保护

过压保护是指在使用电路中设置保护电压，当超过额定电压时，电路自动断开，以达到保护电器的目的。常见的过压保护器件有放电管、二极管及压敏电阻，各大充电桩所采用的过压保护器可能略有不同。

5. 欠压保护

欠压保护一般是由电路短路引起的。欠压保护是指设备由于各种原因被切断电源后，电压被降低到低于临界电压时，采取保护措施以使汽车中的器件不受损伤，同时也延长了充电桩使用寿命。

6. 雷电保护

这对于露天的充电桩尤为重要。雷电防护主要采用浪涌保护器。当电气回路产生干扰或尖峰电流时，浪涌保护器可以在短时间分流，从而避免浪涌电流对回路主设备造成损害。户外充电桩的雷电防护多采用陶瓷气体放电管做一级防护。

7. 静电保护

静电对电子元件的伤害极大，瞬时电压高达几万伏，可以击穿电子元件，因而合格的充电桩都会采取静电保护措施，来避免这种不可挽回的损失。

8. 急停保护

急停开关是操作人员在判断设备出现故障时紧急停止运行新能源汽车充电桩的开关，以保证人身和设备安全。

（二）交流充电桩的主要参数指标

（1）输入电源：单相（三相备用）220（1 ± 10%）VAC；电压频率 50（1 ± 2%）Hz；三线制（火线、零线、地线）。

（2）输出电压：单相（三相备用）220（1 ± 10%）VAC。

（3）输出功率：单相 7 kW。

（4）输出电流（AC）：单相 32 A（最大 40 A）。

（5）通信方式：交流充电桩与新能源汽车之间采用 CAN 总线通信；交流充电桩与充电站上位管理机之间采用 CAN 总线通信。

（6）连接导引信号：连接导引可输出 1 kHz/ ± 12 V 的脉冲信号。

二、充电桩的安装与验收

（一）安装

从申请安装充电桩到充电桩真正落地使用大致需要进行三个步骤，即提交申请、审核材料和安装施工。确定充电桩的安装施工方案后，即可开始安装，根据各小区条件和车库位置的不同，施工时间也不同。

（二）验收

施工完成后充电桩公司先去电力公司报备，再由电力公司去现场验收，验收合格会给电表施加封志，然后电力公司制作对应的电卡，并由充电桩公司领取转交业主，或者业主自己去供电局领取。

三、充电桩的使用要求

（1）一般使用充电桩时需二维码，用手机扫码下载相关软件或者是关注公众号注册登录对应的小程序。快速充电桩上的充电线应插到新能源汽车的连接口上，必须要插紧。

（2）充电人员要定期检查充电桩及其他相关设备，须保持消防器材、设施设备清洁干燥。并定时对充电场地、充电设备设施、消防器材进行保洁，确保设备情况良好。

（3）插上充电线，显示新能源汽车与充电桩连接成功后，点击手机屏幕上的扫码充电或者序列号即可进行充电。

（4）充电过程中，操作人员应按照操作流程操作，同时须按要求对充电桩仪表、数据、充电模块、线路、开关等设施进行检查。

（5）充电过程中如发生故障，充电人员应立即按下充电机上的急停按键，以防故障进一步扩大。

（6）遇系统起火时，首先动用紧急停机装置切断电源，然后使用 ABC 通用型灭火器或者二氧化碳灭火器灭火。

（7）充电结束后，在服务号里点击停止充电，拔除充电枪，将线缆理好放在线架上，充电即完成。

（8）严禁私自拆卸、改装充电桩设备及附加设施。

车载充电主要技术参数见表 4－3。

表 4－3　车载充电主要技术参数

项　目	参　数	单　位
输入电压	85～265	V
输入频率	50	Hz
输入最大电流	32	A
输出电压	直流 200～450	V
输出最大功率	6.6	kW
输出最大电流	24	A
效率	≥93%	—
质量	10.5	kg
工作温度	－40～80	℃
冷却液类型	50%水＋50%乙醇	—
冷却液流量要求	2～6	L/min

四、充电桩常见故障的检测和排除

下面主要针对某款国产新能源汽车交流充电桩的常见故障及排除方法进行分析。

（一）交流充电桩常见故障

交流充电桩在使用过程中，造成交流充电桩故障的主要原因是主回路直接受到大电流、电压应力的影响。充电桩故障可分为两类：一是充电桩电源指示灯不亮，不能充电；二是物理连接已完成，已启动充电，但是仍不能充电。

（二）故障诊断及排除

1. 第一类故障诊断及排除

（1）故障原因

① 充电电源连接不正常。

② 交流充电连接装置没有正确连接。

③ 充电桩线路故障。

（2）故障诊断流程

① 根据故障现象检查配电柜总闸开关，正常工作时总闸开关闭合，若断开，则关闭总闸开关。

② 检测总闸开关输出电压，火线（L线）与零线（N线）电压是否为220 V，若不正常，则说明线路开路、虚接或损坏，需要重新检查并连接线路或更换开关。

③ 检测充电桩输入电压，火线（L线）与零线（N线）电压是否为220 V，若正常，则说明线路有软故障，需要检测连接线路各接插件、模块或更换开关。

2. 第二类故障诊断及排除

第二类故障是供电电压正常，在充电前，充电插头与车辆电池接口正确连接，并且设备停机状态下所出现的故障，归纳见表4－4。

表4－4　第二类故障诊断及排除

序号	故障现象	故障诊断	故障处理方法
1	正常充电状态，监控系统显示数据为0	可能是充电桩与监控系统之间的数据通信出现故障	关闭监控系统和软件，重新连接数据通信线路，重新启动充电桩
2	正常充电状态下，充电电流小于20 A	可能是充电桩显示屏及充电程序出现故障	重新安装充电桩显示和充电程序
3	无法正常充电或无法进入充电操作界面	可能是充电桩与监控系统之间的数据通信出现故障	检查充电桩显示屏，重新安装充电桩显示和充电程序
4	重启充电桩显示屏充电程序后BMS无通信	可能是充电桩与监控系统之间数据通信出现故障	重新安装充电桩显示和充电程序，更换总线模块
5	BMS状态正常，充电电能正常充电电流为0	可能是误按充电急停按钮	解除紧急状态，检查车辆电池、BMS系统
6	BMS状态正常，无充电电压	可能是误按下充电急停按钮	解除紧急状态，检查车辆电池、BMS系统
7	BMS状态正常，充电电压变化大，充电电流为0	可能是充电模块故障	更换模块

（三）充电机特性测试仪

充电机特性测试仪能在现场同时测量充电机的输出电压、电流、功率、纹波系数以及充电机的电能误差等参数，同时还具备 BMS 模拟器、绝缘电阻测试、温度采集、湿度采集、GPS 北京时间校准等功能，可进行充电电能计量误差检定、通信协议一致性试验及传导充电互操作性测试，全程可实现自动化测试；大屏幕以中文菜单显示，显示信息量大，操作方便；内置 WI－FI 模块，可无线传输数据，以及通过平板电脑等无线设备实现远程控制。推荐设备为 XL－942 非车载充电机现场特性测试仪。

实践操作

充电桩的安装与调试

1. 任务描述

一辆比亚迪 E5 新能源汽车在行驶过程动力蓄电池电量不足，需要立即寻找充电桩充电。4S 店刚到一批新的充电桩，需要立即安装，为客户进行充电。这个工作任务需要掌握充电桩的安装与调试的操作流程。

2. 准备工作

（1）防护装备：隔离栏、警示牌、绝缘手套、护目镜和安全帽、绝缘鞋。

（2）实训车辆：比亚迪 E5 纯电动汽车、比亚迪秦混合动力汽车等。

（3）工具设备：充电桩、充电连接装置等。

（4）辅助资料：汽车维修手册、教材。

3. 实施步骤

根据任务要求，每 6 个人 1 组，每组选出 1 名组长，组长对小组成员进行任务分配。以小组为单位，根据实训室充电桩的配置，完成以下相关的操作。

（1）安装前准备

步骤 1：充电桩施工图样的学习、核查。

步骤 2：安全交底、施工注意事项交底。

步骤 3：安装电工、焊工、起重吊装工和电气调试人员等，按有关要求持证上岗。

步骤 4：施工现场的准备：临时用电、作业现场、作业工具等的准备。

步骤 5：施工平面图、施工内容、施工要求、施工小组建设、施工进度表、完工验收等。

（2）线管敷设工艺

线管敷设工艺流程：明管敷设→支吊架加工→支吊架固定点位置测定→支吊架固定→管路敷设与连接→搭铁。

步骤 1：明管敷设。不宜敷设在热力管道、热力设备、高压电路的上方，电缆与管道之间无隔板防护时，净距应满足要求。管道穿过不同区域之间的墙、板孔洞处，应采用非燃性材料严密堵塞。管道水平敷设时距离地面的高度一般不低于2.5 m，垂直敷设时距离地面1.8 m以下部分应采取保护接地措施。

步骤2：支吊架加工。支吊架有一字形、L形和门形。一字形、L形支架可用槽钢、角钢制作，门形吊架可用槽钢、角钢、C形钢制作，载荷轻的桥架，其门形吊架的吊杆可用圆钢制作。支吊架的表面防腐与桥架一致，加工应平直，无明显扭曲。

步骤3：支吊架固定点位置测定及固定。电缆管道支架、托盘等的层间距离应满足载荷要求，同时应能方便地敷设电缆及其固定安置接头。吊装线槽的吊杆直径不应小于6 mm。焊在预埋件和允许焊接的钢结构上的支吊架，焊接不少于两个边，必须牢固，焊接处应及时除去焊渣、补漆。

步骤4：管路敷设与连接。这里主要是进行管路暗敷。线管至地下构筑物基础不得小于300 mm。线管表面至地面深度不得小于700 mm，当位于行车道下时，不宜小于1000 mm；电缆管应有不小于0.1%的排水坡度。暗配的导管，埋设深度与建筑物、构筑物表面的距离不应小于15 mm。电缆在屋内埋地穿管敷设或电缆穿墙、楼板穿管时，穿管内径不应小于电缆外径的1.5倍。

步骤5：搭铁。搭铁线多采用扁钢、圆钢、铜杆等，当无规定时，搭铁体顶面埋设深度不应小于0.6 m，利用线管作搭铁线时，应先焊好搭铁线，有螺纹的管接头处应用跳线焊接，金属电缆桥架及其支吊架全长不小于两处与搭铁（PE）或接零（PEN）干线相连接，非镀锌桥架间连接板的两端跨接铜芯搭铁线，搭铁线最小允许截面积为4 mm^2，镀锌桥架间连接板的两端不跨接铜心搭铁线，但连接板两端不少于两个有防松螺母或防松垫圈的连接固定螺栓。

（3）设备安装

设备安装工艺流程：基座制作→配电箱（柜）、充电桩搬运→配电箱（柜）、充电桩固定、安装。

步骤1：基座制作。基座采用水泥一次浇筑成型，要求基座的每一个面平整无麻面。预埋泄水管，坡度为2%，泄水管内侧加设防鼠网；预埋接地件和预留进、出线孔。在满足地基稳定和变形要求的前提下，当上层地基的承载力大于下层土时，宜利用上层土作持力层。除岩石地基外，基座埋深不宜小于0.5 m。

步骤2：配电箱（柜）、充电桩搬运。清扫道路，排除障碍物，保证道路平整畅通。吊装时，应使用设备自设吊环，无吊环时应吊挂四角主要承力处。运输时充电桩应保持水平，禁止倾斜或倒放。

步骤3：配电箱（柜）、充电桩固定、安装。配电箱（柜）的安装分立地安装和挂墙、嵌墙安装，根据设备尺寸进行放线定位，安装要牢固，安装过程中要注意设备的外观、漆层无损伤，不能损伤设备的元器件和线路，保证设备的整洁干净。设备内部的导线接线压接牢固、可靠，二次线接线正确牢固，导线与端子排连接紧密，标示要清晰、齐全。

步骤4：充电桩定位，按充电桩外形尺寸进行测量放线定位，把充电桩牢固地安装在做好的基座上，垂直允许偏差为0.15%。充电桩内要保持配线的整齐，回路编号齐全以及标示正确。要注意充电桩安装地点不得有爆炸危险介质，周围介质不含有腐蚀金属的、破坏绝缘的有害气体及电介质。充电桩安装时要做到竖直方向上垂直，水平方向上平整。

（4）导线电缆敷设

电缆敷设工艺流程：电缆敷设→电缆绝缘测试→挂标牌。

步骤1：电缆敷设。电缆在墙体上敷设时，要注意整齐美观，不得影响建筑物的整体外观，保护管固定点间距不得大于1.5 m，改变方向时增加保护管固定点间距。电缆敷设完毕后，应及时清除杂物，盖好盖板。必要时，可将盖板缝隙密封。

步骤2：电缆绝缘测试。使用1000 V绝缘电阻表进行电缆绝缘测试，绝缘阻值不小于10 MΩ。

步骤3：挂标牌。电缆标牌应挂在醒目的地方，标牌上应标识电缆型号规格、大小、电缆来处。

（5）回路接通

电缆终端与接头的制作应严格遵守制作工艺规程，三芯电力电缆在电缆接头处，其电缆铠装、金属屏蔽层应各自有良好的电气连接并相互绝缘；在电缆的终头处，电缆铠装、金属屏蔽层应用接地线分别引出，并应良好接地。

（6）充电桩调试

步骤1：依照电气图接线。包括交流进线、通信线、充电柜与终端之间的连线。

步骤2：上电。上电前，先检查接线是否正常，是否出现短路，检查终端接线是否正确。确认接线正确后，就可以上电。

步骤3：上电后。检查柜内元器件运行是否正常，监控器参数设置是否正确，监控器是否有故障。若元器件有故障，则更换；若监控器出现故障，则根据故障原因逐一排除，直到元器件和监控器运行正常。有些故障还需要升级程序。

步骤4：充电实验。各个元器件运行正常，监控数据正常，没有其他故障，就可以进行充电实验。充电时，检查充电机是否按照BMS需求的电压电流进行充电以及电表的计量功能。

步骤5：完成交付充电。以上的工作完成，调试设备完好后，就可以为客户进行新能源汽车充电了。

提示

混合动力汽车充电桩的安装与调试过程与纯电动汽车充电桩安装与调试过程大体一致，按照纯电动汽车充电桩安装与调试步骤操作即可完成。

课程思政

交通运输部：全国高速公路服务区已建成充电桩16 721个

2022年10月31日，交通运输部召开10月例行新闻发布会，交通运输部公路局副局长顾志峰介绍，目前，江西、河南、湖南等多地省级交通运输主管部门已结合实际，会同本省能源局、电网公司等单位，制定印发了具体实施方案，加快推动公路沿线充电基础设施建设。据统计，全国已有3974个高速公路服务区建成充电桩16 721个，新增建设充电桩的高速公路服务区872个，充电桩3347个，较《行动方案》印发前分别增长28%和25%。

“今年8月初，交通运输部联合国家能源局、国家电网公司、南方电网公司制定印发了《加快推进公路沿线充电基础设施建设行动方案》，部署各地以高速公路和具备条件的普通国省干线公路服务区为重点，加快推进公路沿线充电基础设施建设。”顾志峰介绍，《行动方案》印发后，四部门立即召开动员部署会，宣传解读《行动方案》，进一步统一思想、凝聚共识、明确目标、完善措施。同时，交通运输部还配套印发了《公路沿线充电基础设施技术指南》，指导各地科学规范开展公路沿线充电基础设施建设。

“下一步，交通运输部将继续加大工作力度，及时调度进展、协调推进，确保如期优质全面完成各项工作任务，让电动汽车‘回得了家、出得了城、下得了乡’，让更多的电动车主能够放心出发、远途出行，为增进民生福祉、提高人民生活品质提供更好保障。”顾志峰说。

（来源：人民网）

思考练习

一、填空题

1. 充电桩由________________和________________构成。其中，硬件主要由______________、______________、监控单元组成。

2. 充电桩的安装大致可分为三个阶段：______________、______________和______________。

3. 充电桩必须具备______________、______________、______________、输出短路保护、漏电保护及过流保护等保护装置，并且内有漏电保护器。

二、简答题

1. 简述充电桩的分类。
2. 什么是智能充电桩？它有哪些优点？
3. 简述交流充电桩的安装流程。

第五章

交流慢充系统原理与检修

本章导读

新能源汽车充电系统一般有交流慢充系统和直流快充系统两种。本章主要学习交流慢充系统原理与检修。

学习目标

◎**知识目标**

1. 掌握交流慢充系统的构成。
2. 掌握交流慢充电路的工作原理。
3. 掌握交流充电的基本操作流程。
4. 了解纯电动汽车交流慢充线束常见的检查内容。
5. 了解纯电动汽车交流慢充线束的结构和设计要求。
6. 了解交流慢充系统常见的故障现象。

◎**技能目标**

能够解决常见的交流慢充系统故障。

素质目标

1. 树立振兴中国汽车工业的责任心和使命感。
2. 培养学生实验精神和创新思维，体验实践出真知的道理。

第一节 新能源汽车慢充系统的组成和工作原理

一、交流慢充系统的构成

新能源汽车慢充系统主要由供电设备（交流充电桩或家用交流电源）、充电枪、慢充接口、车载充电机（OBC）、高压线束、高压控制盒、动力电池（含 BMS）、整车控制器（VCU）及连接它们的高低压线束等元器件构成。

新能源汽车慢充系统

供电设备包含交流充电桩、充电线缆及充电插头，通过充电插头和车载充电座的连接，为车载充电机提供 220 V 或 380 V 交流电，然后车载充电机将交流电转换成高压直流电并输送给动力电池。

在整个充电的过程中，电池管理系统（BMS）通过动力电池内部监测点监测动力电池各项参数，并通过 CAN 通信系统和整车控制器（VCU）、车载充电机（OBC）通信，控制和调节充电电流及电压，以满足动力电池的充电特性。交流慢充系统基本结构如图 5－1 所示。交流慢充系统主要由充电线束、车载充电机、DC/DC 变换器、蓄电池、高压控制盒、动力电池等部件组成。

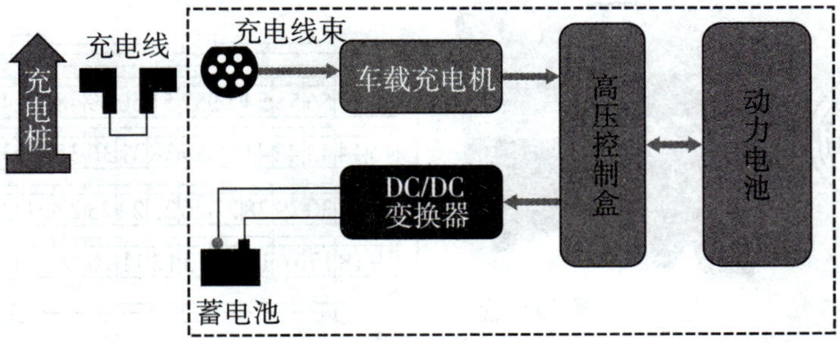

图 5－1 交流慢充系统结构图

二、交流慢充系统的零部件

（一）车载充电机（OBC）

车载充电机的作用是充电时把市电的 220 V 或 380 V 交流电转化为动力电池所需要的高压直流电，以供给动力电池使用。车载充电机拓扑电路如图 5－2 所示。车载充电机由高压配电模块、散热层和 OBC 车载充电机控制模块三部分组成。

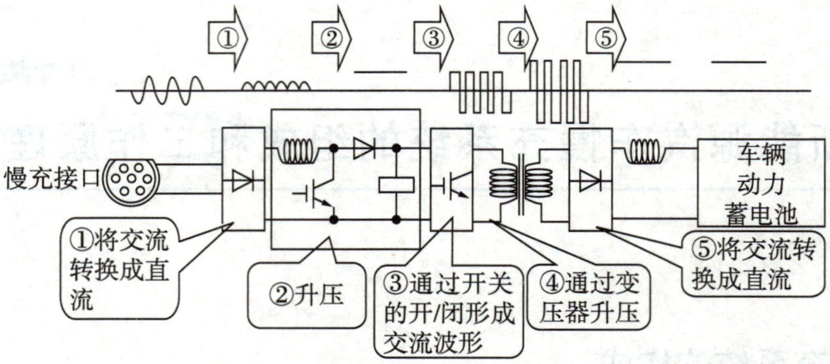

图 5－2 车载充电机拓扑电路

图 5－3 是吉利帝豪 EV450 车载充电机外形及接口。其中，BV17 的引脚 1 连接动力电池 BV16－1，引脚 2 连接动力电池 BV16－2；BV27 的引脚 1 连接交流充电插座 BV24－1，引脚 2 连接交流充电插座 BV24－2，引脚 3 连接交流充电插座 BV24－3；BV29 的引脚 1 连接电机控制器 BV28－1，引脚 2 连接电机控制器 BV28－2；BV33 的引脚 1 连接 PTC 控制器 BV32－1，引脚 2 连接 PTC 控制器 BV32－2，引脚 3 连接电动压缩机 BV30－1，引脚 4 连接电动压缩机 BV30－2。

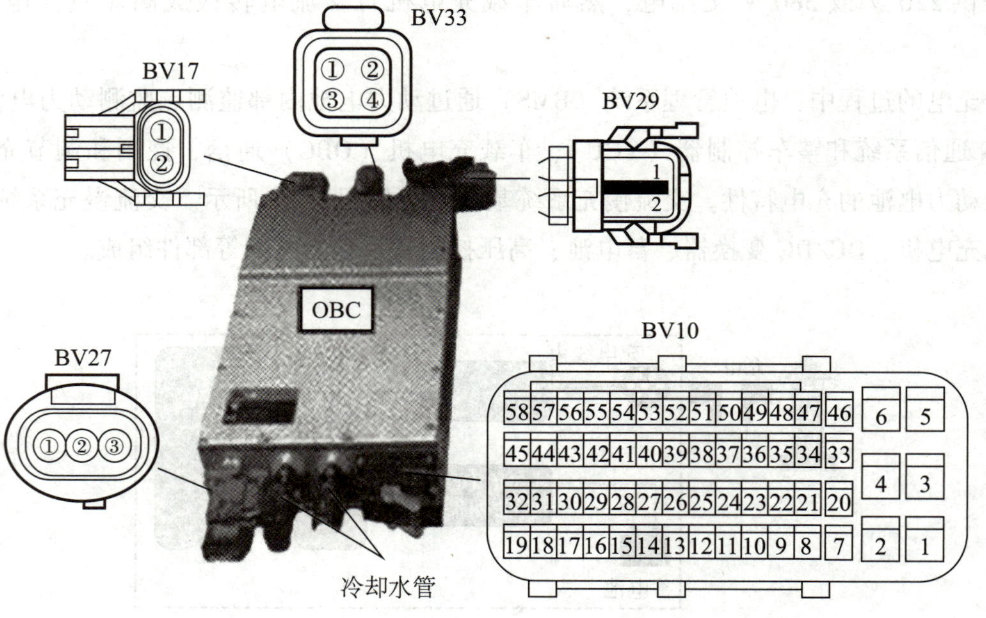

图 5－3 吉利帝豪 EV450 车载充电机外形及接口

吉利帝豪 EV450 车载充电机内部结构，由上、中、下三层组成，最上层是高压配电模块；中间层是散热层；最下层是 OBC 车载充电机控制模块。高压配电模块主要把动力电池电压通过两块跨接板分配到直流充电口、电机、空调、PTC。高压配电模块上还连接各个高压插头和高压互锁线束以及开盖保护开关，以防止在上电期间误开盖而引发触电事故。一般车载充电机采用水冷散热，在中间层设置水道，以便进行散热。OBC 车载充电机控制模块内部还包含整流装置、AC/DC 转换装置以及温度管理系统等。

吉利帝豪 EV450 车载充电机与交流充电插座、动力电池、电机控制器、电动压缩机、PTC 加热控制器通过 5 条橙色高压线束连接。车载充电机高压电气原理简图如图 5－4 所示。

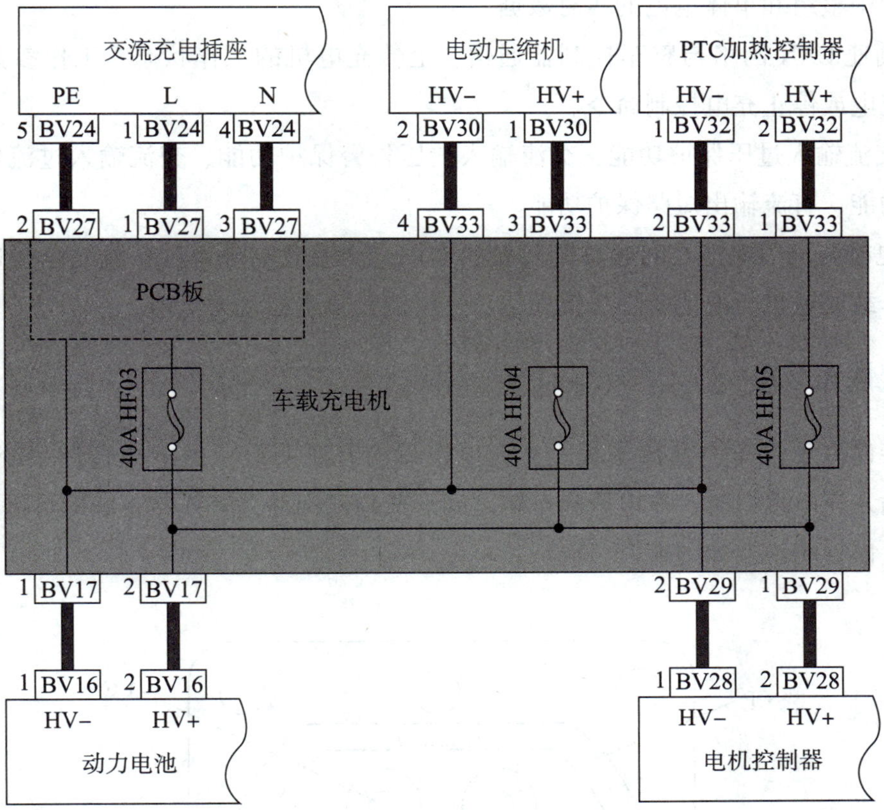

图 5－4　车载充电机高压电气原理简图

车载充电机高压连接器管脚定义见表 5－1。

表 5－1　车载充电机高压连接器管脚定义

插头	管脚编号	管脚定义	说明
BY17	1	HV－	动力电池 BV16 －1
	2	HV＋	动力电池 BV16 －2
BY27	1	L	交流充电插座 BV24 －1
	2	PE	交流充电插座 BV24 －2
	3	N	交流充电插座 BV24 －3
BY29	1	HV＋	电机控制器 BV28 －1
	2	HV－	电机控制器 BV28 －2
BY33	1	HV＋	PTC －加热控制器 BV32 －2
	2	HV－	PTC －加热控制器 BV32 －1
	3	HV＋	电动压缩机 BV30 －1
	4	HV－	电动压缩机 BV30 －2

车载充电机的功能如下。

（1）通过高速 CAN 网络与 BMS 通信，判断动力电池连接状态是否正确；获得电池系统参数及充电前和充电过程中整组和单体电池的实时数据。

（2）通过高速 CAN 网络与整车控制器通信，上传充电机的工作状态、工作参数和故障告警信息；接收启动充电或停止充电控制命令。

（3）具有交流输入过压保护功能、交流输入欠压告警保护功能、交流输入过流保护功能，直流输出过流保护功能、直流输出短路保护功能。

（4）在充电桩与动力电池之间起功率转换的作用，交流充电桩通过交流充电接口将能量输送给车载充电机，车载充电机与电池管理系统通信，并将能量传递给动力电池。

（二）交流慢充接口

交流慢充接口位于汽车左前翼子板上，充电接口内有照明灯，由电池管理系统（BMS）控制。当交流充电枪插入充电接口时，充电枪和车辆之间形成检测回路，若连接正确即可进行充电。

交流慢充接口管脚说明如图 5－5 所示。

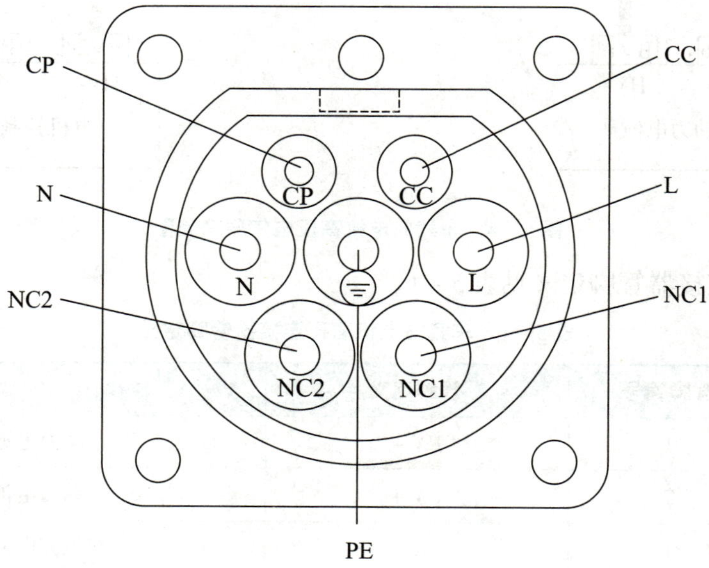

CP－充电连接控制线，控制充电电流；

CC－充电连接确认线，检测充电枪是否连接可靠；

L－交流电 L 相；N－交流电中线；

NC1、NC2－备用线（380 V）；PE－车身接地端。

图 5－5 交流慢充接口管脚说明

交流慢充接口与车载充电机之间通过 BV24～BV27 高压橙色电缆连接，接入交流充电桩传送的交流电。交流慢充插座 BV24、BV25 与车载充电机低压充电插座 BV10 通过低压线束连接，进行信息的采集和通信，如图 5－6 所示。

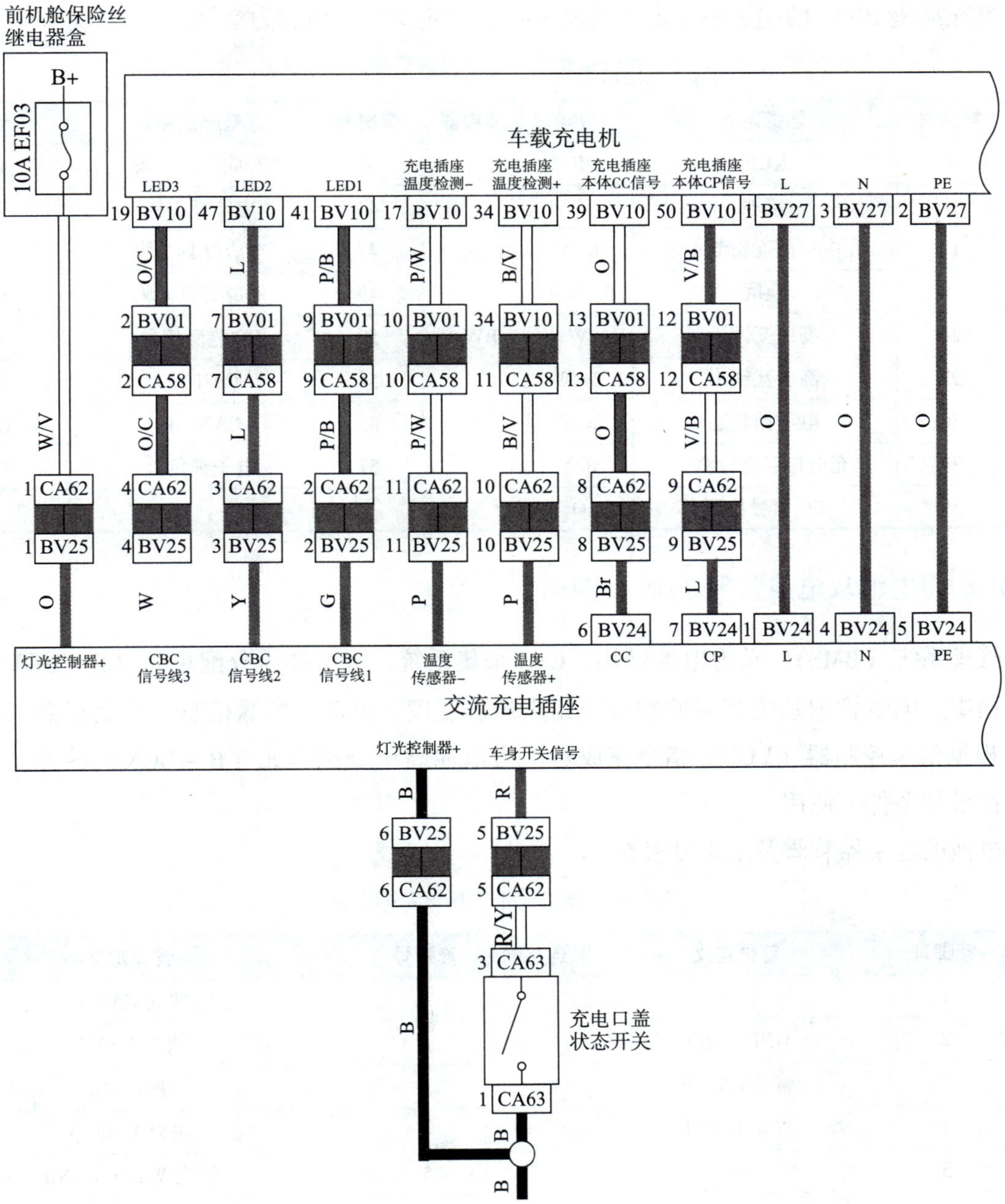

图 5－6　交流慢充接口与车载充电机电气连接图

交流慢充插座 BV10、BV25 的端子如图 5－7 所示。

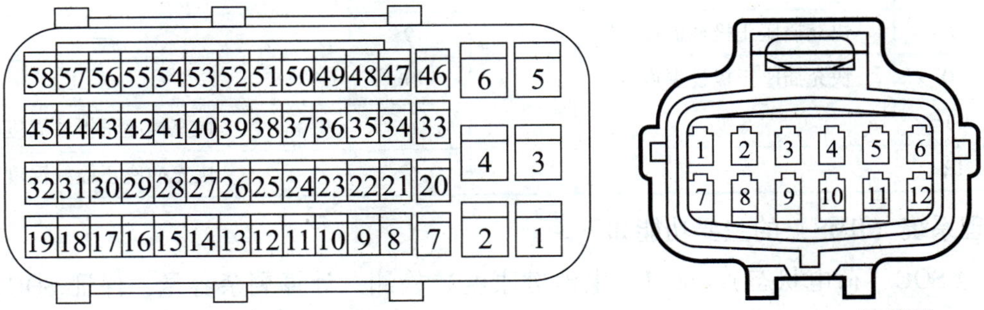

（a）BV10连接器　　（b）BV25连接器

图 5－7　交流慢充系统 BV10、BV25 连接器端子图

交流慢充插座 BV10 的端子编号定义见表 5－2，未定义端子引脚为空脚。

表 5－2　交流慢充束线连接器端子管脚编号定义

连接器	管脚号	管脚定义	说明	连接器	管脚号	管脚定义	说明
BV10	4	KL30	R	BV10	41	对应灯具 2 脚	P/B
	6	接地	B		44	电子锁正极	W/L
	17	充电口温度检测 1 地	B/W		47	对应灯具 3 脚	L
	19	唤醒	0. 5/W		49	对应灯具 4 脚	O/C
	26	高压互锁入	W		50	CP 监测信号	V/B
	27	高压互锁出	Br/W		54	CAN－L	L/B
	30	电子锁状态	W/R		55	CAN－H	Cr/O
	34	充电口温度检测 1	B/Y		57	电子锁负极	W/B
	39	CC 信号检测	O				

（三）动力电池及电池管理系统（BMS）

电池管理系统（BMS）、动力电池模块、CSC 采集系统、电池高压分配单元（B－BOX）内置在动力电池箱中。电池管理系统实时监控电池组电压、温度、电流、绝缘信息，并上报数字控制核心（NCU），根据整车控制器（VCU）指令完成对动力电池高压分配单元（B－BOX）的控制，以保证动力电池在最佳条件下使用。

动力电池的连接器管脚及定义见表 5－3。

表 5－3　动力电池连接器管脚定义

连接器	管脚号	管脚定义	连接器	管脚号	管脚定义
CA69	1	12 V	CA70	1	快充 CAN H
	2	GND（地）		2	快充 CAN L
	3	整车 CAN H		3	快充 CC2
	4	整车 CAN L		4	快充 Wakeup
	5	—		5	快充 Wakeup GND
	6	Crosh		6	—
	7	IG2		7	—
	8	—		8	—
	9	快充插座正极柱温度＋		9	—
	10	快充插座正极柱温度－		10	—
	11	—		11	快充插座正极柱温度＋
	12	—		12	快充插座正极柱温度－

电池管理系统（BMS）的主要功能如下。

（1）电池 SOC（荷电状态）/SOH（电池健康度）检测。计算剩余容量，保证 SOC 维持在合理的范围内，根据充电时电压、电流和温度进行容量损耗的估算。

（2）功率限制。限制电量的输出以保护电池包。

（3）唤醒/停止控制。控制车载充电机的启停，保证充电过程安全稳定进行。

（4）电池均衡控制。控制所有电池在一定的压差水平充电，若任意电池的电压值高于平均值，则开启平衡功能，使电池组中各个电池都达到均衡一致的状态。

（5）劣化评估。监控单体电池的数据，保证最佳工作状态。

（6）绝缘电阻计算。监测高压绝缘状态，进行绝缘保护，保证车辆的安全使用。

（7）其他功能。充放电控制，电池冷却控制、系统故障诊断及报警、管理系统的软件更新、升级等。

动力电池通过连接器 CA69、CA70 及相关低压线束将电池管理系统（BMS）与整车控制器（VCU）、车载充电机（OBC）、功率集成单元（PEU）等部件相连。充电时，OBC 向 VCU 发出充电请求，VCU 唤醒 BMS 来控制充电电路。BMS 的电源电路和通信线路图如图 5－8 所示。

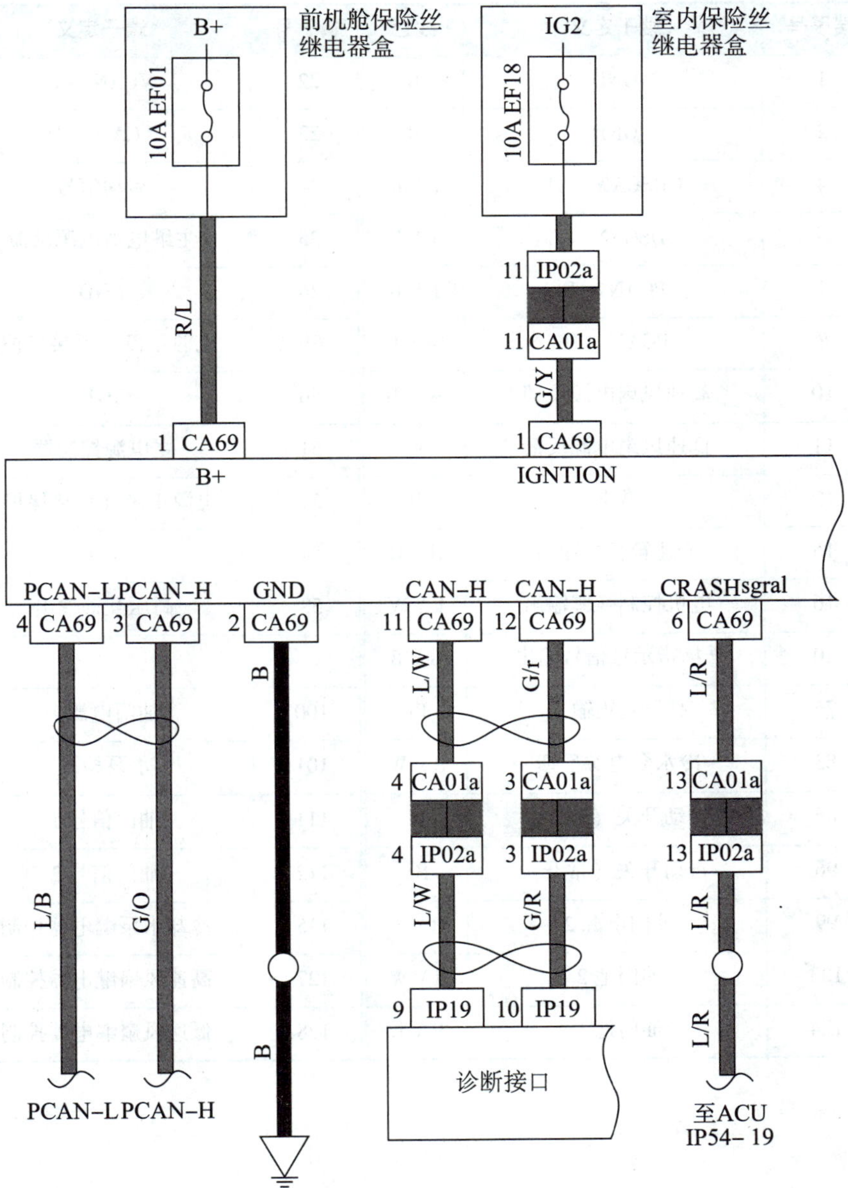

图 5－8　BMS 的电源电路和通信线路图

（四）整车控制器（VCU）

整车控制器（VCU）是整车控制系统的核心，承担车辆各系统的数据交换与管理、故障诊断、安全监控、驾驶人意图解析等任务。

整车控制器通过 CA66、CA67 两个低压控制接口与车辆其他系统相连，进行信号采集和通信。在交流慢充系统中，VCU 发送充电、放电和智能充电等指令，连接信号确认后，整车处于禁止行车状态，VCU 交出控制权，由电池管理系统（BMS）和车载充电机（OBC）共同完成充电过程。充电结束，车辆控制权重新回到 VCU 管理范围中。

VCU 连接器管脚定义见表 5－4。

表 5－4　VCU 插接器管脚定义

插头编号	端子号	端子定义	线色	端子号	端子定义	线色
CA66	1	GND	B	22	VCAN －L	L\ W
	2	GND	B	23	VCAN －H	Gr
	4	UDSCAN －H	L\ R	24	启动信号	W\ L
	5	UDSCAN －L	Y\ R	25	主继电器电源反馈	Y
	7	PCAN －L	L\ B	26	GND	B
	8	PCAN －H	Gr\ O	39	电源正极（反接保护）	Y
	10	高速风扇电源反馈	W\ B	50	IG1	R\ B
	11	低速风扇电源反馈	W	51	主电源控制器	Br\ W
	12	常电	R	52	电源正极（反接保护）	Y
	15	变速箱唤醒输出	R\ G	54	GND	B
	16	电机控制唤醒输出	L\ W	58	高压互锁输出	Br\ W
	20	P 挡指示灯信号输出	G\ B			
CA67	76	高压互锁输入	Br	100	油门电源 1	R\ L
	83	冷水泵电源反馈	R\ W	101	水泵检测	G\ R
	86	自动开关（常闭）	O	111	油门信号 1	G\ L
	96	自动开关（常开）	Br	112	油门信号 2	G\ W
	99	油门电源 2	R\ B	115	冷却水泵继电器控制	G\ Y
	123	油门地 2	R\ W	127	高速风扇继电器控制	P
	124	油门地 1	R\ L	128	低速风扇继电器控制	L\ G

VCU 的电源电路和通信电路如图 5－9 所示。

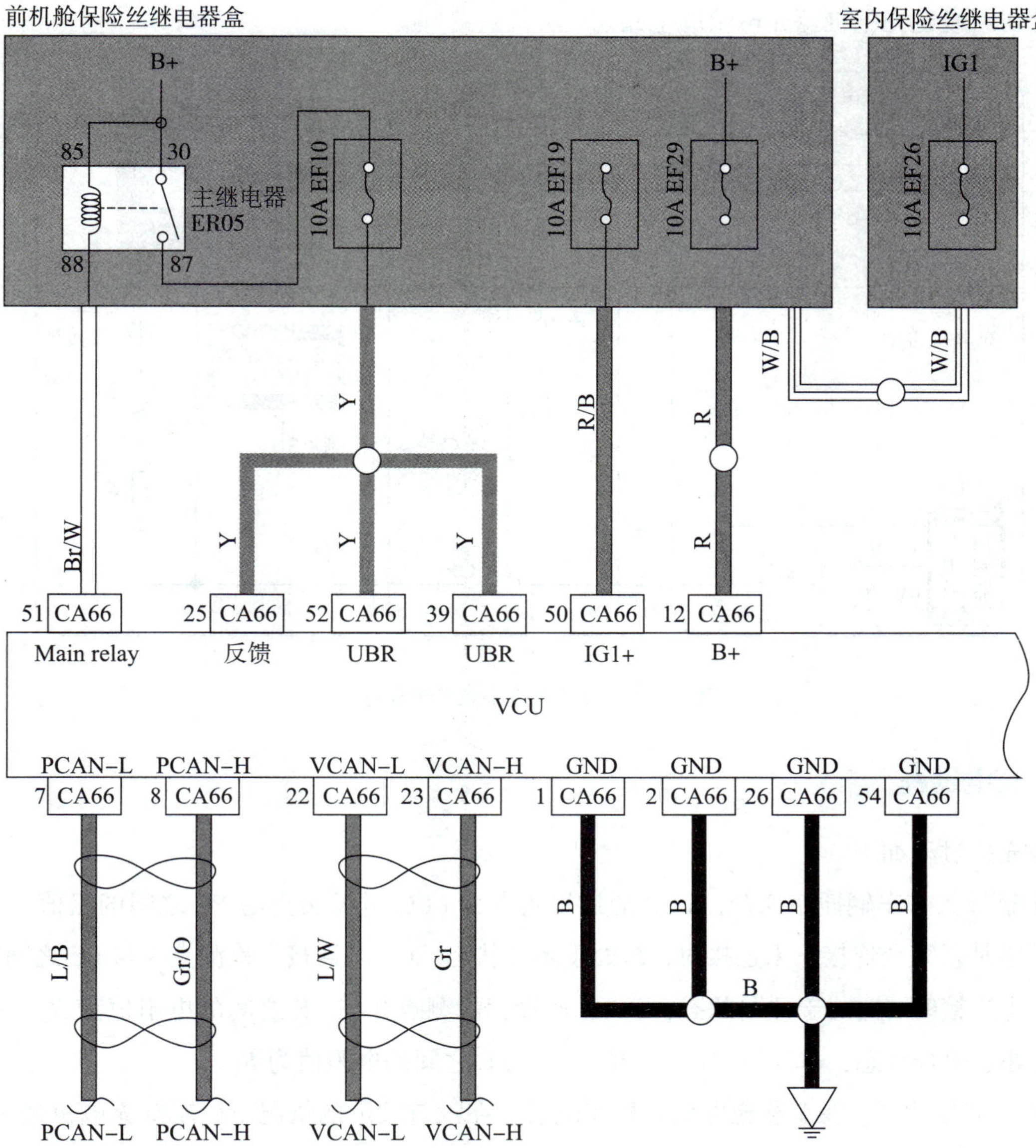

图 5－9　VCU 的电源电路和通信电路

三、交流慢充系统的工作原理

交流慢充系统工作电路如图 5－10 所示。该电路由充电桩控制器，接触器 K_1 和 K_2，电阻 R_1、R_4、R_C，二极管 VD_1，开关 S_1、S_2、S_3，车载充电机和整车控制器组成。电阻 R_C 安装在充电枪上，开关 S_1 为供电设备内部开关，S_2 为车辆内部开关。在车辆接口和供电完全连接后，如果车载充电机自检无故障，并且动力电池组处于可充电状态，则 S_2 闭合。开关 S_1 为充电枪的内部常闭开关，与充电枪上的下压按钮联动（用于触发机械锁止装置），按下按钮的同时，S_3 处于断开状态。

当车辆处于交流充电模式时，车载充电机检测交流充电接口的 CC、CP 信号（充电枪插入、导通信号），确认连接无误后通过 CAN 通信网络通知整车控制器（VCU），VCU 唤醒 BMS、BMS 向车载充电机发送指令充电，同时闭合主继电器，动力电池开始充电。当充电枪与慢充接口断开时，充电桩控制器自动切断慢充充电桩至充电枪的电路。

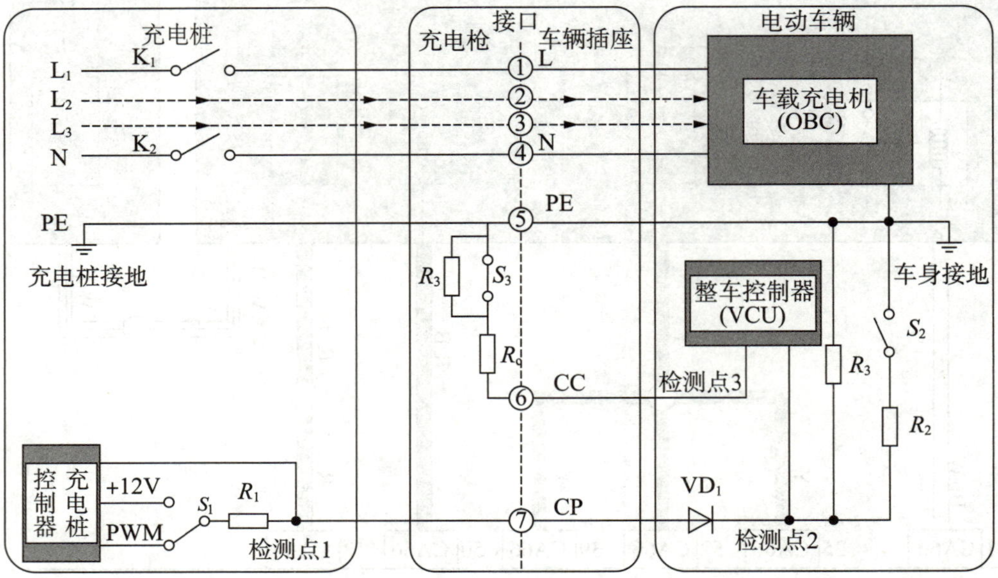

图 5-10　交流慢充系统工作电路图

（一）充电过程

交流慢充的过程如下。

（1）车辆插头与车辆插座插合，VCU 通过检测点 3（CC 引线端）与 PE 之间的阻值来判断充电枪与充电插座是否完全连接。未连接时，S_3处于闭合状态，CC 未连接，检测点 3 与 PE 之间的电阻值为无限大；半连接时，S_3处于开路状态，CC 已连接，检测点 3 与 PE 之间的电阻值为 R_4+R_C；完全连接时，S_3处于闭合状态，CC 已连接，检测点 3 与 PE 之间的电阻值为 R_C。

（2）车辆准备就绪。在车载充电机自检完成后，在没有故障的情况下，车载充电机通过 CAN 向整车控制器（VCU）和电池管理系统（BMS）发出充电请求，BMS 检查电池组处于可充电状态时，控制开关 S_1闭合，车辆处于“充电请求”或“可充电”状态。

（3）供电设备（慢充充电桩）准备就绪。供电控制装置通过测量检测点 1 的电压值判断供电插头和供电插座是否完全连接，当检测点 1 的峰值电压为 6 V 时（表 5-5），充电桩控制器通过闭合接触器 K_1和 K_2使交流供电回路导通。

表 5-5　检测点 1 的电压状态

检测点 1 的峰值电压/V	充电和插座连接状态	S_2	S_1	检测点 2	是否可充电
12	未连接	断开	+12 V	无电压	否
9	连接	断开	PWM	有占空比信号	否
6	连接	闭合	PWM	有占空比信号	是

（4）开始充电。车辆控制装置通过测量检测点 3（CC 引线端）与 PE 之间的电阻值，来确认当前车辆充电系统的额定充电电流，通过判断检测点 2 的 PWM 信号占空比确认供电设备的最大可供电能力。充电过程中，车载充电机最大允许输入电流值取决于充电桩的可供电能力、充电线缆载流值和车载充电机额定电流的最小值。充电过程中 VCU 和 BMS 不断监测检测点 2 和 3 的状态，确保满足预设的充电条件。

（5）充电结束或停止控制。充电过程中，当达到车辆设置的结束条件或者驾驶员对车辆实施了停止充电的指令时，车辆控制装置（VCU 和 BMS）断开开关 S_2，并使车载充电机处于停止充电状态，当交流充电桩检测到 S_2 开关断开时，在 100 ms 内通过断开接触器 K_1 和 K_2，切断交流供电回路；超过 3 s 未检测 S_2 断开，可以强制带载断开接触器 K_1 和 K_2，切断交流供电回路。

（6）非正常条件下充电结束或停止控制。在充电过程中，通过检测 PE 与检测点 3 之间的电阻值来断充电枪与慢充插座的连接状况。如判断开关 S_3 由闭合变为断开，则车辆控制装置控制车载充电机在 100 ms 内停止充电，然后断开 S_2。在充电过程中，车辆控制装置对检测点 2 的 PWM 信号进行检测，当信号中断时，车辆控制装置控制车载充电机在 3 s 内停止充电，然后断开 S_2；在充电过程中，如果检测点 1 的电压值为 12 V、9 V 或其他非 6 V 的状态，则供电控制装置在 100 m 内断开交流供电回路。

在充电过程中，交流充电桩还能提供计费服务的功能，通过联网记账、智能 IC 卡虚拟计费实现结算。一般交流慢充 13 ~ 14 h 可充满。

为防止车辆充电过程中充电枪丢失，车辆具有充电枪锁止功能，充电枪插入充电接门后，只要驾驶员按下智能钥匙闭锁按钮，充电枪防盗功能将开启，BCM 收到智能钥匙的关闭信号后通过 CAN 总线将该信号传递到车载充电机，车载充电机控制充电枪锁止电机锁止充电枪，此时充电枪无法拔出，如要拔充电枪，需先按下智能钥匙解锁按钮，解锁充电枪。

（二）交流（慢充）充电桩的要求及特点

1. 交流充电桩技术要求

交流充电桩作为新能源汽车电能补给的一种重要方式，通常安装于公共建筑和居民小区停车场或充电站内，可以固定在地面或墙壁上，为各种型号的新能源汽车充电。充电桩应该满足以下技术要求。

（1）高安全性、可靠性。充电桩壳体坚固，防护等级达标（室内 IP32，室外 IP54），防潮湿、防霉变、防锈（防氧化）。

（2）硬件设计符合功能完善理念。电气回路应包括防雷器、交流熔断器、空气开关（带漏电保护）、交流接触器、充电连接器、急停按钮等元器件，且材料配件选用阻燃材料。

（3）安全防护措施完备。充电桩具有过负荷、过电流、过温、防雷及交直流漏电保护功能。

（4）友好的人机交互。充电桩界面显示信息完备、充电流程简易、操作简单、控制方便且具有较强的容错性。

（5）性能优化升级。充电桩配置具有嵌入式芯片的主控制器，支持新能源汽车充电卡支付、通信协议、充电接口管理、联网监控、预约充电等功能的优化升级。

2. 交流充电桩功能要求

交流充电桩的系统简单、占地面积小、操作方便，应具备以下功能。

（1）控制导引功能。交流充电桩具备与新能源汽车之间传输信号或通信的功能。

（2）远程通信功能。交流充电桩具备与上级监控管理系统通信的功能。

（3）人机交互功能。交流充电桩可显示运行状态信息，具有手动输入和控制功能。

（4）计量计费功能。公用型充电桩应具有对充电电能量进行计量的功能，计量功能应符合《电动汽车交流充电桩电能计量》（GB/T 28569）的要求。

（5）锁止功能。交流充电桩采用连接方式 A 或连接方式 B 时，在额定电流大于 16 A 的情况下，供电插座应安装锁止装置，可避免充电过程中拔出供电插头。

（6）急停功能。交流充电桩具备显示、操作等必需的人机接口，以及防止误操作的措施。充电桩可安装急停装置来切断供电设备和新能源汽车之间的联系，以防电击、起火或爆炸。启动急停装置时应切断充电桩的动力电源输入。

（7）安全防护功能。交流充电桩具备过负荷保护、短路保护、过压、欠压、过流、漏电保护功能，确保充电桩安全可靠运行。

（8）交流充电桩设置刷卡接口。支持 RFID 卡、IC 卡等常见的刷卡方式，并可配置打印机，提供票据打印功能。

（9）交流充电桩具备充电接口的连接状态判断、控制导引等完善的安全保护控制逻辑。

3. 交流充电技术特点

交流充电技术也称常规充电或慢速充电，需外部提供 220 V 或 380 V 交流电源向新能源汽车车载充电机供电，再由车载充电机为动力蓄电池充电。交流充电技术有以下特点。

（1）交流充电电流一般较小，大多为 15 A，充电时间较长。

（2）交流充电设备的制造和安装成本较低，可单独或配合直流充电机广泛配置于居民小区，停车场或充电站。

四、我国充电接口标准

充电接口和充电协议的匹配是新能源汽车使用充电桩充电时必须具备的基本条件，在执行新国标之前，国内存在三种充电标准：第一种是旧国标（GB/T20234），规定了交流与直流接口的标准，但由于标准的不完善，厂商执行并不规范；第二种是名为联合充电系统的欧式标准（combined charging system，CCS），CCS 标准充电接口如图 5－11 所示；第三种是特斯拉自有充电体系的标准，仅服务于特斯拉车型。

图 5－11　CCS 标准充电接口

由于充电接口标准不一，导致充电桩的普及难度大大增加，而且用户寻找配套充电桩的难度也大大增加，严重影响了新能源汽车未来的推广和销售。为此，国家在大力发展充电桩建设的同时，2011 年推出了（GB/T 20234—2011）推荐性标准，替换了部分（GB/T20234—2006）中的内容。目前我国关于充电桩的最新的标准是（GB/T 20234—2023），标准规定：交流额定电压不超过 690 V，频率为 50 Hz，额定电流不超过 250 A；直流额定电压不超过 1000 V，额定电流不超过 400 A，2023 年 9 月以后生产的新能源汽车，充电接口需要执行的统一标准主要有：

GB/T 20234. 1—2023 电动汽车传导充电用连接装置第 1 部分：通用要求。

GB/T 20234. 2—2023 电动汽车传导充电用连接装置第 2 部分：交流充电接口。

GB/T 20234. 3—2023 电动汽车传导充电用连接装置第 3 部分：直流充电接口。

第二节 交流慢充线束

一、交流慢充线束常见的检查内容

电动汽车交流慢充系统主要由交流充电口、交流充电枪锁止电机、动力电池、车载充电机、充电口照明灯等部件及相关线束构成。动力线束（高压配电）布置图如图 5－12 所示。

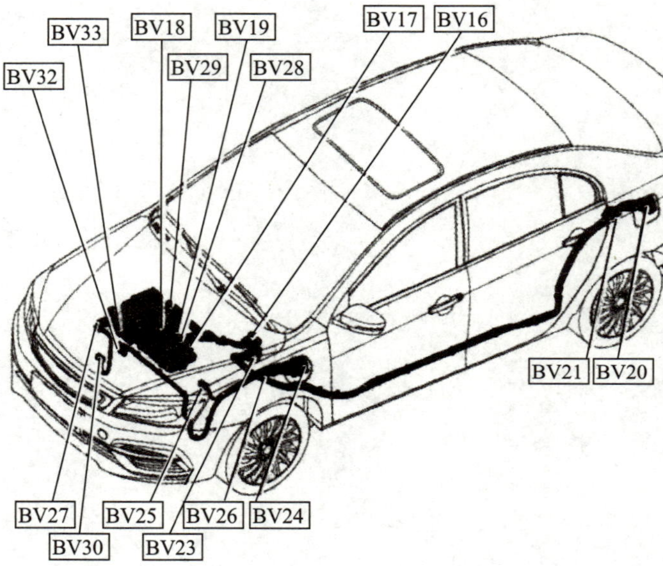

图 5－12 动力线束（高压配电）布置图

线束连接器对应名称见表 5－6。

表 5－6 线束连接器对应名称

线束	线束连接器对应名称	线束	线束连接器对应名称
BV01	动力线束接前机舱线束连接器	BV18	接电机控制器线束连接器 1
BV03	接前机舱保险丝、继电器盒（接线片 1）	BV19	接驱动电机线束连接器
BV04	接前机舱保险丝、继电器盒（接线片 2）	BV20	直流充电插座线束连接器
BV05	蓄电池正极线束连接器	BV21	接低压线束连接器（直流 1）
BV06	电动真空泵线束连接器	BV23	接动力电池线束连接器 2

续表

线束	线束连接器对应名称	线束	线束连接器对应名称
BV07	减速器线束连接器	BV24	交流充电插座线束连接器
BV08	空调压缩机线束连接器	BV25	接低压线束连接器（交流）1
BV09	水冷水泵线束连接器	BV26	接低压线束连接器（交流）2
BV10	充电机控制器线束连接器	BV27	接车载充电机线束连接器
BV11	电机控制器线束连接器	BV28	接电机控制器线束连接器 2
BV12	三 DC 输出 + 线束连接器	BV29	接 OBC 分线盒线束连接器 2
BV13	电机线束连接器	BV30	接电动压缩机线束连接器
BV14	电机水泵线束连接器	BV32	接 PTC 加热控制器线束连接器 1
BV15	TCU 线束连接器	BV33	接 OBC 分线盒线束连接器 3
BV16	接动力电池线束连接器 1	BV34	DC 输出 – 线束连接器
BV17	接 OBC 分线盒线束连接器 1		

纯电动汽车在使用的过程中，零件的老化、灰尘的积累等会对交流充电系统正常工作产生影响。因此，需对慢充电系统进行不定期的检查。检查的主要内容如下。

（1）检查充电机能否正常工作。

（2）检查充电插座处是否有灰尘、接触不良等情况，充电插座与充电枪连接是否有松动现象。

（3）检查充电高低压线束是否有破损现象。

（4）检查充电机冷却液管路是否正常、是否有漏液现象。

（5）检查慢充口照明灯能否正常工作。

（6）检查慢充口卡扣盖是否正常。

对于检查出的问题要及时进行维修。若发现交流充电线束随着时间的使用有老化破损现象，则要立即进行更换。

二、慢充线束的结构

慢充线束来是连接交流充电口和车载充电机的高压线束，市电经过慢充线束传输至充电机中。慢充线束需要承受较高的电压和电流，在一般的新能源汽车上，充电线束按额定电压值 600 V 设计；而如果在商用车和公共汽车上使用，额定电压值则高达 1 000 V，根据功率要求，慢充线束使用时的额定电流值可达到 250 ~ 450 A。为适用于较大的电压、电流，要求慢充线束具有较好的绝缘能力。慢充线束表面附有较厚的橙色绝缘套，两端有连接器，在线束外围缠绕橙色波纹保护管，其结构如图 5 – 13 所示。在使用和维护过程中，注意不要损坏其绝缘结构，防止漏电事故。若连接器松动、线束表面破损、线束绝缘电阻值达不到 20 MΩ 的，则须及时更换新的。

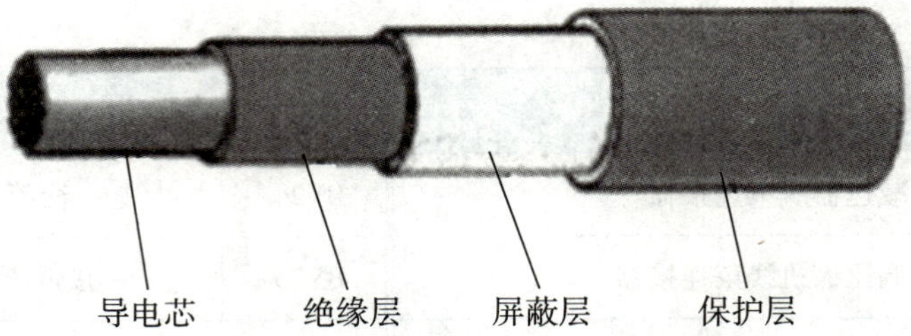

图 5－13　慢充线束的结构

三、慢充线束的设计要求

近年来，各式各样的新能源汽车已经陆续走进我们的日常生活，新能源汽车电机控制器、电机、充电机等零部件之间由慢充线束连接。新能源汽车慢充线束在设计时的要求如下。

（一）电压

通常汽车电缆的结构按照 600 V 额定电压值设计；如果在商用车或公交车上使用，额定电压值可以达到 1000 V。目前内燃机驱动的汽车所有的电缆设计为 60 V 额定电压值。

（二）电流

慢充线束连接电池、逆变器和电动机，需传输高电流。根据系统组件的功率要求，该电流值达 250～450 A。这么高的电流在常规驱动的车辆上是很难找到的。

（三）温度

高电流传输导致高功耗组件发热，因此慢充线束必须能承受较高的温度。相比之下，传统汽车通常使用慢充线束的额定温度为 105 ℃，但新能源汽车应达到 125 ℃或 150 ℃。

（四）工作寿命

通常在指定的温度等级下慢充线束的使用寿命为 3 000 h，在高压应用领域要求超过 3 000 h，在规定的温度下累计运行时间则达到 12 000 h。

（五）屏蔽效果

其实慢充线束的本身并不需要屏蔽，因为不像同轴电缆那样传输数据，但是需要防止或减少系统中开关电源产生的高频辐射通过线束影响到周边部件。

（六）柔韧性

混合动力汽车的开发在很多情况下是在原来已经设计装载汽油发动机和它的组件的空间加入了更多的电气组件、电缆和连接器等部件，导致电缆弯曲半径过小，易于折断。为了解决这个问题，高压电缆高柔韧性是至关重要的。

（七）耐弯曲

如果电动机位于靠近车辆的运动部位，容易导致连接的高压电缆连续振动，所以要求要设计成能承受高的循环弯曲应力，以确保良好的弯曲耐力。

（八）标识

因为高电压的应用风险大，各种标准均定义高压电缆必须在视觉上与普通汽车电缆区分，指定表面必须是鲜艳的橙色。同时还要印制警示内容和特殊标记，如“小心！高压600 V”警示语、高电压的闪电标识等。

第三节 交流慢充系统常见故障的检修

一、交流慢充系统常见的故障

本节以北汽 EV200 车辆为例，介绍新能源汽车在使用的过程中，交流慢充系统出现的常见故障现象、可能原因以及故障诊断与排除、故障分析。

（一）车辆无法充电

故障现象：车辆在使用充电桩充电时，充电桩指示灯亮，充电器电源工作灯亮，车辆无法充电。

可能原因：动力电池控制器故障、动力电池故障、通信故障。

故障诊断与排除：根据上述故障现象，充电桩和充电器工作指示灯正常，检查对象应为通信和动力电池内部。用故障检测仪检测故障码及数据流，读出故障码：P1048（SOC 过低保护故障）、P1040（电池单体电压欠压故障）、P1046（电池电压不均衡保护故障）、P0275（电池电压不均衡保护故障）；读出数据流：动力电池单体电芯最低电压为 2.56 V、动力电池单体电芯最高电压为 3.2 V，单体电芯电压差大于 500 mV 时动力电池管理系统（BMS）启动充、放电保护而无法充电，更换动力电池单体电芯，动力电池故障解除，车辆恢复充电。

故障分析：通过以上故障诊断与排除过程，总结以下动力电池具备充电的条件。

（1）充电桩与充电器或快充桩与动力电池的通信要匹配。

（2）车载充电器要能正常工作、无故障。

（3）整车控制器与充电器、动力电池控制器的通信要正常。

（4）唤醒信号要正常。

（5）整车控制器和动力电池控制器的信号要正常。

（6）单体电芯之间电压差小于 500 mV。

（7）高压电路无绝缘故障。

（8）动力电池内部温度在充电的温度范围内。

（二）充电时充电桩跳闸

故障现象：车辆在使用充电桩充电时，出现充电桩跳闸，充电器无法充电。

可能原因：充电器内部短路。

故障诊断与排除：检查充电桩交流 220 V 电压、充电桩 CP 线与充电器连接正常，再检查充电线束、高压线束、充电器、动力电池的绝缘均正常，更换充电器，故障排除。

故障分析：因为此车的故障现象是充电桩跳闸，说明唤醒信号和互锁电路正常，所以基本可以断定是充电器内部短路故障。

（三）充电器指示灯不亮

故障现象：车辆在使用充电桩充电时，仪表充电指示灯不亮，车辆无法进行交流充电。

可能原因：充电器内部故障、充电唤醒信号中断或互锁电路故障。

故障诊断与排除：检查低压熔断丝盒内的电池充电熔断丝和充电器低压电源，用万用表直流电压挡测量充电器低压电源正常，再检查充电系统连接插件无退针、锈蚀现象，更换充电器，故障排除。

故障分析：检查充电器低压供电正常，而充电工作指示灯都不亮，基本确定为充电器内部故障。

（四）充电器指示灯正常但无法充电

充电指示灯正常，但充电电流为 0 A，车辆无法进行交流充电。

可能原因：充电线断路不通，或者充电输出回路开路。

故障诊断与排除：用万用表检查车辆充电相关继电器、线路、动力电池、车载充电机、充电输出线是否断路，输出线根部或插头处是否断线，零件接口是否松动或损坏，12 V 低压蓄电池长时间使用是否出现充电输出电压不足现象。如果充电机、整流电路、动力电池、BMS 等组件正常，就说明是充电桩故障。

故障分析：故障现象说明充电器内部电路工作基本正常。

二、故障诊断思路

（一）验证故障

将交流充电枪插入充电座中，观察仪表盘显示状况，确认充电指示灯是否工作，是否有充电电流显示。

（二）进行基本检查

对于交流慢充系统可能发生故障的部位进行基本检查；对慢充系统充电座、充电枪、交流慢充线束、车载充电机和动力电池之间的线束进行检查，查看是否有管脚接触、线路破损等情况发生。

（三）使用故障诊断仪检查

用故障诊断仪查看能否读取相关故障代码及故障说明，缩小故障范围。

（四）检查交流慢充系统

检查交流慢充系统的车载充电机、BMS 等零部件供电、接地、充电唤醒信号及通信是否正常；

根据电路图，检查车载充电机保险、线束、12 V 电源、接地及慢充唤醒信号是否正常，BMS 能否正常工作，12 V 唤醒信号是否正常，整车控制器、动力电池等部件的 CAN 线是否正常；检查动力电池低压控制端搭铁及 VCU 控制搭铁是否正常。

（五）检查高压电路是否正常

如果低压电路正常，充电仍无法完成，则逐步检查交流慢充接口、车载充电机、动力电池间的高压线束是否正常；如还不能排除，则应考虑车载充电机、动力电池内部出了故障。

三、交流慢充系统充电故障的检修

（一）充电机低压电源故障或充电机故障的检修

1. 故障诊断仪检测

车载交流充电机低压电源故障及充电机内部故障会造成车辆仪表显示报警标识，用故障诊断仪可迅速检测出故障。常见诊断故障代码（DTC）见表 5 – 7。

表 5 – 7　车载充电机部分故障诊断代码及说明

故障代码	说明
U300616	控制器供电电压低
PIA8403	CP 在充电机的内部测试点占空比异常
PIA841C	CP 在充电机的内部 6 V 测试点电压异常（S_2关闭以后）
PIA851C	CP 在充电机的内部 9 V 测试点电压异常（S_2关闭以前）
PIA8538	CP 在充电机的内部测试点频率异常（S_2关闭以前）
PIA8698	温度过高关机
PIA8806	自检故障
PIA8898	交流插座过温关机
PIA8998	热敏电阻失效故障
PIA88IC	充电连接故障
U300617	控制器供电电压高

2. 故障排除

对于这类故障，一般诊断和排除流程如下。

（1）用诊断仪访问车载充电机

查看是否有 DTC，如有，则根据 DTC 提示的相关信息和故障范围进行检查维修。

（2）用万用表测量蓄电池电压

与标准电压值进行比较（标准值：11 ~ 14 V），若达不到要求，则对蓄电池充电或者更换蓄电池。

（3）检查车载充电机供电是否正常

接好相关线路。车载充电机低压系统电路简图如图 5－14 所示。

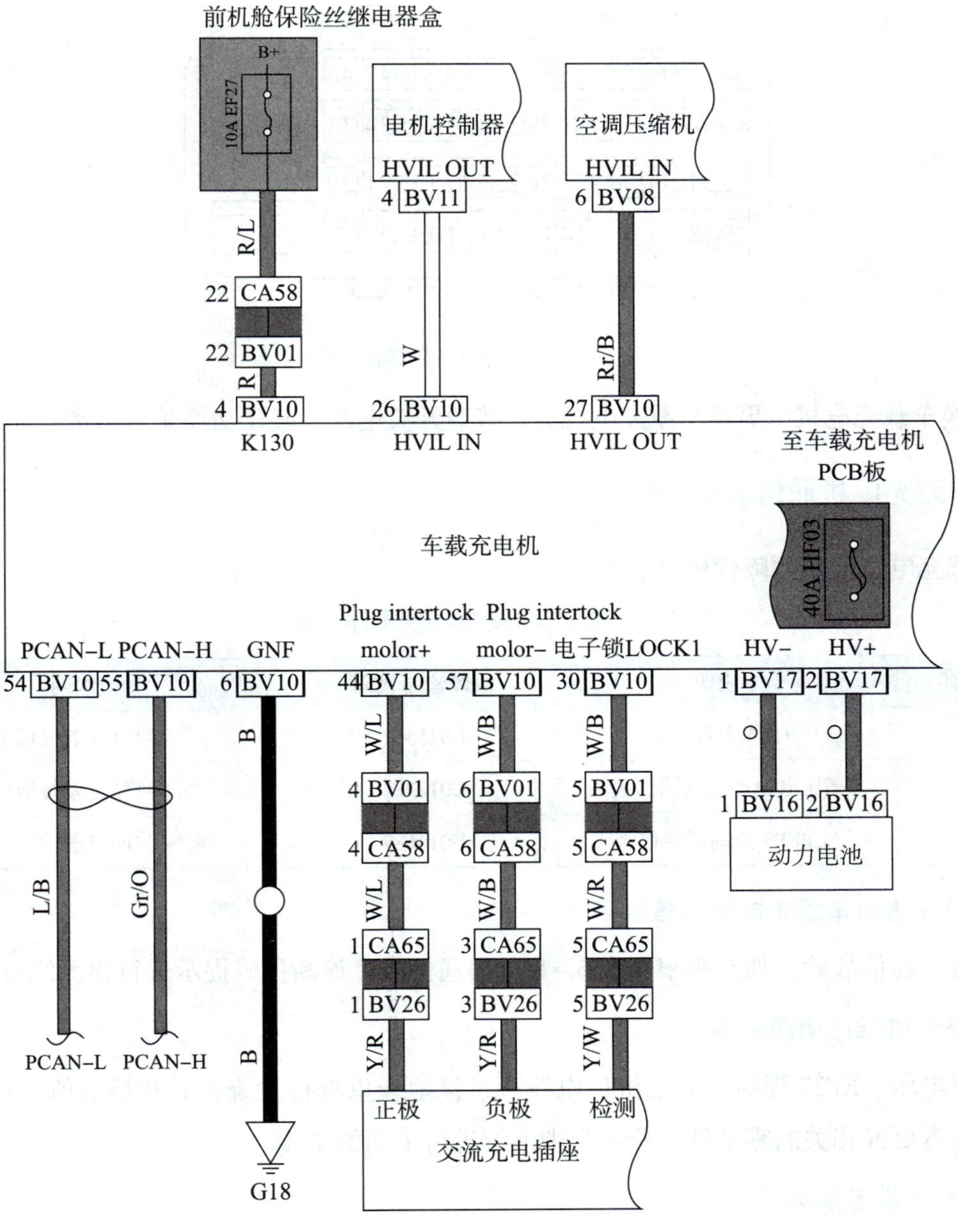

图 5－14　车载充电机低压系统电路简图

3. 根据电路检查

检查 EF27 保险是否熔断，若熔断则更换保险，正常则继续进行以下步骤。

（1）检查车载充电机供电是否正常，断开车载充电机线束连接器 BV10，接通开关电源。测量车载充电机线束连接器 BV10 的 4 号端子对车身接地的电压，和蓄电池电压标准值（11～14 V）进行比较。若电压值异常则进一步检查充电机低压电源线束，如正常，则继续进行下面的步骤。车载充电机低压连接器 BV10 引脚图如图 5－15 所示。

（2）检查车载充电机接地相关线路，测量车载充电机线束连接器 BV10 的 6 号端子与车身接地之间的电阻值，和电阻标准值（小于 1 Ω）进行比较。电阻值若异常，则维修或更换充电机接地线束；若正常，则继续进行下面步骤。

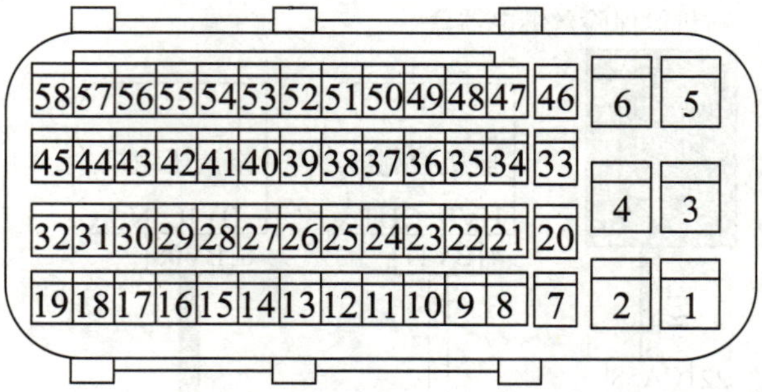

图 5－15　车载充电机低压连接器 BV10 引脚

（3）更换车载充电机，更换车载充电机后，接通开关电源，确认功能是否正常。

（二）车载充电机通信故障的检修

常见车载充电机通信故障代码见表 5－8。

表 5－8　常见车载充电机通信故障诊断代码

故障诊断代码	说明	故障诊断代码	说明
U007300	CNA 总线开关	U015587	与组合仪表通信丢失
U011287	高压电池控制器通信丢失	U012287	与车身稳定系统通信丢失
U021487	与 PEPS 控制器通信丢失	U014687	与网络通信丢失

1. 用诊断仪访问车载充电机通信故障

查看是否有通信故障，如有则根据表 5－8 所列通信故障诊断代码提示进行检测维修。

2. 检查充电机低压电源故障

对蓄电瓶电压、EF27 保险、充电机供电线束、接地线束进行检查，并和标准值进行比较。若不正常则修理或者更换相关的零部件，若正常则继续进行下面的步骤。

3. 检查 BMS 供电情况

图 5－16 为 CA69 连接器管脚分布。接通开关，测量 BMS 线束连接器 CA69 的 1 号、7 号端子，检查车身对地电压，并和标准电压值（11～14 V）进行比较。若电压不正常，则修理或者更换 BMS 供电线束，若正常则继续进行下面的步骤。

4. 检查 BMS 接地情况

测量 BMS 线束连接器 CA69 的 2 号端子与车身接地之间的电阻，并和标准电阻值（小于 1 Ω）进行比较。若电阻值不正常，则修理或者更换 BMS 接地线束，若正常则继续进行下面的步骤。

5. 检查车充电机与 BMS 之间线束连接器的数据通信线

测量车载充电机线束连接器 BV10 的 5 号端子与 BMS 线束连接器 CA69 的 4 号端子之间的电阻

值，并与标准电阻值（小于 1 Ω）进行比较。若电阻值异常，则修理或者更换 BV10 插件 54 号端子与 CA69 插件 4 号端子之间的数据线。用同样的方法，测量车载充电机连接器 BV10 的 55 号端子与 BMS 线束连接器 CA69 的 3 号端子之间的通信连接情况，若电阻值异常，则修理或者更换相关线束。

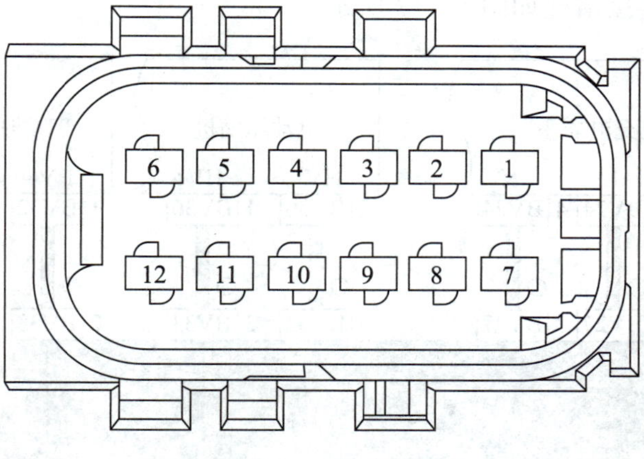

图 5－16　CA69 连接器管脚分布

6. 检查 BMS、车载充电机是否正常，若不正常则更换 BMS

接通电源开关，检查 BMS 功能是否正常。如此时 BMS 工作正常，则证明原本故障是由 BMS 内部故障引起的。用同样的方法检查车载充电机是否正常。

（三）高压系统漏电故障的检修

高压系统因绝缘损坏造成高压漏电，会导致车辆无法正常工作。高压系统漏电故障代码及说明见表 5－9。

表 5－9　高压系统漏电故障代码及说明

故障代码	说明	故障代码	说明
P1A8019	直流输出电压过高	P1A8616	输出电压过低关机
P1A8017	OBC 关闭由于输入电压过高	P1A8719	输入过载
P1A8016	OBC 关闭由于输入电压过低	P1A8811	充电机输出短路故障
P1A8617	输出电压过高关机		

高压系统漏电的原因主要是高压线缆及其连接器部分绝缘损坏，为准确找到故障部位，需要进行高压绝缘监测。测试零部件时需断开高压连接件，具体操作如下。

（1）检查车载充电机高压线束的绝缘状况，使电源模式处于 OFF 状态，断开直流母线束连接器 BV16。用绝缘电阻测试仪分别测试 BV16 的 1 号端子、2 号端子与车身接地之间的绝缘电阻值，并将其和标准值（大于或等于 20 MΩ）进行比较。若绝缘电阻不符合要求，则修理或者更换线束。

（2）用绝缘电阻测试仪依次检查电机控制器、车载充电机、PTC 加热器、电动压缩机以及充电接口正、负极与车身接地之间的绝缘电阻值，并将其与标准值（大于或等于 20 MΩ）进行比较。如果绝缘电阻不符合要求，则修理或者更换线束。

（3）用同样的方法检查动力电池正、负极高压线束的绝缘状况，若绝缘状况不符合要求，则修理或者更换线束。

（4）检查动力电池功能是否正常，若动力电池工作正常，则说明故障是由动力电池内部造成的。

车载充电机高压系统连接情况如图 5－17 所示。

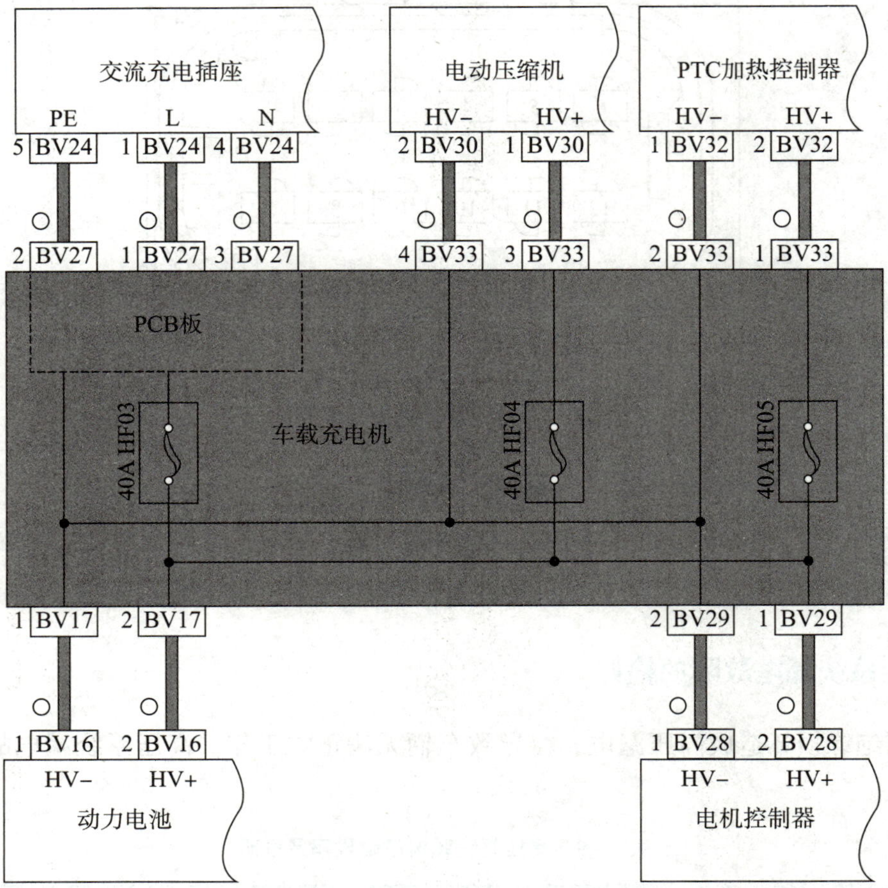

图 5－17　车载充电机高压系统连接情况

实践操作

交流慢充电线束的更换

1. 实训要求

（1）能找到慢充系统的所有零部件。

（2）能进行高压断电操作。

（3）能独立完成脉冲高压线束的检查和更换。

（4）培养学生科学的态度，能够分工协作，注意安全防护，可独立完成任务。

2. 实训准备

（1）实训用车：吉利帝豪 EV450 或北汽 EV200 车型。

（2）防护装备：绝缘鞋、绝缘手套、护目镜、防护服。

（3）专用修车工具：汽车故障诊断仪、万用表、灭火器等。

（4）手工常用工具。

（5）辅助材料。

3. 实训内容

（1）交流慢充系统高压线束的拆卸。

（2）交流慢充系统高压线束的安装。

4. 实训步骤

（1）交流慢充系统高压线束的拆卸

步骤 1：穿戴防护用品，做好场地安全警示和车辆防护。

步骤 2：断开蓄电池负极并包扎好。

步骤 3：断开交流充电机 OBC 动力母线 BV17，用万用表进行验电测试，并包扎好连接器。

步骤 4：拆卸左前轮及轮罩板。

步骤 5：断开交流充电线束与充电机的连接插座。

步骤 6：断开交流充电线束卡扣。

步骤 7：断开交流充电枪锁，解锁拉线卡口。

步骤 8：断开充电插座，充电口线束连接器。

步骤 9：拆卸交流充电口盖螺钉，打开卡口，取出插座口盖。

步骤 10：拆卸充电插座固定螺栓，取出充电插座总成及高压线束。

（2）交流慢充系统高压线束的安装

步骤 1：检查线束和插座是否符合要求，放入交流充电插座总成，紧固插座螺钉。

步骤 2：连接交流充电线束连接器和充电口盖线束连接器。

步骤 3：安装高压线束及锁止拉线卡扣。

步骤 4：连接交流充电高压线束连接器。

步骤 5：安装左前轮及轮罩板。

步骤 6：连接高压母线插接器 BV17。

步骤 7：连接蓄电池负极，检查车辆上电情况。

步骤 8：对车辆进行充电验证。

步骤 9：进行现场 5S 操作。

课程思政

新能源汽车如何“开”下乡

近年来，我国新能源汽车产业异军突起，并逐渐由政策驱动向市场驱动过渡。新能源汽车产业的下个增长点在哪儿？很多人将目光投向了广阔的乡镇和农村市场。

2022 年初，国家发展改革委等部门印发的《促进绿色消费实施方案》提出，深入开展新能源汽车下乡活动，鼓励汽车企业研发推广适合农村居民出行需要、质优价廉、先进适用的新能源汽车，推动健全农村运维服务体系。

当前，占据广大乡镇和农村地区市场的低速电动车，其实是一种“钻政策空子”的产物。生产制造低速电动车由于缺乏通行的国家标准制约，无序发展之下不乏粗制滥造，产品质量良莠不齐；同时，低速电动车不需要牌照和驾驶证即可上路行驶，带来了极大的交通安全隐患。通过开展新能源汽车下乡活动，有利于引导这部分市场需求升级换代，进而推动交通工具的绿色消费在广大城乡间普及。

新能源汽车下乡，关键在于研发在广大乡镇和农村地区适销对路的产品。目前，广大乡镇和农村地区的道路基础设施和交通条件有了巨大改善，加上生产生活水平的提高，群众对于交通工具有着巨大的需求。

但由于农村居民消费水平相对有限，购车预算大多集中在 3 万元至 5 万元的区间，且对汽车产品的性价比有着更高的要求，除了载客外，普遍还用来载货。因此，新能源汽车下乡，并不是简单地在原基础上“减配”推出低价版就可以，而是需要企业从乡镇和农村地区的实际需求出发，并努力降低成本，推出好用、实用、耐用的新能源汽车产品。

同时，也需要充分考虑配套设施的问题。乡镇和农村地区虽然有比较好的停车条件，更适合安装充电桩，但是农村地区的电网基础设施往往比较薄弱，仅能使用慢充桩，这就在一定程度上限制了新能源汽车的使用场景。这一点光靠企业很难解决，还需要政府下力气推动完善。

此外，由于新能源汽车与传统燃油车的性能原理、结构部件有较大差异，无法依托原有的汽车售后维修服务网络，这意味着一旦产品出了故障，农民群众维护保养会面临较多不便。新能源汽车企业还需要不断完善售前、售后服务体系，做好市场开拓培育工作，让农民群众用起来舒心更放心。

（来源：经济日报）

思考练习

一、填空题

1. 新能源汽车慢充系统主要由供电设备（交流充电桩或家用交流电源）、充电枪、____________、车载充电机（OBC）、____________、____________、动力电池（含 BMS）、整车控制器（VCU）及连接它们的高低压线束等元器件构成。

2. 新能源汽车电机控制器、电机、充电机等零部件之间由____________连接。

3. 车辆在使用充电桩充电时，充电桩指示灯亮，充电器电源工作灯亮，车辆无法充电。可能原因：动力电池控制器故障、____________、____________。

二、简答题

1. 简述交流慢充系统的组成及作用。

2. 交流慢充系统的连接器有哪些？

3. 简述交流故障诊断排除思路。

4. 简述充电时充电桩跳闸的原因。

第六章

直流快充系统原理与检修

本章导读

新能源汽车充电系统一般有交流慢充系统和直流快充系统两种。本章主要学习直流快充系统原理与检修。

学习目标

◎知识目标

1. 了解直流快充系统的构成和零部件用途。
2. 掌握直流快充系统的工作原理。
3. 熟悉直流快充系统电路图。
4. 掌握直流快充系统的故障诊断和排除方法。

◎技能目标

能够解决直流快充系统常见故障。

素质目标

1. 树立“发展汽车，造福社会”的美好愿望。
2. 培养学生组织协调能力、沟通能力、团队协作精神和处理问题的能力。

第一节　直流快充系统的组成和工作原理

一、直流快充系统的构成

新能源汽车直流快充系统

直流快充系统由充电桩、直流充电座、动力电池（含 BMS）、整车控制器（VCU）及连接它们的高、低压线束等元器件构成。当直流充电设备接口连接到整车直流充电口时，直流充电设备发送充电唤醒信号给 BMS，BMS 根据电池的可充电功率，向直流充电设备发送充电电流指令。BMS 吸合系统高压继电器，动力电池开始充电。

直流快充系统的供电设备是直流充电桩，它固定安装在新能源汽车外，与交流电网连接，为新能源汽车的动力电池提供直流电源。直流充电桩的输入电源采用三相四线制，输出为可调直流，输出的电压和电流调整范围大，可以实现快充的要求。直流充电桩集中在城市公共快充站、高速公路快充站等。

交流充电需要借助车载充电机进行充电，而直流快充系统并不需要车载充电机。两者在充电速度上差异较大，一辆纯电动汽车（普通电池容量）完全放电后，通过交流充电桩充满需要 8 h，而通过直流充电桩只需要 2～3 h。

直流充电桩的整体系统由直流充电桩、集中器、电池管理系统（BMS）、直流充电桩管理服务平台四部分组成。

（一）直流充电桩

直流充电桩固定安装在新能源汽车外，与交流电网连接。输入电压采用三相四线（380 VAC，精度为 ±15%），频率为 50 Hz，输出为可调直流电，可以提供足够的功率，输出的电压和电流调整范围较大，可以满足快充的要求，直接为新能源汽车的动力电池充电。

直流充电桩由计费控制单元（PCU）、充电控制器、充电机模块、读卡器、彩色液晶屏、直流电能表、充电电缆、直流充电接口等组成，如图 6－1 所示。由于第四章对直流充电桩电气元件及其功能已有详细介绍，因此下面只介绍部分部件的作用。

1. 计费控制单元

计费控制单元包括硬件和软件两部分：硬件由生产厂家按照国家电网有限公司制定的硬件规范进行设计制造，软件由国家电网有限公司统一分发授权。该单元具备人机显示、计量计费、支付、数据加解密、控制充电启停、与车联网平台通信等功能。

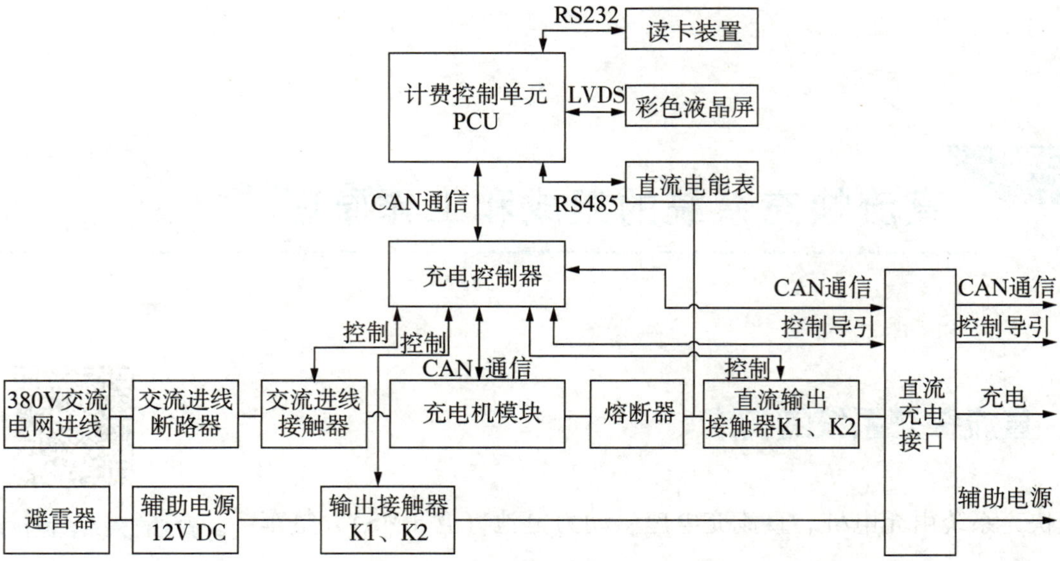

图 6-1　直流充电桩部件框图

2. 充电控制器

充电控制器的硬件和软件均由生产厂家自行设计制造，其与计费控制单元之间的通信协议按照统一规范进行设计。充电控制器具备交流供电控制、充电机模块运行管理、车辆 BMS 通信、设备告警检测处理等功能。

3. 充电机模块

按照充电控制器指令，充电机模块将交流/直流电源通过整流调整为预设的电压和电流，对新能源汽车进行充电。该模块可通过 CAN 网络与车辆监控系统通信，上传充电机的工作状态、工作参数和故障告警信息，接收启动充电或停止充电的控制命令。

4. 读卡器

用户刷卡或插卡，经读卡器识别后，充电桩可通过 RS232 接口与计算机控制单元 PCU 进行通信。

5. 彩色液晶屏

具备 LVDS 接口的 7.0 英寸（1 英寸 =2.54 cm）高亮度液晶屏，在白天和晚上能自动调节亮度。

6. 直流电能表

直流电能表采用 RS485 通信方式与充电桩主控连接，可根据用户需求对充电情况进行监控。直流电能表可直观显示新能源汽车在直流充电站进行快速充电时的电压、电流、功率、电量等值，便于各类数据的查询以及异常情况记录的查看。

7. 充电电缆

直流充电桩采用符合 GB/T 18487.1—2023（2024 年 4 月 1 日起实施）和 GB/T 20234.3—2023（2023 年 9 月 7 日实施）国家标准要求的充电电缆。

（二）集中器

新能源汽车充电桩的控制电路与集中器利用 CAN 总线进行数据交互，集中器与服务器平台利用有线互联网或无线 GPRS 网络进行数据交互。新能源汽车车主能够自助刷卡，通过使用者身份鉴别进行余额查询、计费查询等操作；能够通过语音输出接口，实现语音交互；能够根据液晶显示屏指示选择四种充电模式：按时计费充电、按电量充电、自动充满、按里程充电等。

（三）电池管理系统（BMS）

电池管理系统（BMS）的主要功能是监控电池的工作状态（电池的电压、电流和温度），预测动力电池的电池容量（SOC）和相应的剩余行驶里程，以避免出现过放电、过充、过热和单体电池之间电压严重不平衡等现象，最大限度地利用电池存储能力和循环寿命。

（四）充电管理服务平台

充电管理服务平台可提供充电管理、充电运营、综合查询三种服务。充电管理对系统涉及的基础数据（包括用户卡信息、新能源汽车信息、充电桩信息、电池信息等）进行集中式管理；充电运营可通过用户充电来计算费用，并通过平台扣除卡中金额。其中，客户信息和交易信息都会进行保密处理。

二、直流快充系统的零部件

（一）直流快充接口及连接线束

直流快充接口安装于汽车左后车身处。待方向盘下按钮开启后，方可打开快充盖。直流快充接口的结构如图 6－2 所示。

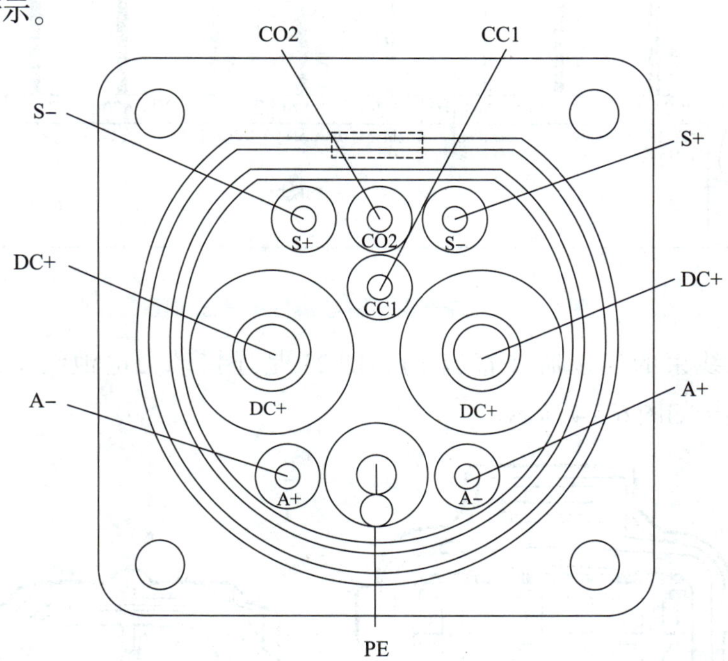

DC－：高压输出负极，连接到动力电池负极；DC＋：高压输出正极，连接到动力电池正极；
PE（CND）：车身地（搭铁）；A－：低压辅助电源负极，接地；A＋：低压辅助电源正极，为 12 V；
CC1：快充连接确认线，与 PE 之间有一个1 kΩ的电阻；CC2：快充连接确认线，与 VCU 相连；
S＋：快充 CAN－H，与动力电池管理系统（BMS）及数据采集终端通信；
S－：快充 CAN－L，与动力电池管理系统（BMS）及数据采集终端通信。

图 6－2　吉利帝豪 EV45 直流快充插座引脚

当快充枪插入充电插座之后，形成连接检测网络，检测结果正确后即可开始充电。快充接口 BV20 连接器与动力电池端高压连接器 BV23 通过直流线束相连，进行电能传输。直流充电接口内 BV21 连接器与 BMS 模块线束连接器 CA70 相连，进行信息采集和通信，具体如图 6－3 所示。

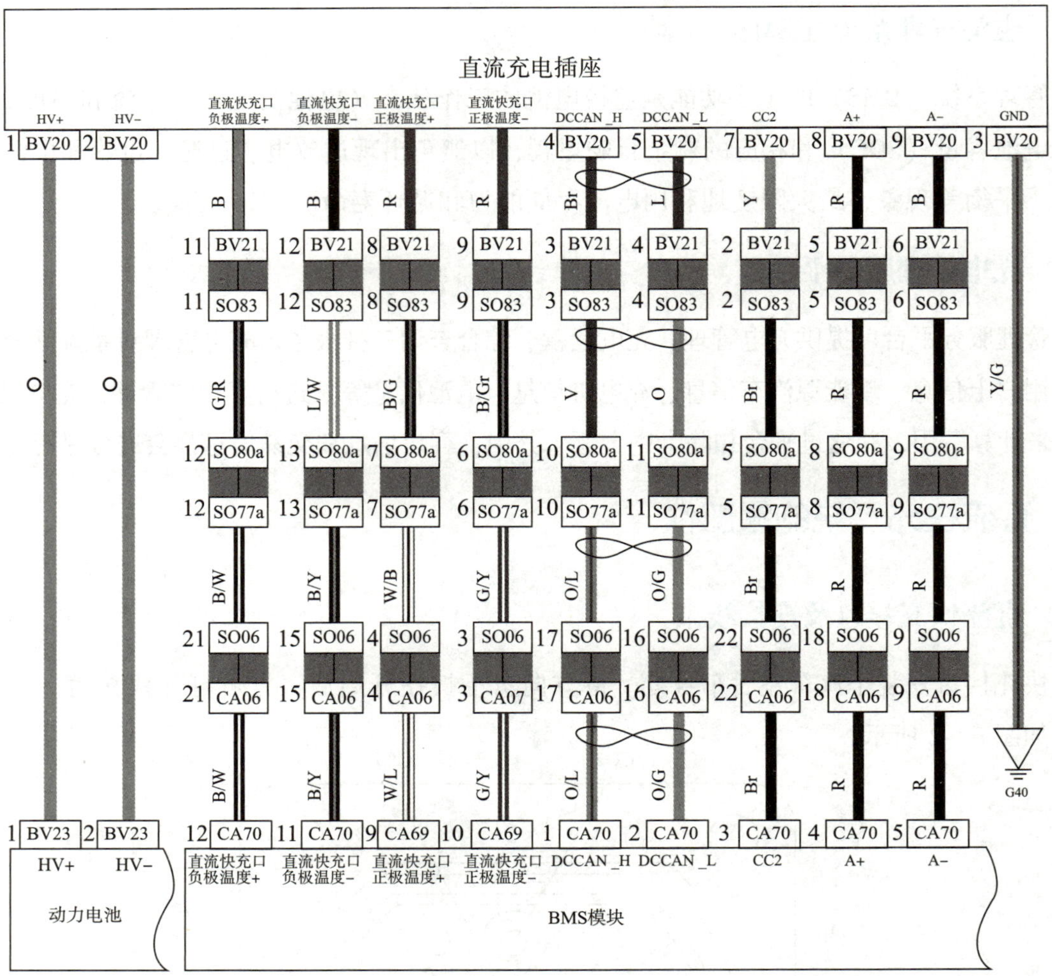

图 6－3　直流充电插座与 BMS 电气连接图

BV21 是连接低压线束的连接器（直流 1），BV23 是连接动力电池线束的连接器（直流 2），BV21、BV23 连接器端子如图 6－4 所示。

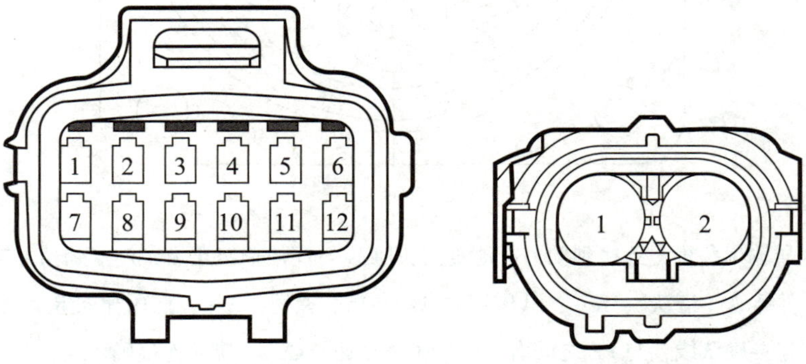

（a）BV21连接器　　（b）BV23连接器

图 6－4　BV21、BV23 连接器端子

（二）动力电池及电池管理系统（BMS）

动力电池是新能源汽车的核心能量源，为整车提供驱动电能。动力电池通过 BMS 实现对电芯的管理，借助连接器 CA69、CA70 及相关线束将 BMS 与 VCU 相连，进行整车的通信及信息交换。BMS 模块线束连接器如图 6－5 所示。

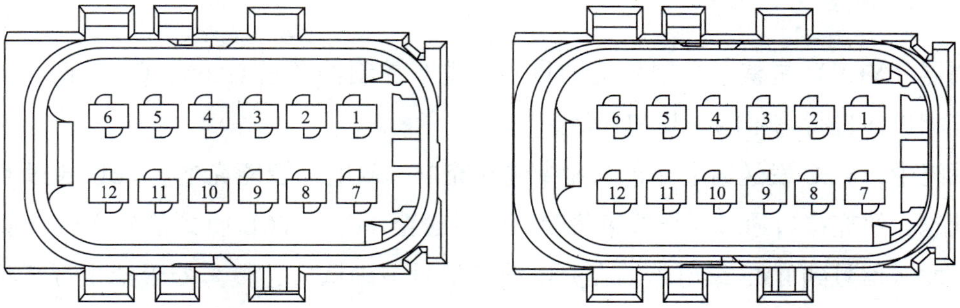

（a）BMS模块线束连接器CA69　　（b）BMS模块线束连接器CA70

图 6－5　BMS 模块线束连接器

BMS 的作用：电池保护和管理的核心部件，在动力电池系统中，它的作用相当于人的大脑。它不仅要保证电池安全可靠地使用，而且要充分发挥电池的能力和延长使用寿命。BMS 作为电池和整车控制器以及驾驶者沟通的桥梁，通过控制接触器来控制动力电池组的充、放电，并向 VCU 上报动力电池系统的基本参数及故障信息。

BMS 的功能：通过电压、电流及温度检测等功能实现对动力电池系统的过压、欠压、过流、过高温和过低温保护，以及继电器控制、SOC 估算、充放电管理、均衡控制、故障报警及处理、与其他控制器通信等功能；此外，BMS 还具有高压回路绝缘检测功能，以及为动力电池系统加热的功能。

BMS 模块线束连接器 CA69、CA70 端子编号及定义见表 6－1。

表 6－1　BMS 模块线束连接器 CA69、CA70 端子编号及定义

连接器	管脚号	管脚定义	连接器	管脚号	管脚定义
CA69	1	12 V	CA70	1	快充 CAN－H
	2	GND（地）		2	快充 CAN－L
	3	整车 CAN－H		3	快充 CC2
	4	整车 CAN－L		4	快充 wakeup
	5	—		5	快充 wakeup GND
	6	Crosh		6	—
	7	IG2		7	—
	8	—		8	—
	9	快充插座正极柱温度＋		9	—
	10	快充插座正极柱温度－		10	—
	11	—		11	快充插座正极柱温度＋
	12	—		12	快充插座正极柱温度－

在直流快充系统中，BMS 与 VCU 通信并接收 VCU 的指令进行充电唤醒，控制动力电池内部接触器闭合，并随时监测动力电池包的电压、电流、温度等参数，通过充电桩进行信息交流。BMS 与数据采集终端的 CAN－H、CAN－L 之间分别串联了一个 120 Ω 的电阻，从快充接口测量 S＋与 S－之间的阻值，应为两个 120 Ω 电阻的并联值 60 Ω。

（三）整车控制器（VCU）

整车控制器（VCU）是整车控制系统的核心，整车控制器通过 CA66、CA67 两个低压连接器与车辆其他系统相连，进行信号的采集和通信。

在快充系统中，VCU 发送给电池包的命令包括充电、放电和智能充电。VCU 通过 CC2 信号确认充电枪连接状态，快充接口通过低压线束将唤醒信号送至 VCU，VCU 收到信号之后，唤醒 BMS 进入工作状态，并发送信号到 BMS 继电器。在充电连接信号被确认后，整车处于禁止行车状态，VCU 退出控制。整个充电过程由电池管理系统（BMS）完成，直至充电完成或者充电中断，车辆控制权才可重新回到 VCU。

1. 国外 VCU 介绍

（1）丰田公司整车控制器，接收驾驶员的操作信号和汽车的运动传感器信号，其中驾驶员的操作信号包括加速踏板信号、制动踏板信号、换挡位置信号和转向角度信号，汽车的运动传感器信号包括横摆角速度信号、纵向加速信号、横向加速信号和 4 个车轮的转速信号。整车控制器将这些信号经过控制策略计算，通过左右 2 组轮毂电机控制器和逆变器分别驱动左后轮和右后轮。

（2）日立公司纯电动汽车整车控制器的控制策略是在不同的工况下使用不同的电机驱动电动汽车，或者按照一定的扭矩分配比例，联合使用 2 台电机驱动电动汽车，使系统动力传动效率最大。当电动汽车起步或爬坡时，由低速、大扭矩永磁同步电机驱动前轮；当电动汽车高速行驶时，由高速感应电机驱动后轮。

（3）日产聆风 LEAF 的整车控制器，接收来自组合仪表的车速传感器和加速踏板位置传感器的电子信号，通过控制器控制直流电压变换器 DC/DC、车灯、除霜系统、空调、电机、发电机、动力电池、太阳能电池、再生制动系统。

（4）英飞凌新能源汽车整车控制器，该控制器可兼容 12 V 及 24 V 两种供电环境，适用于新能源乘用车、商用车电控系统，作为整车控制器或混合动力控制器。该控制器对新能源汽车动力链的各个环节进行管理、协调和监控，以提高整车能量利用效率，确保安全性和可靠性。

该整车控制器采集司机驾驶信号，通过 CAN 总线获得电机和电池系统的相关信息进行分析和运算；通过 CAN 总线给出电机控制和电池管理指令，实现整车驱动控制、能量优化控制和制动回馈控制，具备完善的故障诊断和处理功能。此外，该控制器还专门加入了一个 16 位处理器单元用于实现主处理器的安全监控及 Safety IO 的控制。

2. 国内 VCU 介绍

国内市场上的整车控制器主要由一些高校和研究单位研发。其技术方案是通过微处理器的嵌入结构，编写控制软件代码，实现高效率驱动纯电动汽车的功能。它一般采集加速踏板、制动踏板、换挡位置、车速等信号，使用 CAN 总线与电机控制器和电池管理系统通信，实现对整车的管理与控制。

XL2000 型纯电动整车器汽车采用集中电机驱动方式，利用 CAN 通信总线连接各个控制节点。其整车控制器对采集到的模拟量、开关量以及其他控制单元反馈的数据进行综合处理，判断车辆行驶工况，从而控制电机以及其他部件协调工作，保证纯电动汽车的正常行驶。

三、直流快充系统的工作原理

（一）直流快充系统控制逻辑流程图

直流快充系统控制逻辑流程图如图 6－6 所示。

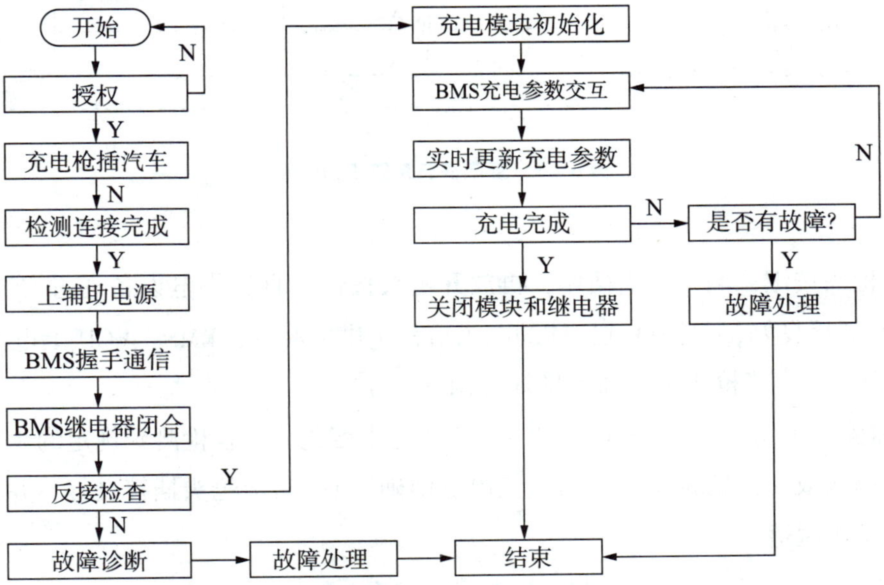

图 6－6　直流快充系统逻辑控制流程图

（二）直流快充系统的充电过程

直流快充系统的工作电路如图 6－7 所示。该电路由充电桩控制器、接触器（K_1、K_2、K_3、K_4、K_5、K_6）、电阻（R_1、R_2、R_3、R_4、R_5）、开关 S、非车载充电机和整车充电器组成。图中 K_1、K_2 为充电桩高压正、负继电器；K_3、K_4 为充电桩低压唤醒正、负继电器；K_5、K_6 为电池高压正、负继电器；检测点 CC1 提供充电桩检测快速插头与车辆连接状态识别信号；检测点 CC2 提供车辆控制器（VCU）检测快充插头与车辆连接状态识别信号。

当车辆处于直流充电模式时，直流充电机（在直流充电桩内）与新能源汽车电池管理系统（BSM）进行通信，当通信连接确认无误后，BSM 与直流充电机就电压、电流等参数进行交流。BSM 将动力电池的充电需求通知直流充电机，直流充电机又将供电需求通知 BSM，当两者通电正常并且符合充电要求时，直流充电机启动并输出电能对动力电池进行充电。当动力电池充满以后，通过数据端口通知直流充电机，直流充电机停止输出电能同时停止计费。

直流快充过程主要分为以下几个阶段。

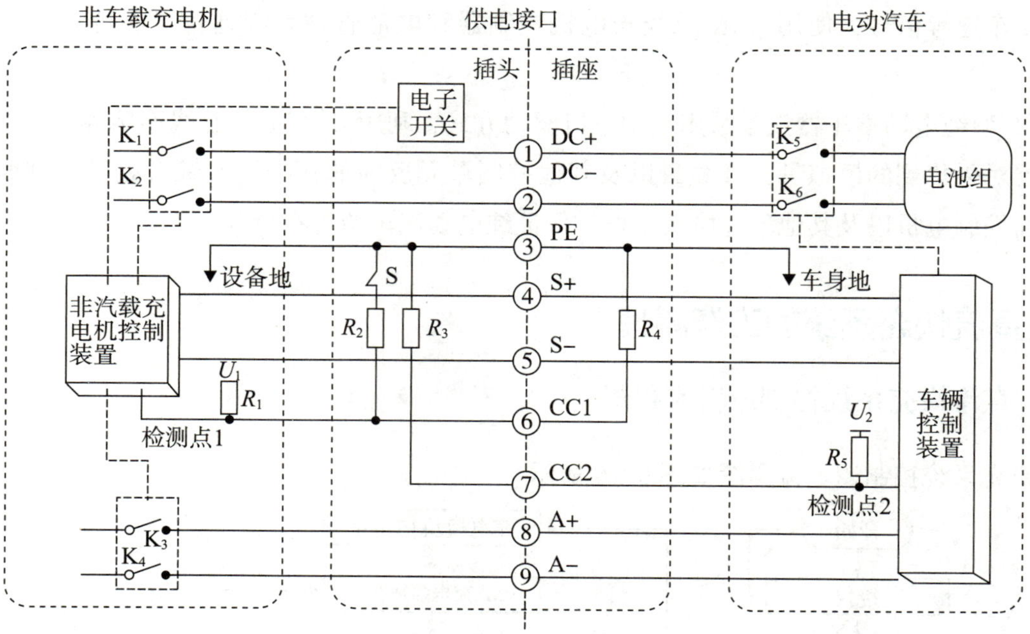

图 6－7　直流快充系统工作电路

1. 握手阶段

按下充电枪枪头按键，插入车辆插座，再放开枪头按键。直流供电设备通过 CC1 回路电压检测 DC 直流枪头是否插接良好，并提供低压辅助电源给整车供电激活，BMS、VCU 上电工作；BMS 通过 CC2 回路电压检测 DC 直流枪头是否插接良好（图 6－7）。

图 6－7 中监测点 1 用于检测 12 V－6 V－4 V 的电平变化，一旦检测到规定的 4 V 电压时，充电桩将判断充电枪插入成功，见表 6－2，直流充电桩即确认 DC 直流枪头插接良好，并将充电枪中的电子锁锁定，防止枪头脱落。

表 6－2　检测点 1 的电压状态

检测点 1 的电压	S 开关状态	枪头与座的状态
12 V	断开	断开
6 V	闭合	断开
6 V	断开	结合
4 V	闭合	结合

若无问题则开始周期性发送通信握手报文，闭合接触器 K_1、K_2，输出绝缘检测电压，进行绝缘检测。充电桩与车辆连接可靠后，K_3、K_4继电器闭合，充电桩输出 12 V 低压唤醒电源到车辆控制器 VCU，完成控制任务。

2. 参数配置阶段

在车辆接口完全连接后就可以开始进行绝缘检测，充电机和 BMS 进入参数配置阶段。充电机向 BMS 发送充电机最大输出能力的报文，BMS 根据充电机最大输出能力判断是否能够进行充电。直流充电控制电路推荐参数见表 6－3。

表 6-3　直流充电控制电路推荐参数

对象	参数	符号	单位	标称值	最大值	最小值
直流快充桩	R_1等效电阻	R_1	Ω	1000	1030	970
	上拉电压	U_1	V	12	12.6	11.4
		U_{1a}	V	12	12.8	11.2
		U_{1b}	V	6	6.8	5.2
	检测点 1 电压	U_{1c}	V	4	4.8	3.2
车辆插头	R_2等效电阻	R_2	Ω	1000	1030	970
	R_3等效电阻	R_3	Ω	1000	1030	970
车辆插座	R_4等效电阻	R_4	Ω	1000	1030	970
电动汽车	R_5等效电阻	R_5	Ω	1000	1030	970
	上拉电压	U	V	12	11.4	11.4
	检测点 2 电压	U_{2a}	V	12	11.2	11.2
		U_{2b}	V	6	5.2	5.2

3. 充电阶段

充电配置完成后，充电机和 BMS 进入充电阶段。在整个充电阶段，BMS 实时向充电机发送电池充电需求，充电机会根据电池充电需求实时调整充电电压和充电电流以保证充电过程正常进行。在充电过程中，充电机和 BMS 相互发送各自的充电状态；除此之外，BMS 根据要求向充电机发送动力蓄电池具体状态信息及电压、温度等信息。单体动力电池电压（BMV）、动力蓄电池温度（BMT）、动力蓄电池预留（BSP）为可选报告，充电机不对其进行报文超时判定。

BMS 根据充电过程是否正常、电池状态是否达到 BMS 自身设定的要求、充电结束条件是否满足，以及是否收到充电机中止充电报文（包括具体中止原因、报文参数值全为 0 和不可信状态）来判断是否结束充电。充电机根据是否收到停止充电指令、充电过程是否正常、是否达到人为设定的充电参数值，或者是否收到 BMS 中止充电报文（包括具体中止原因、报文参数值全为 0 和不可信状态）来判断是否结束充电。

4. 充电结束阶段

车辆会根据 BMS 是否达到充满状态或是收到充电桩发来的“充电桩中止充电报文”来判断是否结束充电。当确认充电结束后，充电机和 BMS 进入充电结束阶段。在此阶段 BMS 向充电机发送整个充电过程中的充电统计数据，包括初始和终了时的电池 SOC、电池最低电压和最高电压。充电机收到 BMS 充电统计数据后，向 BMS 发送整个充电过程中输出电量、累计充电时间等信息，最后停止低压辅助电源的输出。充电结束后，当车辆控制装置判断动力电池已经充满时，会将该信息通过 S+ 和 S- 发送给充电桩,充电桩断开 K_1、K_2 接触器，同时车辆控制器断开 K_5、K_6 接触器，充电过程结束。

与交流充电一样，车辆快充系统也具有充电枪锁功能。充电枪插入充电接口后，只要驾驶员按下智能钥匙闭锁按钮，充电枪防盗功能将开启，此时充电枪无法拔出。如要拔出充电枪，需先按下智能钥匙解锁按钮，解锁充电枪。

四、直流充电操作注意事项

（1）禁止在充电过程中拔出充电枪。

（2）禁止雨天在露天充电，以免发生危险。

（3）充电完成后，充电口盖需锁紧，避免发生异常。

（4）BMS 上报严重故障时，严禁对电池系统充电。

（5）电池过度充电和放电都会降低其使用寿命，任何使用电池的产品都不能过度放电。

（6）要掌握正确的充电时间，电池不宜过充、过放；充电时要关掉车内电源；充电时避免充电插头发热。

（7）虽然电池组都设计有保护系统，但如果经常把车子开到“亮红灯”的情况，必定会影响电池组的寿命。

（8）养成经常充电的习惯，不要等电力过低时再去充。一般应在 SOC 低于 30% 时进行充电，耗电过度容易影响电池寿命。

（9）纯电动汽车补充能源需要花费更长的时间，如果选择家庭充电桩充电，则需要近 8 h 才能充满电量，选择快速充电桩的话则需要 40 min 可以充满 80%。

第二节　直流快充系统常见故障的检修

一、直流快充系统常见的故障

（一）直流快充系统正常工作条件

当车辆与充电桩成功连接后，VCU 通过 CC2 信号确认连接，快充接口把唤醒信号发送给 VCU，VCU 接收信号后唤醒 BMS 并输送信号到 BMS 继电器，使得接触器闭合，即可开始充电。正常快充需要满足以下条件。

（1）充电连接确认信号 CC1、CC2 正常。

（2）高低压线束连接正常。

（3）确保 VCU 供电、搭铁正常，VCU 无故障。

（4）CAN 通信正常。

（5）确保动力电池供电、搭铁正常，BMS 无故障，动力电池电压、电流、温度等正常。

（6）快充接口唤醒 VCU 信号正常，VCU 唤醒 BMS 信号正常。

（7）VCU 控制 BMS 继电器信号正常。

（二）直流快充系统常见故障现象

下面以北汽 EV150 车辆为例，介绍新能源汽车在使用的过程中，直流快充系统的常见故障现象诊断与排除方法。

（1）充电桩显示车辆未连接。检查快充口 CC1 端与 PE 端是否有 1 kΩ 电阻；检查快充口导电层是否脱落；检查充电枪 CC2 与 PE 是否导通。

（2）动力电池继电器未闭合。检查充电桩输出正极唤醒信号是否正常；检查充电桩输出负极唤醒信号与 PE 是否导通；检查充电桩 CAN 通信是否正常。

（3）电池继电器能正常闭合，但无输出电流。检查充电桩与动力电池 BMS 软件版本是否匹配；检查高压连接器及线缆是否正确连接；用汽车故障诊断仪查看充电监控状态，以北汽新能源 EV 系列车辆为例，充电监控状态见表 6－4。

表 6－4　充电监控状态表

名称	当前状态	名称	当前状态
动力电池充电请求	请求充电	动力电池加热状态	停止加热
动力电池加热状态	未加热	充电机当前充电状态	正在充电
动力电池当前充电状态	充电状态	充电机输出端电流	7.5 A
动力电池允许最大充电电流	10.0 A	充电机输出端电压	335. 30 V
动力电池加热电流请求值	6.0 A	充电机输出端过压保护故障	正常
动力电池允许最高充电电压	370.00 V	充电机输出端欠压保护故障	正常
剩余充电时间	0 min	充电机输出电流过流保护故障	正常
CHC 初始化状态	已完成	充电机过温保护故障	正常

（4）DC/DC 转换器不工作。检查连接器是否正常连接；检查高压熔断丝是否熔断；检查使能信号输入是否正常（12 V）。

（5）快充与车辆无法通信。检查唤醒线路保险丝是否损坏、搭铁点搭铁是否不良；检查快充枪、快充接口、快充线束、低压电器盒、整车控制器、低压控制插件等部件的针脚是否损坏、退针、烧蚀等；检查动力电池和数据采集终端快充 CAN 总线间的电阻是否异常等。

（6）快充与车辆通信正常，但无充电电流。检查快充继电器线路保险丝、主保险丝、低压电器盒、快充线束是否损坏；检查动力电池 BMS 快充唤醒是否失常等。

二、故障诊断思路

（1）对快充系统进行基本检查。首先对快充接口、快充线束、动力电池的连接情况进行检查，查看是否有元件烧蚀、损坏以及线路短路、断路情况发生。

（2）使用故障诊断仪读取故障代码。使用故障诊断仪读取故障代码及故障说明，并分析数据流，缩小故障范围。

（3）对于无法通信故障的排除思路。首先检查线路连接情况，然后检查快充系统各部件的低压辅助电源、连接确认信号以及快充 CAN 线路等的针脚情况、电压、电阻等是否符合要求。

（4）对于可以通信却没有充电电流故障的排除思路。汽车、充电桩可以通信，表示汽车无低压通信故障，首先检查高压供电线路的保险、线束、继电器等有无问题，然后检查动力电池连接插件的电压、动力电池 BMS 快充唤醒信号是否正常。

三、直流快充系统故障的检修

（一）快充桩与车辆无法通信故障的检修

（1）用故障诊断仪访问车载充电机，查看是否有 DTC，有则根据 DTC 提示进行维修。

（2）检查快充接口是否有烧蚀、损坏现象；检查各端子的导电圈是否脱落；检查充电插座和充电插头的连接是否松动。如出现异常，则进行修理。

（3）检查车辆软件版本，确保整车控制器（VCU）和动力电池管理系统（BMS）软件版本号为最新，快充测试连接良好。

（4）检查快充接口搭铁情况。如果快充接口 PE 端子与车身连接不良，可能会出现充电桩无法操作、无法与车辆通信的问题。测量快充接口 PE 端子与车身负极搭铁的阻值，应小于 0.5 Ω。如果阻值不符，则有可能是螺栓松动、接触面锈蚀、螺纹处油漆未处理干净等原因造成的。如果 PE 端子与搭铁线端子完全不导通，则应更换快充接口的线束。

（5）测量快充接口 CC1 与 PE 端子之间的阻值是否为（1 000 ± 50）Ω，如果阻值与标准值不符，则更换快充线束；如正常，则继续进行下面的步骤。

（6）检测唤醒信号，操作步骤如下。

① 将车辆与快充桩连接好，测试充电唤醒信号是否正常。如果仪表未显示唤醒，则首先测量 BV21 插件 5 号端子是否有唤醒电压，如图 6－3 所示。如果无电压，则应断开充电枪，在点火开关处于关闭状态下，检查快充线束端子有无退针、锈蚀、接触不实等现象；检测 BV21 到 BV20 插件线束是否正常，发现问题须及时修复。

② 如果线束端子没有问题，则测量快充接口 SO83 接口 5 号端子到 CA70 插件 4 号端子是否导通。如不导通则进行分段测量，并更换相关线束；如导通则继续进行下一步骤。

③ 根据电路图 6－8，继续测量 CA69 插件 4 号端子、3 号端子到 CA66 插件 8 号端子、7 号端子是否导通，如不导通则应检查并修复线束，在不能有效修复的情况下需要更换线束。

（7）检测确认信号。检查完快充唤醒信号及相关线束都正常，若车辆仍旧不能通信，则需要对车辆端连接确认信号，进行如下检测。

① 测量快充接口（CC2）端子与快充线束的 BV21 接口 2 号端子是否导通。如不导通则检查有无退针，必要时修复，无法修复则更换快充线束；如导通则继续对低压电机线束进行检测。

② 测量 SO83 插件 2 号端子与 BMS 的 CA70 插件 3 号端子间的阻值，应小于 0.5 Ω，如不符合标准，则对线束进行检查并修复，不能有效修复则更换。

（8）检查通信线路。对车辆进行快充测试，如不能通信则继续检测。关闭点火开关，测量快充接口 CAN－H、CAN－L 端子间的阻值是否为（60 ± 5）Ω，如果阻值不符，则根据电路图检查如下相关电路。

① 测量快充接口 4 号端子和快充线束 BV21 接口 3 号端子是否导通，如果不导通，则更换快充线束。

② 测量快充接口 5 号端子和快充线束 BV21 接口 4 号端子是否导通，如果不导通，则更换快充线束。

③ 测量 SO83 接口 3 号端子和 4 号端子之间的阻值是否为（60 ± 5）Ω，如果不符合，则根据电路图继续检测。

④ 测量 SO83 接口 3 号端子、4 号端子分别与动力电池 BMS CA70 插件 1 号端子、2 号端子之间的电阻值（应小于 0.5 Ω），如不符合标准，则检查插件端子有无锈蚀或虚接现象，有则对线束进行修复，无法修复的更换线束总成。

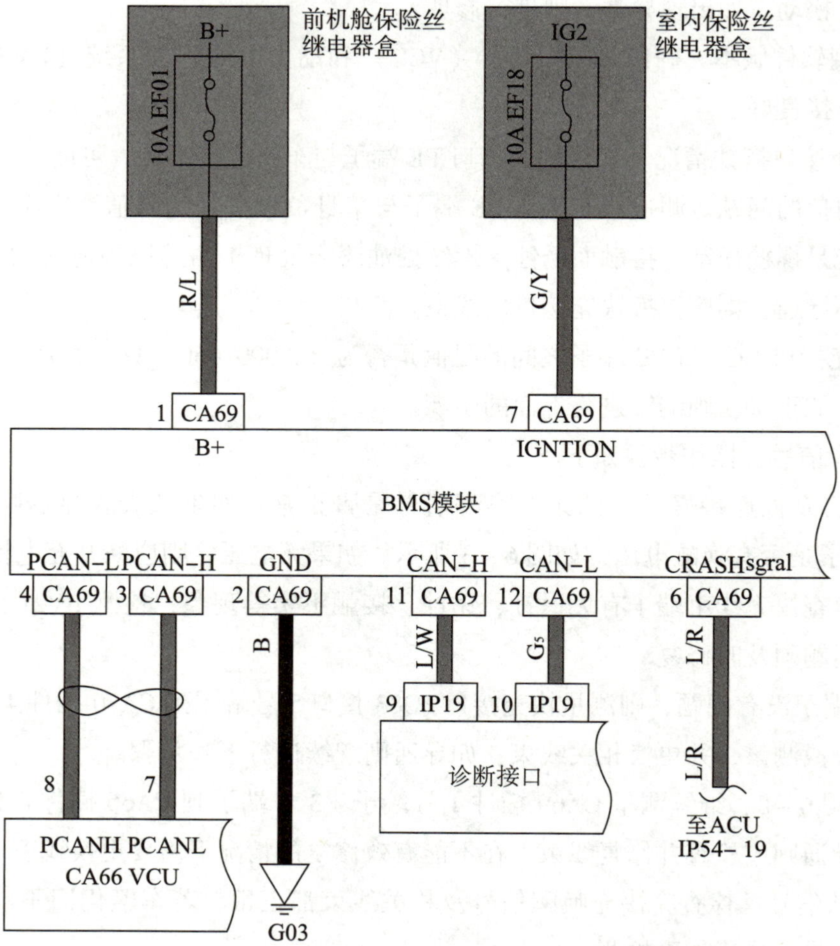

图 6－8　VCU 和 BMS 连接的电路简图

⑤ 测量诊断接口 CAN 总线间的电阻值，如果不在（60±5）Ω 范围内，根据快充 CAN 总线所涉及的终端电阻和线束走向进行检查。CAN 总线上，分别在数据采集终端和动力电池管理系统之间并联，2 个终端电阻并联后的电阻值应是 60 Ω。

⑥ 测量数据采集终端 20 芯插件 A 的 1、2 端子之间的电阻值，应为（120±5）Ω，如不符合则需要更换数据采集终端；符合则进入下一步骤。

（9）测量快充接口 A－号端子的接地情况。测量快充接口 A－号端子与车身负极之间的电阻值，应小于 0.5 Ω；如果阻值不符，则按照如下步骤进行检测。

① 检查 BV21 插件与 SO83 插件是否有退针、虚接现象，用专用端子测试工具进行测试，看端子是否有母端连接过松现象。

② 检查动力电池低压线束的搭铁点有无螺栓松动、接触面锈蚀、螺纹处油漆未处理干净等问题。

③ 测量动力电池 BMS 的 CA70 插件 5 号端子和搭铁端子之间的电阻值，应小于 0.5 Ω，如测量值与标准不符则检查线束并修复，如不能有效修复则更换低压电机线束。

（二）充电桩与车辆典型故障的检修

充电桩与车辆可以进行通信，但充电电流为 0 A，该故障的检测与排除流程如下。

（1）检查充电枪与充电接口的连接是否松动，充电接口、导电接口是否有烧蚀、损坏现象，有则进行修复。

（2）用故障诊断仪读取故障码，查看是否有 DTC，有则根据 DTC 提示进行维修。快充故障部分故障代码及说明见表 6－5。

表 6－5　快充故障部分故障代码及说明

故障码	故障说明
P15E094	充电故障：快充异常，终止充电
P159D－01	充电故障：快充设备故障
P159C－00	快充预充失败
P15D2－94	整车非期望的整车停止充电
P15D3－83	充电机与 BMS 功率不匹配，无法充电

（3）检查快充线束通断，步骤如下。

① 测量 BV20 插件 1 号端子到 BV23 插件 1 号端子之间的电阻值，应小于 1 Ω，否则修复线束或者更换线束；

② 测量 BV20 插件 2 号端子到 B23 插件 2 号端子之间的电阻值，应小于 1 Ω，否则修复线束或者更换线束。

（4）测量 BV23 插件端子电压。快充桩显示充电电压，但没有充电电流，在确保安全的情况下，测量动力电池端 BV23 插件 1 号端子和 2 号端子之间的电压值，应与动力电池电压值保持一致。如没有电压，则检查 BMS 工作状态。

（5）检查 BMS 电源状态。启动开关使电源模式至 ON 状态，测量 BMS 线束连接器 CA69 的 1 号、7 号端子对车身接地的电压值，将测得电压值和标准电压值（11～14 V）进行比较，若电压值异常，则对供电线路进行进一步的检测和维修。

（6）检查 BMS 接地状态。测量 BMS 线束连接器 CA69 的 2 号端子与车身接地之间的电阻值，和标准电阻值（小于 1 Ω）进行比较。若电阻值不正常，则修理或者更换 BMS 接地线束，正常则继续进行下一步骤。

（7）检查 BMS。更换 BMS，启动开关使电源模式至 ON 状态，检查 BMS 功能是否正常。如 BMS 工作正常，则证明原本故障是由 BMS 内部故障造成的，则维修或者更换 BMS。

第三节 国内外无线充电技术发展现状

随着新能源汽车的发展和普及，世界各国纷纷研制对新能源汽车进行无线能量传输的设备和技术，实现新能源汽车的无线充电。无线充电具有安全性高、使用便捷、易于安装等优点。无线充电桩采用分散布局方式，以减小对电网的压力，可使新能源汽车充电无须固定场所，自由度更高。

一、无线充电的原理

无线充电的原理是通过近场感应，由无线充电设备将能量传导到充电终端设备，终端设备再将接收到的能量转化为电能存储在设备的电池中，如图 6－9 所示。能量传导采用的原理是电感耦合，可以保证无外露的导电接口，不仅省去设备间杂乱的传输线，对于诸如电动牙刷等经常与液体等导电介质接触的电子设备也更加安全。目前无线充电主要有电磁感应式无线充电、磁场共振式无线充电、无线电波式无线充电三种形式。

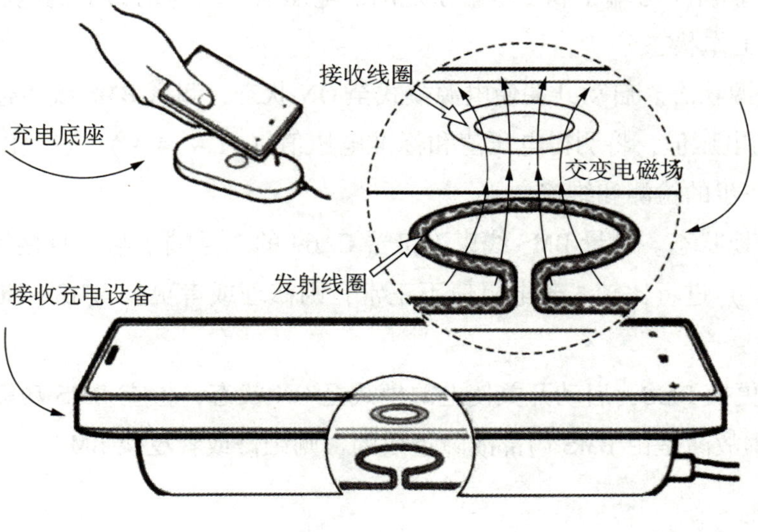

图 6－9　无线充电原理

二、电动汽车无线充电国家标准

2020 年 4 月 28 日国家标准化管理委员会发布了（GB/T38775—2020）系列电动汽车无线充电四项国家标准，包括《电动汽车无线充电系统第 1 部分：通用要求》（GB/T38775. 1—2020）、《电动汽车无线充电系统第 2 部分：车载充电机与充电设备之间的通信协议》（GB/T38775. 2—2020）、《电动汽车无线充电系统第 3 部分：特殊要求》（GB/T8775. 3—2020）、《电动汽车无线充电系统第 4 部分：电磁环境限值与测试方法》（GB/T38775. 4—2020）。该标准于 2020 年 11 月 1 日正式实行，虽然目前国内市场还没有一款支持无线充电的量产车型，但标准的出台标志着有行业标准可循，相信在不久的将来，新能源汽车无线充电会日益普及。

三、国内外发展现状

从国外车企来看，特斯拉、沃尔沃、奥迪、宝马、奔驰等传统汽车都已经开始研发或测试旗下新能源车的无线充电系统。

目前国内从事新能源汽车无线充电的企业有华为、中兴新能源、中惠创智及其他技术公司和科研院校。上汽荣威、比亚迪、北汽新能源等主流车企也都对新能源汽车无线充电系统进行了研发测试。如中兴新能源等多家无线充电技术领域领先者共同参与，一同进行标准编制。这次国家标准的制定将为新能源汽车无线充电技术提供导向作用，并加强行业管理与指导，进一步推动无线充电桩的普及和应用，助力新能源汽车步入无线充电的时代。

四、典型案例

（一）特斯拉无线充电系统

特斯拉为 Modle S 推出的大功率无线充电系统（plugless power，PP）的充电功率可达 7. 2 kW。每小时为 Model S 充入的电量可以提供 32 km 的续航里程。这套系统为电磁感应式，被设计成了类似扫地机器人的模块形状。使用时车主需将车辆停在该无线充电模块上，此时固定在地面的无线充电模块和车内加装的约 16 kg 的无线充电模块接收端便可以开始工作，为 Model S 充入电能。

（二）沃尔沃无线充电系统

沃尔沃无线充电系统的充电站包括地面上的充电器与安装在车身底盘上的感应装置。该系统使用线圈制造电磁场进行充电。通过在一辆 88. 2 kW 的电动版 C30 实际测试中显示，采用无线充电技术的电动车充电时间可以缩短至最小 2. 5 h，利用无线充电技术的充电时间比有线充电的时间大为缩减。

（三）奥迪无线充电系统

奥迪采用可升降的感应式无线充电系统，其原理是充电板内的交变磁场将交变电流感应至集成在车内次级线圈的空气层中，实现电网电流逆向并输入到车辆的大功率无线充电系统中。充电时间与电缆充电所需的充电时间大致相同，当电池组充满电时，充电将自动中止。用户可以随时中断充电并使用车辆。

奥迪电动汽车驶入车位后即可自动开始充电，充电技术效率超过 90%，而且不受雨雪或结冰等天气因素的影响。因交变磁场只有当车辆在充电板上方时才会进行充电，因此不会对人体或动物构成伤害。若在公路上设有感应线圈，则可以一边行驶一边充电。

（四）宝马无线充电系统

宝马在2017年首次展示了无线充电功能，一年后在德国试行。宝马无线充电系统包括可安装在车库或室外停车位的感应充电基板和固定在车辆底部的车辆感应线圈。充电基板和感应线圈之间的非接触式能量传输可在8 cm左右的距离内进行。其原理是：充电基板生成磁场，车载感应线圈感应电流，从而为高压电池充电。宝马无线充电系统能产生电磁场，将电力从底座传输至车辆底座。该充电系统功率为3.2 kW，530eiPerformance插电式混动汽车可在3.5 h内完成充电。

（五）中兴无线充电系统

中兴通讯的无线充电系统是大功率充电系统，通过非接触的电磁感应方式进行电力传输。当充电车辆在大功率无线充电停车位停下后，就能自动通过无线接入大功率无线充电场的通信网络，建立起地面系统和车载系统的通信链路，可完成车辆鉴权和其他相关信息交换。充电位也可以通过有线或无线的方式和云服务中心进行互联。一旦出现充电和受电的任何隐患，地面充电模块将立即停止充电并报警，确保充电过程安全可靠。最重要的是，大功率无线充电系统在车辆运行时完全不工作，即使车辆在上面驶过，或者在雷雨等恶劣天气情况下，也能确保安全。

中兴大功率无线充电系统具有4个方面的优势：充电不占场地，全自动无人值守，不增加车辆自身重量，良好的电池保护功能。一辆车充满电量需要5~6 h，一次充电车辆可以运营200 km以上。

实践操作

直流快充充电操作与拆装

1. 实训要求

（1）能在EV450/EV200车辆上找到快充系统的零部件，并能正确断开和连接各个插接器。

（2）能指出EV450/EV200汽车直流充电电流的回路。

（3）能够进行直流充电操作。

（4）培养科学的态度，能够分工协作，注意安全防护，可独立完成任务。

2. 实训准备

（1）实训用车（吉利EV450或北汽EV200）车型。

（2）防护装备：绝缘鞋、绝缘手套、护目镜、穿绝缘着装。

（3）专用修车工具：汽车故障诊断仪、万用表、灭火器等。

（4）手工常用工具。

（5）辅助材料。

3. 实训内容

（1）指出 EV450/EV200 直流快充电系统零部件的位置，并说出作用。

（2）直流快充充电基本操作。

（3）直流快充线束的拆卸。

（4）直流快充线束的安装。

4. 实训步骤

（1）指出直流快充电系统零部件的位置，并说出作用。

步骤 1：做好作业区域隔离和安全防护。

步骤 2：打开机舱，进行高压禁用操作。

步骤 3：找到直流快充系统相关连接器，并指出连接器连接线束的去向（EV450 车型）。

BV20：________________　　BV21：________________

BV23：________________　　CA69：________________

CA70：________________

步骤 4：打开直流快充接口，指出其各管脚名称及功能。

步骤 5：断开直流快充线束 BV23、CA60、CA70 插件，测量快充线束的绝缘性（EV450 车型）。

步骤 6：正确连接各接插件，进行高压上电，检查车辆状况。

（2）直流快充充电基本操作。

步骤 1：打开智能钥匙解锁开关，进入车内。

步骤 2：检查仪表工作状况，是否有故障指示灯亮，如有请记录。

步骤 3：检查直流充电桩，连接充电枪。

步骤 4：打开快充口盖，取下罩盖，检查充电座。

步骤 5：将直流充电枪插入充电座，观察充电指示灯是否正常。

步骤 6：停止充电，取出充电枪，盖好交流充电盖。

（3）直流快充线束的拆卸。

步骤 1：检查穿戴防护用品，做好场地安全警示和车辆防护。

步骤 2：断开蓄电池负极并包扎好。

步骤 3：断开交流充电机 OBC 上的动力母线 BV17，用万用表检查 BV17 端口信号，并包好插接件。

步骤 4：拆卸左后轮及轮罩板。

步骤 5：断开动力电池上的直流充电高压线束连接器 BV23。

步骤 6：拆卸直流充电高压线束支架的固定螺栓、螺母，脱离直流充电高压线束支架。

步骤 7：拆卸动力电池左防撞梁螺栓，脱离直流充电高压线束固定线卡。

步骤 8：脱离直流充电高压线束的 4 个固定线卡。

步骤 9：拆卸左轮直流充电高压线束支架的固定螺栓和固定线卡。

步骤 10：断开直流充电插座低压线束连接器 SO83。

步骤 11：拆卸直流充电插座搭铁线束的固定螺栓，脱开搭铁线束（黄色）。

步骤 12：拆卸直流充电插座的 4 个固定螺栓，取出直流充电插座盖。

步骤 13：断开直流充电插座总成。

（4）直流快充线束的安装。

步骤 1：检查线束的绝缘，检查线束、插座接触是否良好。

步骤 2：放置直流插座充电总成，紧固插座的 4 个固定螺丝。

步骤 3：连接直流充电插座线束连接器 SO83，紧固直流充电插座搭铁线束的固定螺栓。

步骤 4：安装高压线束支架紧固螺栓。

步骤 5：安装直流充电高压线束，扣好卡扣。

步骤 6：安装紧固直流充电高压线束防撞梁支架及其他线束支架。

步骤 7：安装直流充电高压线束连接器 SO23。

步骤 8：安装左前轮及轮罩板。

步骤 9：连接车载充电机高压母线连接器 BV17。

步骤 10：连接蓄电池负极，检查车辆上电情况。

步骤 11：对车辆进行直流充电，检查充电状况。

步骤 12：进行 5S 操作。

课程思政

兰州首座电动汽车充电站实现智能快充

电动汽车能像手机一样快速充电吗？这个备受车企、车主关注的问题，近日在兰州有了新突破。记者从国网甘肃综合能源服务有限公司获悉，由该公司运营的兰州市第一座电动汽车充电站——国网兰州段家滩充电站于 2022 年 10 月 1 日完成提档升级，全面适配新能源车辆智能快充。

“充电慢”是新能源车的痛点，高电压平台和超充桩是实现大功率快充的主要方案。今年以来，为引领新能源汽车充电服务，国网甘肃综合能源服务有限公司依托投运 12 年的国网兰州段家滩充电站展开攻坚，打造目前行业最先进的电动汽车充电站。经过前三季度的努力，该充电站采用目前最先进的充电技术，配置智能群充装置 5 套，每套配置 6 个或 8 个充电枪，单枪充电功率最高达到 180 kW，充电电压达到 750 V。升级后的充电站拥有直流快充车位 34 个、交流慢充车位 6 个，可同时为 40 辆电动汽车提供充电服务，全面适配新能源车辆充电。

据国网甘肃综合能源服务有限公司车辆运营部经理李明介绍，目前主流快充桩支持的是60 kW或者 120 kW，通常情况下，可在 15 分钟到 1 个小时内实现补能 200 公里。而 750 V 电压 + 智能群充方案，支持120 kW以上的超级快充，从而使充电时间大大缩短。升级后的每个充电枪均搭载智能运行技术，可应用动态功率算法和精准运行策略满足不同类型车辆的充电需求。即每个充电枪插入汽车充电端口后，能自动计算出充电车充电电流需求情况，并自动匹配最大输入电流，实现多终端最快速同时充电，每日提供充电服务超过850台次。而车主用手机下载相关充电APP，可对车辆充电情况实时掌握，及时做出车辆使用选择。

家住周边的新能源汽车车主史先生说："我的车电池电量是80千瓦时，可跑里程约450公里。之前每次在这里用直流充电桩充电需3个多小时才能充满，现在只要约50分钟，省时高效。"

同时，国网兰州段家滩充电站还利用光伏发电系统为充电车辆提供能源，同时通过市场化交易购入绿色清洁电能，成为甘肃省新能源汽车充电站"零碳"运营示范站。

李明表示，我们将持续做好国网兰州段家滩充电站运营安全管理，为新能源汽车提供更加便捷高效的充电服务。发挥企业优势，加快推动全省充电基础设施建设，服务能源清洁低碳转型，助力"双碳"目标。

（来源：甘肃日报）

思考练习

一、填空题

1. 直流充电桩的整体系统由________、________、________、直流充电桩管理服务平台四部分组成。

2. 直流充电桩由计费控制单元（PCU）、________、________、读卡器、彩色液晶屏、直流电能表、充电电缆、直流充电接口等组成。

3. 当车辆与充电桩成功连接后，VCU通过CC2信号确认连接，快充接口把唤醒信号发送给________，________接收信号后唤醒BMS并输送信号到BMS继电器，使得________闭合，即可开始充电。

4. 无线充电的原理是通过________，由无线充电设备将能量传导到充电终端设备，终端设备再将接收到的能量转化为电能存储在设备的电池中。

二、简答题

1. 简述直流快充系统的工作原理。

2. 简述直流充电操作注意事项。

3. 简述无线充电的原理。

第七章 充电连接装置的构造与检修

本章导读

充电连接装置是新能源汽车充电时，连接新能源汽车和新能源汽车供电设备的组件，除电缆外，主要包括供电接口、车辆接口、缆上控制保护装置和帽盖等部件。本章主要学习充电连接装置的构造与检修，通过本章的学习，学生应能够描述新能源汽车充电连接装置的组成，能对新能源汽车充电连接装置故障进行分析。

学习目标

◎**知识目标**

1. 了解充电连接装置的功用。
2. 掌握充电连接装置的组成。
3. 掌握充电连接装置的使用。

◎**技能目标**

能够对充电连接装置进行检修。

素质目标

1. 通过对典型前沿产品的体验，培养个人自信心及民族自豪感。
2. 引导学生对新时代汽车维修产业可持续发展的正确认识和认知。

第一节　充电连接装置的认知

充电连接装置

一、充电连接装置的概念

（一）充电连接装置

充电连接装置是新能源汽车充电时，连接新能源汽车和新能源汽车供电设备的组件，除电缆外，主要包括供电接口、车辆接口、缆上控制保护装置和帽盖等部件，如图 7－1 所示。

图 7－1　充电连接装置

（二）充电接口

充电接口是充电连接装置中，除电缆、电缆控制盒（如果有）之外的部件，包括供电接口和车辆接口。

（三）供电接口

供电接口是能将电缆连接到电源或新能源汽车供电设备的器件，由供电插头和供电插座组成。

（四）供电插座

供电插座是供电接口中和电源供电线缆或供电设备连接在一起且固定安装的部分。

（五）供电插头

供电插头是供电接口中和充电线缆连接且可以移动的部分。

（六）车辆耦合器

车辆耦合器是能将电缆连接到新能源汽车的器件，由车辆插头和车辆插座组成。

（七）车辆插座

车辆插座是车辆接口中固定安装在新能源汽车上，并通过电缆和车载充电机或车载动力蓄电池相互连接的部分。

（八）缆上控制盒

缆上控制盒是安装在充电连接装置上靠近供电插头一侧，且至少具有连接确认、漏电保护等控制功能的装置。

二、电缆

新能源汽车充电有交流充电和直流充电两种方式，对应的，有交流新能源汽车充电电缆和直流新能源汽车充电电缆两种类型的电缆。交流充电大多是普通充电，时间较长，而直流充电大多属于快速充电，充电时间短，方便快捷。对电缆结构来说，直流充电电缆比交流充电电缆多了一对充电通信线芯，属于综合电缆。

在新型环保节能新能源汽车充电电缆的设计中，最主要的就是保证新能源汽车充电电缆自身的耐热性、耐寒性、高韧性、耐磨性等特点，只有这样才能够确保新能源汽车充电电缆在各种各样的复杂环境下正常工作，并且持续对新能源汽车进行充电。新能源汽车充电电缆产品总体的结构设计，必须要按照新能源汽车的设计技术规范来进行分析，确保新能源汽车充电电缆的额定电压在 750 V 以下，并且利用直流 1.0 kV 以及以下的充电系统。此外，为了能够提高充电的效率，可以设置 2 ~ 5 组的动力线芯。充电电缆结构示意图如图 7 – 2 所示。

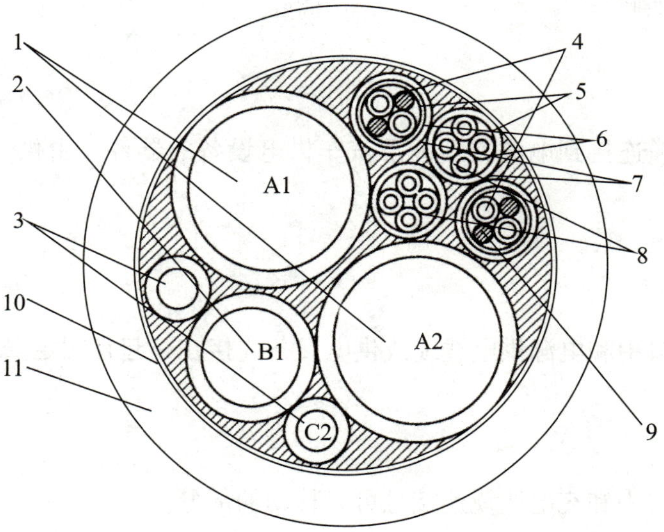

1—70 mm² 绝缘线芯；2—25 mm² 绝缘线芯；3—4 mm² 绝缘线芯；4—0.75 mm² 绝缘线芯；
5—铝塑带绕包屏蔽；6—镀锡铜丝编织屏蔽；7—内衬层；8—1.0 mm² 绝缘线芯；
9—填充绳；10—无纺布包带层；11—外护层。

图 7 – 2　充电电缆结构示意图（一）

（一）导体

为了满足电缆弯曲、移动的性能要求，动力线芯的导体采用性能符合 GB/T 3956—2008《电缆的导体》中规定的第6类镀锡软铜线，绞合方式采用复合绞。由于相同截面积的绞线单线根数越多，绞线越柔软，所以应选用单线直径较小的铜线绞合。

（二）绝缘及信号线内衬层

绝缘及信号线内衬层采用具有动态硫化性的热塑性弹性体TPV，其结构特点是连续相EPDM细小粒子分散于分散相PP之中，相界面张力小，粒子分散均匀，空隙小，产品不易形变和应力开裂，具有极优的耐臭氧、耐热、耐酸碱、耐油、耐溶剂及抗动态疲劳等性能。同时，TPV的密度小、易加工、绿色环保、可回收使用，是一种性能优良的绝缘材料。电缆导体长期允许工作温度为－60 ℃～125 ℃。

（三）填充和绕包带

为了增强整个新能源汽车充电电缆的应用效果，在填充和绕包带材料选择时，可以利用新型阻燃材料保证绕包带的质量明显提升，而且有助于屏蔽线头的保护，避免出现屏蔽线头刺穿绝缘层的情况。

填充采用非吸湿性阻燃材料，使电缆具有良好的低烟阻燃性。绕包带均采用具有耐刺穿性能的阻燃材料，防止编织屏蔽层金属线头刺穿，损伤线芯绝缘层，如图7－3所示。

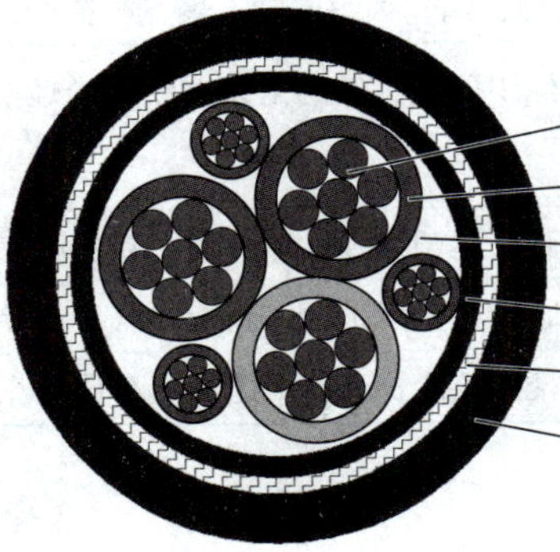

图7－3　充电电缆结构示意图（二）

（四）信号控制及通信线芯屏蔽层结构

信号控制线芯和通信线芯外设置有屏蔽层，以防在充电过程中强电流对通信及信号控制线传输产生干扰。屏蔽层采用铝塑复合带绕包和铜丝编织屏蔽的组合屏蔽形式，以达到降低屏蔽层表面的转移阻抗、提高屏蔽层抗干扰能力的目的。

新能源汽车充电电缆总屏蔽层在新能源汽车充电电缆工作时可以直接作为接地线应用，能够减少新能源汽车充电过程中产生的过电流而减少对电网的冲击，还可以直接屏蔽新能源汽车充电电缆本体产生的电磁波，避免新能源汽车在充电时产生弱电而干扰通信设备。

（五）护套层

新能源汽车充电电缆的使用环境比较特殊，为此，必须要加强护套的整体性能。护套层材料采用的是聚氨酯类热塑性弹性体 TPU，具有优异的物理、机械性能，能满足新能源汽车充电电缆的使用要求。

（六）电缆型号

电缆常用型号、名称见表 7－1。

表 7－1　电缆常用型号、名称

型号	名称
EV－ EF	乙丙橡胶（或类似合成橡胶）绝缘，氯丁橡胶（或类似材料）护套，新能源汽车传导充电系统用电缆
FV－ E90U	乙丙橡胶（或类似合成橡胶）绝缘，聚氨酯护套，新能源汽车传导充电系统用电缆
EV－WDYJYJ	低烟无卤交联聚烯烃绝缘，低烟无卤交联聚烯烃护套，新能源汽车传导充电系统用电缆
EV－SS	热塑性弹性体绝缘，热塑性弹性体护套，新能源汽车传导充电系统用电缆
EV－VV	聚氯乙烯绝缘，聚氯乙烯护套，新能源汽车传导充电系统用电缆
EV－S90U	热塑性弹性体绝缘，聚氨酯护套，新能源汽车传导充电系统用电缆
EV－EFPF	乙丙橡胶（或类似合成橡胶）绝缘，铜丝编织屏蔽，氯丁橡胶（或类似材料）护套，新能源汽车传导充电系统用电缆
EV－E90UPU	乙丙橡胶（或类似合成橡胶）绝缘，铜丝编织屏蔽，聚氨酯护套，新能源汽车传导充电系统用电缆
EV－WDYJYJPYJ	低烟无卤交联聚烯烃绝缘，铜丝编织屏蔽，低烟无卤交联聚烯烃护套，新能源汽车传导充电系统用电缆
EV－SSPS	热塑性弹性体绝缘，铜丝编织屏蔽，热塑性弹性体护套，新能源汽车传导充电系统用电缆
EV－S90S90PU	热塑性弹性体绝缘，铜丝编织屏蔽，聚氨酯护套，新能源汽车传导充电系统用电缆
EV－VVPV	聚氯乙烯绝缘，铜丝编织屏蔽，聚氯乙烯护套，新能源汽车传导充电系统用电缆

三、供电接口与充电口

（一）供电接口

新能源汽车的供电接口包括供电插头和车辆插头两部分。比亚迪 E5 纯电动汽车供电插头采用的是国标 7 孔母座，车辆插头采用的是国标 7 孔公头，且两端能够很好地契合，具有无损电流传输，充电速度不变的优点，如图 7－4 所示。

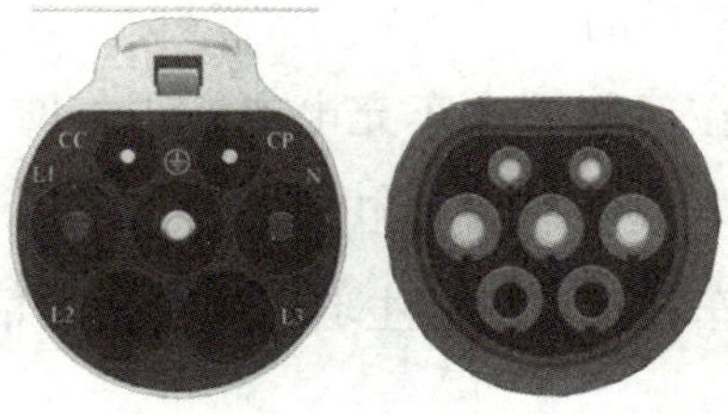

（a）公头　　（b）母头

图 7－4　供电接口公、母头

比亚迪 E5 纯电动汽车采用的充电接口采用铜合金表面镀银和顶部热塑性塑料工艺，具有防水、防尘、耐压、阻燃等优点。为避免混淆，供电插头和车辆插头采用不同的结构，供电插头有凹槽，车辆插头无凹槽，并且插头的高度不同。

比亚迪 E5 纯电动汽车充电接口，材料选用 ABS 环保原料，导电插针采用铜合金镀银，密封材料选用橡胶、硅胶，工作电流为 32 A，工作功率为 7 kW，空载插拔能够大于 10 000 次等。

知识拓展

当前市场上，充电枪有 16 A 和 32 A 两种。16 A 和 32 A 的区别：车辆交流充电功率不超过3.5 kW 的使用 16 A 充电枪，例如，比亚迪秦（油电混动）、唐，荣威 E50/E550/E950，北汽 EV150/160/200，江淮 IEV4/5/6S，奇瑞 EQ，腾势，宝马之诺/I3/530LE/X5，帝豪 EV，众泰 E200，长安逸动 EV，沃尔沃S60L，大众高尔夫 GTE、2016 款知豆 D1/D2，东风 E30L，广汽传祺，华泰 EV 等。车辆交流充电功率可以达到 6.6/7 kW 的使用 32A 充电枪，例如，比亚迪 E5、E6、秦 EV300，北汽 EU260/ES210/EX200，启辰晨风，卡威中客，金龙、九龙客车系列等。

如果需要兼容多种车型，选购 32 A 的充电枪为宜，32 A 的充电枪适用 16 A 充电的新能源汽车，且可以更有效地减少发热量；反之，32 A 充电的新能源汽车使用 16 A 的充电枪充电速度会减半。

（二）充电口

比亚迪 E5 充电口总成隐藏在中央格栅后面，充电接口有照明灯。

交流充电口总成的作用是连接家用 220 V 插座或交流充电柜与车载充电设备，车载充电设备将高压交流电转换为高压直流电给动力蓄电池充电，如图 7－5 所示。

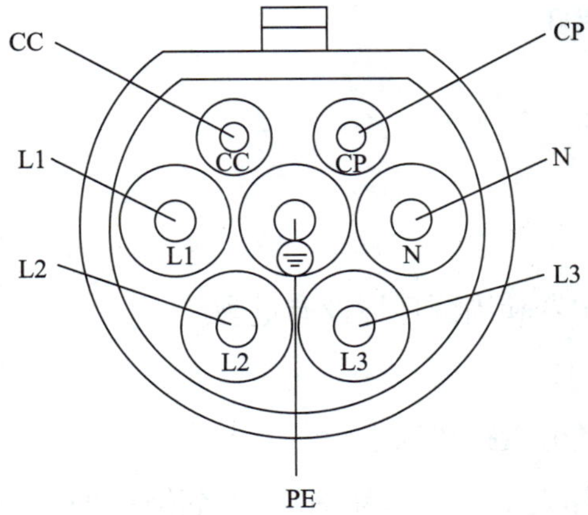

触头编号	触头标识	额定电压和额定电流	功能定义
1	L1	250 V 10 A/16 A/32 A	交流电源（单相）
		440 V 16 A/32 A/63 A	交流电源（三相）
2	L2	440 V 16 A/32 A/63 A	交流电源（三相）
3	L3	440 V 16 A/32 A/63 A	交流电源（三相）
4	N	250 V 10 A/16 A/32 A	中线（单相）
		440 V 16 A/32 A/63 A	中线（三相）
5	PE	—	保护接地（PE），连接供电设备地线与车辆电平台
6	CC	0 V~30 V 2 A	充电连接确认
7	CP	0 V~30 V 2 A	控制导引

图 7－5　交流充电口

直流充电口总成的作用是连接直流充电柜与车辆，从而用高压直流电给动力蓄电池充电，如图7－6所示。

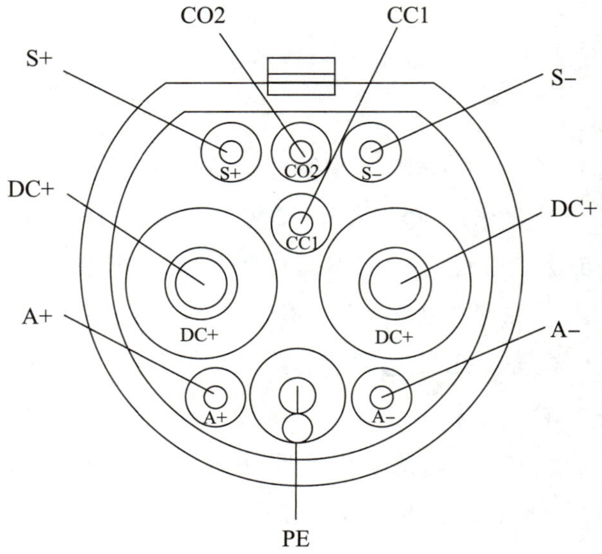

触头编号	触头标识	额定电压和额定电流	功能定义
1	DC+	750V/1000V 80A/125A/200A/250A	直流电源负，连接直流电源负与动力蓄电池负极
2	DC–	750V/1000V 80A/125A/200A/250A	直流电源负，连接直流电源负与动力蓄电池负极
3	PE	—	保护接地(PE)，连接供电设备地线与车辆电平台
4	S+	0V~30V 2A	充电通信 CAN–H，连接非车载充电机与电动汽车的通信线
5	S–	0V~30V 2A	充电通信 CAN–L，连接非车载充电机与电动汽车的通信线
6	CC1	0V~30V 2A	充电连接确认
7	CC2	0V~30V 2A	充电连接确认
8	A+	0V~30V 2A	低压辅助蓄电池正，连接非车载充电机为电动汽车提供低压辅助蓄电池正
9	A–	0V~30V 2A	低压辅助蓄电池负，连接非车载充电机为电动汽车提供低压辅助蓄电池负

图7－6　直流充电口

四、充电连接装置的一般要求与结构要求

（一）充电连接装置的一般要求

（1）充电连接装置在正常使用时应性能可靠，对使用者和周围环境没有危害。

（2）充电连接装置的使用环境温度为－30 ℃ ~ ±50 ℃。

（3）充电连接装置易触及的表面应无毛刺、飞边及类似尖锐边缘。

（4）供电插头、供电插座、车辆插头、车辆插座的外壳上应标有制造商的名称或商标、产品型号、额定电压和额定电流等信息。

（5）额定工作电流超过16 A（不含16 A）的充电连接装置，应设计有控制导引电路，且控制导引电路处于正常工作状态时，充电连接装置应不会出现带载分断。

（6）采用连接方式B时，供电接口和车辆接口应有清晰可见的不同标识以进行区分。

（二）充电连接装置的结构要求

（1）供电插头、供电插座、车辆插头和车辆插座应有配属的保护盖，这些保护盖与其配属的部件之间应有起固定连接作用的附件装置（如链、绳等），且不使用工具时应不能拆卸。

（2）供电插头、供电插座、车辆插头和车辆插座应包括接地端子和触头，且在连接和断开过程中，接地触头应最先接通和最后断开。

（3）供电插头和车辆插头的外壳应将端子和充电电缆的端部完全封闭。

（4）供电插头和车辆插头的部件（如端子、插销、壳体等）应可靠固定，正常使用时不应松脱，且不使用工具时应不能从供电插头或车辆插头上拆卸。

（5）充电接口应保证使用者不能改变接地触头或中性触头（如果有）的位置。

（6）供电插头和供电插座之间，车辆插头和车辆插座之间只能按唯一的相对位置进行插合，从而避免由于误插入引起插头和插座中不同功能的针和插套的导电部分接触。

（7）供电插头和车辆插头的电缆入口应便于电缆导管或电缆保护层进入，并给电缆提供完善的机械保护。

（8）绝缘衬垫、绝缘隔层及类似部件等应具有足够的机械强度，并应固定到外壳或本体中，且应做到：如果不将其严重损坏，则无法拆除，或设计成无法将其置于不正确的位置。

五、锁止装置

充电接口应有锁止功能，用于防止充电过程中接口意外断开。在锁止状态下，施加 200 N 拔出外力时，连接不应断开，且锁止装置不得损坏。对于直流充电接口，锁止装置应使用专用方式（机械和或电子）才能打开。

知识拓展

电子锁止装置

电子锁电源由供电设备提供并控制，应具备锁止位置反馈信号功能，以便供电设备能够正确识别出电子锁已将机械锁正确锁止或处于解锁状态。在电子锁未可靠锁止时，应能够发出故障信号，能使供电设备停止充电或不能启动充电。

电子锁功能示例如图 7－7 所示。直流充电时，车辆插头应安装机械锁，供电设备应能判断机械锁是否可靠锁止；车辆插头应安装电子锁，电子锁处于锁止位置时，机械锁应无法操作，机械锁与电子锁联动，供电设备应能判断电子锁是否可靠锁止（如电子锁反馈锁止信号）。

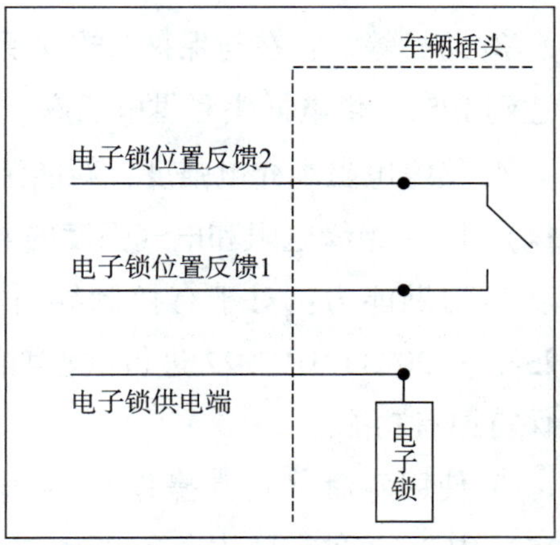

图 7－7　电子锁功能示例

六、插拔力

供电插头插入和拔出供电插座、车辆插头插入和拔出车辆插座的全过程的力均应满足以下要求：

（1）对于交流充电接口，小于 100 N。

（2）对于直流充电接口，小于 140 N。

充电接口可以使用助力装置。如果使用助力装置，在进行插入和拔出操作时，助力装置的操作力应满足上述条件。

七、防触电保护

供电插头、供电插座、车辆插头、车辆插座的防触电保护应满足（GB/T11918. 1—2014）中 9 防触电保护的要求。车辆插头和车辆插座的中性端子和控制导引端子视作带电部件，信号、数据、接地端子不视为带电部件。

当插入供电插头或车辆插头时，接地端子应最先连接；控制导引端子应在相线端子及中性端子之后连接。当拔出供电插头或车辆插头时，接地端子应最后断开；控制导引端子应先于相线端子及中性端子断开。

接地措施：新能源汽车充电连接装置的接地保护应满足（GB/T11918. 1—2014）中 10 接地措施的要求。新能源汽车充电连接装置的接地保护按照（GB/T20234. 1—2023）中 7. 5 接地措施进行短时间耐大电流测试，接地电路中的部件不应熔化、断开或破损。和接地端子相连的导线用绿 - 黄双色予以标识。接地导线和中线（如果有）的横截面积至少应等于相线导线横截面积。

① 端子：充电接口的端子应满足（GB/T 11918. 1—2014）中 11 端子和端头的要求。对于额定电流大于 250 A 的端子，应使用不可拆线方式。

② 橡胶和热塑性材料的耐老化：新能源汽车充电接口中所采用的橡胶和热塑性材料的耐老化性能应满足（GB/T 11918. 1—2014）中 13 橡胶和热塑性材料的耐老化的要求。

③ 防护等级：在与保护盖连接后，供电插头、供电插座、车辆插头、车辆插座的防护等级应分别达到 IP54。供电插头和供电插座、车辆插头和车辆插座插合后，其防护等级应分别达到 IP55。

④ 绝缘电阻和介电强度：新能源汽车充电接口的绝缘电阻和介电强度应满足（GB/T 11918. 1—2014）中 19 绝缘电阻和电气强度的要求。

⑤ 分断能力：对于有控制导引且在其正常工作时能避免带载分断的充电接口，按照（GB/T 20234. 1—2023）中 7. 22 进行试验期间，不得有引起着火或触电的危险；试验结束后，不要求充电接口保持原有功能。

⑥ 使用寿命（正常操作）：供电插头和供电插座、车辆插头和车辆插座按（GB/T 20234. 1—2015）中 7. 23 进行插拔寿命试验。试验结束后，应满足：附件或锁止装置应能继续使用；无外壳或隔板的劣化；插销上的绝缘帽无松脱；无电气连接或机械连接松脱；无密封胶渗漏；保持触点之间信号传输的连续性；介电强度性能复试满足相关要求。

表面温度：电缆组件在正常使用时表面温度不应超过规定值，按（GB/T 20234. 1—2023）中7. 24的方法进行试验，表面温度应满足如下要求：

（1）电缆组件的可抓握部位，其允许的最高温度不应超过：

金属部件：50℃；

非金属部件：60℃。充电电缆允许的最高温度可放宽至70℃，适用放宽条件时，应在充电电缆的醒目位置标有GB4943. 1的高温警告标识。

（2）电缆组件上可接触的非抓握部位，其允许的最高温度不应超过：

金属部件：60℃；

非金属部件：85℃。

电缆及其连接：充电连接装置的电缆及其连接应满足（GB/T 11918. 1—2014）中23软电缆及其连接的要求，但部分试验方法及线缆位移另有要求。

机械强度：充电连接装置的电缆及其连接应满足（GB/T 11918. 1—2014）中24机械强度的要求。

螺钉、载流部件和连接：充电接口的螺钉、载流部件和连接应满足（GB/T 11918. 1—2014）中25螺钉、载流部件和连接的要求。

爬电距离、电气间隙和穿通密封胶距离：充电接口的爬电距离、电气间隙和穿透密封胶距离应满足（GB/T 11918. 1—2014）中26爬电距离、电气间隙和穿通密封胶距离的要求。

耐热、耐燃和耐电痕化：充电接口的耐热、耐燃和耐电痕化应满足（GB/T 11918. 1—2014）中27耐热、耐燃和耐电痕化的要求。

腐蚀与防锈：充电接口的腐蚀和防锈应满足（GB/T 11918. 1—2014）中28耐腐蚀与防锈的要求。

限制短路电流耐受试验：充电接口的限制短路和电流耐受试验应满足（GB/T 11918. 1—2014）中29限制短路电流耐受试验的要求。

车辆碾压：供电插头和车辆插头，按照（GB/T 20234. 1—2023）中7. 13. 1的方法进行车辆碾压试验后，不应出现（GB/T 20234. 1—2023）中6. 2. 12. 1的损坏。

第二节 充电连接装置的要求与检修

一、新能源汽车对充电装置的要求

（1）安全性。新能源汽车充电时，要确保人员的人身安全和动力蓄电池的安全。

（2）使用方便。充电装置应具有较高的智能性，不需要操作人员过多干预充电过程。

（3）成本经济。成本经济、价格低廉的充电设备有助于降低整个新能源汽车的成本，提高运行效益，促进新能源汽车的商业化推广。

（4）效率高。高效率是对现代充电装置最重要的要求之一，效率的高低对整个新能源汽车的能量效率有重大影响。

（5）对供电电源污染小。采用电力电子技术的充电设备是一种高度非线性的设备，会对供电网及其他用电设备产生有害的谐波污染，而且由于充电设备功率因数低，在充电系统负载增加时，对其供电网的影响不容忽视。

二、检修思路

新能源汽车充电连接装置的检修思路通常是由简到繁、先易后难，并遵守“能不拆则不拆，能换不修”的原则。具体检修思路如下。对充电连接装置各部件进行外观检查；对充电连接装置各部件进行拆解；对充电连接装置拆解各部件进行检测。

三、对充电连接装置各部件进行外观检查

（一）电缆的检查

（1）检查喷码是否齐全清晰，安全编号是否正确。

（2）电缆外护套要色泽鲜亮、均匀和柔顺，其外皮应吸紧。

（3）护套与绝缘体具有弹性，不易开裂。若护套与绝缘体容易撕裂和刮伤，视为不合格。

（4）要求电缆铜芯是原色、有光泽、手感软。紫黑色、偏黄或偏白，杂质较多，机械强度差，韧性不佳，稍用力即会折断，而且电线内常有断线现象的视为不合格。

（5）导体在绝缘中的中心度应无偏心现象。

（6）屏蔽电缆的屏蔽带密度必须达标。

（7）用手拉导体应不能轻易拉出，对绝缘和护套强烈弯折不能变白，绝缘不能轻易剥离铜线的均为不合格。

（8）用鼻子闻，应是无味或是有轻微而不刺鼻的气味。

（9）电缆护套的阻燃性与机械性应达到相应要求。

（10）电缆护套外径要达标，绝缘厚度要达到标称值。

（11）电缆外观应完整无损。电缆封端应严密，当外观检查有怀疑时，应进行受潮判断或试验。

（二）充电接口的检查

（1）通过观察和手动试验，检查充电接口的外观和结构是否正常。

（2）插合供电插头和供电插座、车辆插头和车辆插座，施加 200 N 的拔出外力检验锁止装置功能是否正常。

（3）通过仪器（如弹簧秤、砝码等）测试供电插头和供电插座、车辆插头和车辆插座之间的插拔力是否正常。

（4）检查防触电保护和接地措施是否正常。

四、对充电连接装置各部件进行拆解

（一）比亚迪 E5 新能源汽车直流充电接口的更换

1. 拆装前的准备

（1）将起动开关置于 OFF 位置。

（2）断开辅助蓄电池负极连接线。

（3）拆卸维修开关，具体操作如下。

① 打开车辆内室储物盒，取出内部物品。

② 取出储物盒底部隔板。

③ 使用十字螺钉旋具将安装盖板螺钉（4 个）拧下，掀开盖板。

④ 取出维修开关上盖板。

⑤ 拉动维修开关手柄至竖直状态，向上提拉，取出维修开关。

⑥ 使用电工绝缘胶布封住维修开关插接器母端。

2. 直流充电接口的更换

（1）拆卸

① 拆卸充电接口上安装板和充电接口法兰面安装螺栓。

② 拆卸 2 个搭铁螺栓。

③ 断开高、低压插接件并拆掉扎带。

④ 取出直流充电接口。

（2）安装

① 将直流充电接口高、低压线束穿过车身安装钣金。

② 将直流充电接口安装板装上。

③ 拧紧 4 个法兰面安装螺栓。

④ 固定好高压线束扎带并接上所有高、低压插接件，拧紧 2 个搭铁螺栓。

（二）比亚迪 E5 新能源汽车交流充电接口的更换

1. 拆装前的准备

（1）将起动开关置于 OFF 位置。

（2）断开辅助蓄电池负极连接线。

（3）拆卸维修开关。

① 打开车辆内室储物盒，取出内部物品。

② 取出储物盒底部隔板。

③ 使用十字螺钉旋具将安装盖板螺钉（4 个）拧下，掀开盖板。

④ 取出维修开关上盖板。

⑤ 拉动维修开关手柄至竖直状态，向上提拉，取出维修开关。

⑥ 使用电工绝缘胶布封住维修开关插接器母端。

2. 交流充电接口的更换

（1）拆卸

① 断开交流充电接口高、低压插接件，拆掉高压线束扎带，拆卸 2 个搭铁螺栓。

② 拆卸 4 个法兰面固定螺栓。

③ 向外取出交流充电接口。

（2）安装

① 将交流充电接口线缆由外向里安装。

② 拧紧 4 个充电接口法兰面安装螺栓。

③ 接好高、低压插接件。

④ 分别扣上小支架和水箱上横梁上面的扎带孔位。

⑤ 拧紧 2 个搭铁螺栓。

五、对充电连接装置拆解各部件进行检测

对充电连接装置拆解各部件进行检测，主要是针对各线束的通断进行检测，步骤如下。

（1）确定各线束端子的作用。

（2）对各线束进行阻值测量。

实践操作

充电连接装置故障检修

1. 任务描述

一辆新能源汽车，进厂报修时的故障现象：充电过程中，时而充电，时而不充电。要求服务站给予检修。根据故障现象，这辆汽车的充电连接装置出现了故障，需要对充电连接装置进行检修。要完成这个任务需要对充电连接装置的组成部件进行拆解和检测，锻炼学生充电连接装置的动手操作能力。

2. 准备工作

（1）防护装备：隔离栏、警示牌、绝缘手套、护目镜和安全帽、绝缘鞋。

（2）实训车辆：纯电动汽车、混合动力汽车等。

（3）工具设备：充电桩、充电连接装置等。

（4）辅助资料：汽车维修手册、教材。

3. 实施步骤

根据任务要求，每 6 个人 1 组，每组选出 1 名组长，组长对小组成员进行任务分配。以小组为单位，根据实训室的车辆配置，检修典型纯电动汽车充电连接装置，完成以下相关的操作：

步骤 1：检查充电线连接确认信号是否正常；检查车载充电机供电电源是否正常（含 220 V 和 12 V）及车载充电机工作是否正常；检查充电唤醒信号输出是否正常（12 V）；检查车载充电机、VCU、BMS 之间通信是否正常（主继电器闭合、发送电流强度需求）。

步骤 2：检查动力蓄电池、单体蓄电池温度是否在 0 ℃ ~45 ℃；检查 SOC 电压差是否小于 0.3 V；检查单体蓄电池最高温度与最低温度差是否小于 15 ℃；检查实际单体蓄电池最高电压是否不大于额定单体蓄电池电压 0.4 V。

步骤 3：检查绝缘良好，阻值是否大于 20 MΩ。

① 分别拔出直流充电口总成的高压接插件和低压接插件。

② 分别测试正、负极电缆和低压线束是否导通。

③ 用万用表检查低压接插件与充电口端子阻值是否正常。

步骤 4：检查高、低压电路连接是否正常（远程控制开关关闭状态）。

提示

混合动力汽车充电连接装置的检修与纯电动汽车充电连接装置的检修过程一致，按照纯电动汽车上述步骤完成即可。

课程思政

俄罗斯电动汽车转向中国充电标准

据俄媒《生意人报》报道，俄罗斯工业和贸易部修改了电动汽车快速充电设施的要求，规定充电站必须满足中国标准 GB/T，而欧洲标准 CCS2 和日本标准 CHAdeMO 列为可选项。

根据新规定，充电站应配备三个充电接口，其中至少有一个符合中国 GB/T 标准。制造商还可以选择安装一个 CCS2 或者 CHAdeMO 标准的充电接口。

市场人士表示，目前所有俄罗斯境内的中国汽车都采用欧版充电接口。他们认为，由于欧盟对俄出口的关闭，俄罗斯寄希望于中国汽车本地化和向亚洲进口。

Sitronics Electro 公司首席执行官安德烈·古连诺夫表示，中国标准 GB/T 实质上正在取代 CHAdeMO 和 CCS2 标准。CHAdeMO 已过时，而 CCS2 因欧盟禁止出口将失去市场地位。他预测，几年后俄罗斯 70% 的电动汽车都将配置中国充电接口，俄罗斯生产的电动汽车也将配置中国充电接口。

奇瑞汽车不久前计划向俄罗斯出口电动汽车。据称，该公司已经开始调整汽车以启动 CCS 标准认证程序。然而，如今俄罗斯政府规定电动汽车充电站转向中国标准，奇瑞表示，或将修改原计划后再重返俄罗斯市场。

据报道，2021 年俄罗斯共有 545 个电动汽车充电站运行。2022—2024 年将实施 81 亿卢布的补贴计划，打算安装 2 900 个快速充电桩。最高补贴为充电站成本的 60%，但不超过 186 万卢布。充电站与电网的技术连接补贴为成本的 30%，但不高于 90 万卢布。

（来源：人民网）

思考练习

一、填空题

1. 充电连接装置主要包括电缆、________________、________________、缆上控制保护装置和帽盖等部件。

2. 电缆屏蔽层采用________________和________________编织屏蔽的组合屏蔽形式，以达到________________、________________的目的。

3. 电缆外护套要____________、均匀和柔顺，其外皮应吸紧。护套与绝缘体应具有____________，不易开裂，若护套与绝缘体容易撕裂和刮伤视为________。

4. 充电电缆铜芯是____________、____________、手感软、__________、__________或__________。

5. 充电连接装置的________和________（如端子、插销、壳体等）应可靠固定，正常使用时不应________，且不使用工具时应不能从供电插头或车辆插头上拆卸下来。

6. 充电连接装置的使用环境温度为________。

二、简答题

1. 简述充电连接装置的一般要求。

2. 简述新能源汽车充电连接装置的检修思路和原则。

第八章

新能源汽车充电站及其运行

本章导读

新能源汽车充电站是新能源汽车充电的站点。发展新能源汽车是我国走向汽车强国的必由之路，推进充电基础设施建设是落实这一战略的有力保障。本章将学习新能源汽车充电站的相关知识及其管理运行。

学习目标

◎**知识目标**

1. 了解充电站的分类。
2. 掌握充电站的结构。
3. 了解充电站的设计原则。
4. 熟悉充电设施的日常管理规范和操作管理规范。

◎**技能目标**

1. 能对充电设施进行日常巡检。
2. 能正确操作充电设施。

素质目标

1. 树立服务汽车行业、服务十四五规划、无私奉献的“爱国情”。
2. 培养学生具有良好的职业道德及行为规范。

第一节　新能源汽车充电站认知

一、充电站的分类

根据充电运行模式和规模的不同，现有的新能源汽车充电设施主要有综合类大型充电站和分散的单台交流充电机两种类型。

（一）综合类大型充电站

大型充电站规模较大、功能也较完善，配备的充电设施比较齐全，可以同时为多辆、多种类型的新能源汽车提供充电服务，而且各种充电方式（如慢速充电、快速充电或更换电池）也比较完备，可以满足新能源汽车用户的各种需求；一些充换电站不仅提供便捷的电池更换与维修服务，还具备对更换下来的低电量电池组统一充电的能力，便于提高充电速度及减少对电池的损害，待充满电后直接预备为其他有需要的新能源汽车提供电池更换服务。

大型充电站采用两路电源供电，以充分保障充电站的供电可靠性。这种充电站虽然优势非常明显，但是劣势也非常突出，如占地面积大，城区中心区域难以提供充足的建设用地，增加了建设成本和建设难度等。因此，在新能源汽车推广前期可先在公共汽车停车场内建设这类充电站，为新能源公交车提供充电服务，作为示范并逐步推广。

（二）分散的单台交流充电机

单台的交流充电机一般采用单相供电，可设置在私人住宅、办公楼宇或停车场等场所。

由于单台充电机的功率等级较小，成本较低，设备规模小，可利用现有的普通民用交流电源，无需额外配置专门的供电电源，因而可以随时随地充电，使用方便，基本不需要专门占地，建设非常方便，投资较少；由于单台交流充电机通常是在新能源汽车停止使用的夜晚进行充电，不仅可享受优惠的用电低峰电价，而且还能起到“消峰平谷”、改善电网不平衡程度的作用。但是，由于单台交流充电机的充电速度较慢，因此需要在区域内进行广泛、合理的布局并形成规模，以及统一充电机标准等，只有做到这些才能有效地促进新能源汽车的发展。

二、充电站的服务对象

新能源汽车由于无尾气污染、价格低廉等优点，不仅受到环保意识强烈的个人消费者和政府公务用户的青睐，使新能源私家汽车和新能源公务车用车的销量逐年增长，而且也在多种行业中得到了大量的应用。不同种类的新能源汽车具有不同的用途，在行驶线路、行驶里程和行驶时间上有所不同，有着各自的运行特点，因此，不同用途的新能源汽车对充电方式和充电功率等的要求也不尽相同。不同种类的新能源汽车的用途和运行特点见表 8－1。

表 8－1　不同种类的新能源汽车的用途和运行特点

种类	用途	运行特点
新能源公交车	公共交通	行驶路线、运营时段固定，一天中的行驶里程较长；客流通常在时间和空间上的分布不均衡，如客流在高峰时段和平峰时段有显著区别，在部分站点乘客流动密集等，一般在夜间停运
新能源出租车	公共交通	行驶路线、运营时间、行驶里程及客流分布不固定，有较大的随机性，每日的运行里程较长
特殊园区用车	奥运会、世博会等大型比赛及展览	行驶在一定的小范围区域内，一般有固定的行驶路线、行驶里程和运营时段，一般在夜间停运
公共事业用车	园林、环卫等部门	一般有固定的行驶线路和行驶范围，夜间停运
新能源私家车	私人出行	一般有固定的行驶线路和行驶范围，夜间停运
新能源公务车	政府公务	一般有固定的行驶线路和行驶范围，夜间停运
新能源商务车	商务通勤等	一般有固定的行驶线路和行驶范围，夜间停运
新能源工程车	市政、抢险等	每日的行驶线路和行驶里程不固定，变化较大，没有固定的运行时间

由表 8－1 可见，新能源汽车充电站的结构和运营模式取决于所服务的车辆类型及用途。

三、充电站的结构

综合的大型充电站一般具备对电池组进行随车快速充电和从车上取下后集中充电两种电能补给方式，同时还应具有完善的功能，以保证对新能源汽车的电池进行电能补给之外，还能有较高的安全等级、远程监控能力、良好的人机交互功能、电价计量与交费功能及消除因作为大功率非线性负载而导致的网侧谐波污染的能力等，因此充电站的总体结构较为复杂，主要由供配电系统、充电系统、电池调度系统、充电站监控系统和其他配套设施等组成。配套设施包括充电工作区、站内建筑、自助交易人机交互系统、消防设施和计量收费系统等。

（一）充电站的供配电系统

充电站的配电系统由 10 kV 高压配电系统和 0.4 kV 低压配电系统两部分组成，包括配电变压器、高/低压配电装置、LC 滤波器、配电柜、计量装置、配电监控系统和谐波抑制装置等设备，为新能源汽车充电机及充电站内照明、控制和办公等其他设备的运行提供所需要的电能，是整个充电站正常工作的基础。配电系统的容量应包括充电机的动力用电及监控、照明和办公等设施的用电。根据

《国家电网公司电动汽车充电设施建设指导意见》的要求，大型充电站的配电系统应符合常规配电装置的要求，电力负荷级别为2级，采用双路10 kV高压交流电源供电，不配置后备电源，10 kV侧采用单母线分段的主接线形式，并设置断路器互为备用，有两组配电变压器，输入为10 kV/50 Hz，输出为0.4 kV/50 Hz，中型充电站的进线电源采用10 kV单路供电，10 kV侧采用单母线接线的方式，采用真空断路高压开关柜，当负荷容量小于4 000 k·VA时，也可以使用负荷开关以减少投资，同时设置进线计量柜、电压互感器、避雷器柜及出线柜；小型充电站则采用单路0.4 kV电源供电，设置户外供电箱。

（二）充电站的充电系统和设备

充电系统的功能是方便、快速、安全、高效和智能的为新能源汽车的电池组补给电能，因而是整个充电站的核心部分。充电技术的提高对新能源汽车续航能力的增加和普及推广具有重要的意义。充电系统的配置必须满足各种类型电池组的充电需求，在充电区完成电能的补给，内部建设充电平台、充电机及充电站监控系统的网络接口，同时应配备整车充电机。充电设备包括非车载充电机、电池更换设备和计费装置等，用以提供电池组充电所需的电源。

充电系统的主体为电能变换器，其功能是将供配电系统提供的交流或直流电能变换为适宜动力电池充电所需的直流输出，作为动力电池组的充电电源。充电系统应能自动识别不同种类和电压等级的电池组，以便调节相应的直流输出值，满足各种电池组的充电需求，这一过程主要由电能变换环节中的控制单元和电池管理系统（BMS）完成。充电系统电能变换环节的基本原理：首先，将配电网输送的10 kV高压工频三相交流电经过配电变压器的隔离和降压转换为0.4 kV的低压交流输出；然后，进行二极管不控整流或高频PWM脉冲整流转换为直流电，再通过支撑电容的平波作用获得稳定的直流输出，并作为后级DC/DC全桥变换电路的输入，经斩波变换及LC滤波后；最终，输出为纹波很小且幅值可调的稳定的直流电，作为动力电池组的充电电源。此外，充电系统的电能变换控制部分还应实现与电能计量装置、电池管理系统、人机交互界面和充电监控系统之间的通信，以便完善充电机的充电控制和功能。

对于大型综合充电站而言，一般具备电池组随车快速充电和更换电池组两种电能补给方式。在电池组随车充电方式中，充电系统的结构相对简单，功能也比较单一，需要补给电能的新能源汽车驶入充电站后，无需拆卸电池组即可通过电缆插头与充电机连接进行充电，充电插头中的CAN总线可与新能源汽车的车载电池管理系统进行通信，进行充电控制，但是相对于将电池组拆卸后集中充电的方式，随车充电方式会降低电池组的均衡性及使用寿命，而且由于充电机数量多，监控网络复杂，导致成本升高。

一般将多个拆卸下来的电池相互串联连接成一组放置在充电平台上，每组电池通过一台充电机进行统一充电，充电机与该组电池的管理系统进行通信以便控制充电过程，这种方式可有效提高电池组的均衡性、延长使用寿命，而且充电机的数量也较少、监控网络简单、成本较低。为此，充电平台需提供与新能源汽车上低压直流电源一致的电源、电池充电及存储架、充电机通信接口、充电机输出连接器、烟雾传感器及监控装置等，其中，低压直流电源为电池管理系统提供工作用电；充电机通信接口可接受电池管理系统的充电控制信号；电能通过充电机输出连接器从充电机传输到电池组；烟雾传感器及监控装置等可实现对充电过程的实时监控与保护功能。

（三）充电站电池调度系统

充电站的电池调度系统具有电池更换、储存和维护等功能，包括电池更换和电池维护两部分。电池调度系统主要完成新能源汽车动力电池的更换操作和对更换下来的电池组进行集中充电等过程，包含对电池组质量与状态的实时监控管理、电池组实际容量与均衡性检测，电池组的分拣与重新配组、电池组的存储与维护及故障应急处理等内容，主要配备有电池拆装设备、电池储存架、电池检测与维修设备等，考虑到安全性和环境条件，还应划分出专门的电池组储存区域。其中，电池更换区是车辆更换电池的场所，需要配备电池更换设备，同时应建设电池存储间用于存放备用电池；电池维护间用来进行电池的重新配组、电池组均衡、电池组实际容量测试、电池故障的应急处理等工作，其消防等级应与化学危险品等同。

（四）充电站监控系统

充电站监控系统对新能源汽车充电机及站内其他设备的运行进行监控，通常包括充电站配电监控、充电机监控、烟雾报警监控和视频监控等系统及计量收费、通信、消防安全等一些辅助系统，用来保障充电站安全、可靠地运行，并能对充电站的异常运行状态做出迅速、快捷的响应，防止事故发生。

其中，配电监控系统采用 CAN 总线与中央控制系统进行数据交换，一方面将实时检测到的配电系统的运行状态参数传输给中央控制系统；另一方面可接受中央控制系统发来的控制指令，以便当配电系统或充电站的其他系统出现故障时，配电系统能按指令做出适当的处理；充电机监控系统主要将充电过程中充电机的控制参数和电池组的参数传输给中央控制系统，由后者进行数据分析、报表打印及传输对充电机的启停控制等指令；由于动力电池在充电时的故障通常表现为冒烟或燃烧，因此烟雾报警监视系统是对拆卸替换下来的电池组进行集中充电时的必备装置，可在发生危险时及时发出报警信号；视频监视系统则针对整个充电站内各主要设备的外表、场地和相关人员等进行监视，以免发生事故。

充电站监控系统将充电站的配电、充电、计量收费和安全防护等相关环节作为一个整体进行自动化的处理，基本功能是按照充电站的实际运行特点，完成包括设备运行状态的实时监控、智能化负载调控、远程充电电量计量与收费及电网合理调配等功能，因此是充电站安全、可靠运行的保证。但充电站监控系统并不仅局限在对单个充电站的监控、调度和管理，从城市供电网的角度分析，随着充电站规模和数量的增加，未来也可能通过 Internet 远程通信协议对一定区域内的数个充电站监控系统所得的数据进行汇总、分析，实现对其运行状况的统一管理和调节，可在一定程度上起到对电网“削峰填谷”和提高供电利用率的效果。

四、充电站的设计和建设

充电站的建设包括规划选址、确定供配电方式与容量、功能定位及相关标准的统一等内容，由接受充电服务的新能源汽车的种类、数量和电能补给方式等因素决定。因此，必须在充分调研的基础上，综合考虑充电需求、建设与运营成本，因地制宜地确定建设方案。下面介绍大型综合充电站建设所涉及的主要方面。

（一）充电站设计中要考虑的因素

新能源汽车大型综合充电站通常供配电容量大、功能完善，但占用场地也较大，因此投资建设和运营成本都较高。充电站在建成后不仅要满足客户的充电需求，消除对充电不便的顾虑，同时还要为新能源汽车的推广起到示范效应和推动作用。因此，充电站在规划和设计时，必须审慎考虑各种因素、权衡利弊后再确定适宜的方案。影响充电站设计的因素主要有以下几个方面。

1. 充电站的规划与布局

新能源汽车的发展必然伴随着城市的发展，而充电站的场地面积和供电容量都很大，因此充电站的规划与布局应该结合所在城市建设与发展的总体规划，可适当超前以满足未来一段时间内新能源汽车发展的需要。此外，与电力、交通、市政等部门相互协调，将供配电网、道路交通和人口密度等方面的发展情况统一纳入城市规划中，这样既可为充电站的运营提供可靠的电力供应保障、提高充电站的安全性和稳定性，也能够在建成后达到预想的服务能力。由于现有动力电池组存在技术瓶颈，其在每次充满电后为新能源汽车提供的续航里程与新能源汽车用户的期望值尚有较大的差距，为了保证各种新能源汽车的正常使用，显然单独或少量的充电站是无法令人满意的，必须使充电站达到合理的密度，形成网络化布局。这同样必须依据诸如新能源汽车主要应用的区域、数量及种类等与城市发展规划有关的信息。除了建设综合大型充电站外，还可依托当地已有的社会停车场和公交车始发站等专用停车场等，因地制宜地建设中小规模的充电站，作为缓解大型充电站负荷、分散充电车辆及方便就近充电的有效措施。

2. 充电站的功能定位

大型综合充电站应提供整车充电和电池快换两种电能补给方式，具备对充电机的运行状态进行实时监测与传输、远程监控、人机交互、充电电量计量及费用支付等功能，需要配置快速充电机、电池组拆卸设备、电池组集中充电与存储平台、通信与计量系统、视频安防系统等。中小型充电站则可以适度简化功能，以降低建设和运营成本。

3. 充电站的容量

应根据建设用地的大小、现有新能源汽车的种类与规模等，并考虑未来一定时期内充电需求的增加量等因素，在综合分析和计算的基础上得出需要配备的快速充电机的数量及电池组集中充电设施的规模，以及确定充电站的电能容量。与此对应，充电站各组成系统的设计必须满足此容量的要求，包括供配电输入功率、线路的接线方式、变压器的种类与容量、继电保护装置的选择、谐波抑制的措施及抑制装置的功率等都需要与此相适应。

4. 充电站的建设与运营成本

由于需要配套专门的供电线路、较大的建设用地和专业设备等，新建大型综合充电站一般需要投入大量资金，但随着新能源汽车的发展，充电需求会日趋旺盛，因此在后期有利于运营收入的提高。此外，还应该意识到这类充电站并不仅仅是商业运营的设施，而且也是倡导环保理念、增强汽车业可持续发展能力的体现，因此，应兼顾经济与社会效益。

5. 技术标准

限制新能源汽车产业快速发展的因素之一就是缺乏统一，能够得到广泛认可和采纳的行业技术标准，如作为新能源汽车能源载体的动力电池就有铅酸电池、锂离子电池和镍氢电池等多种类型，即使是同一类型的电池，如存在充电曲线和使用性能的不同，各电池生产厂家的产品在容量及技术指标上也不同，这就给充电系统的设计带来困难，难以兼顾并满足各类电池的充电需求，无法有效降低生产成本。此外，各厂家生产的新能源汽车配置的充电插头在形式及充电通信协议方面往往也不相同，这给一些需要进行整车快速充电的用户造成了不便。因此，亟待建立统一的充电设备电气接口及通信协议等相关技术标准，扩展通用性，从而节省建设与运营成本。

6. 对供配电网和环境等的影响

大型综合充电站对供配电网的影响主要有以下三个方面。

（1）谐波污染。由于充电站内的充电机对于供配电网来说是非线性负载，在工作过程中会产生谐波电流，不仅会降低供配电网的电能质量，还会导致网侧功率因数下降。因此，充电站在设计之初就应充分评估谐波的影响程度，考虑是否采用及采取何种谐波抑制和无功补偿技术。

（2）对供配电网平衡性的影响。新能源公交车、出租车和私家车等车辆的运行主要集中在白天的工作时间，由于正值运营高峰期、需要以快速充电或更换电池组的方式补给电能，更换下来的大量电池组也需要及时、快速地充满电量，以备随时替换，这就使得充电站的负载波动明显、用电功率激增，会对供配电网产生较大的电流冲击和不平衡，而且这一时段也是城市用电的高峰期，充电站用电负载的增加将进一步加重城市电网的负荷。因此，若能充分利用晚间城市用电低谷、且充电站大多数快速充电机空闲的时段对电池组进行慢速充电，既有利于电池的保养，延长使用寿命，也起到了错峰用电、平衡电网的作用，同时还可享受低谷时段的优惠电价、降低运营成本。

（3）充电站对周围环境的影响。主要表现在电磁干扰和安全隐患等方面，因此设计时要考虑周边是否有对电磁干扰敏感的设备及人员，避开医院、加油站等重要设施及人口稠密区域，从而减少充电站对周围环境的不利影响、排除安全隐患。

7. 使用安全性和方便性

由于充电站内设有大量强电设备，必须保证相关人员和设备的安全；同时，应使充电过程更加智能化和自动化，减少人为干预环节并增加容错能力，充电机与新能源汽车充电接口的插拔件应设计合理，使连接和断开操作简单、安全。

（二）充电站的设计原则

根据以上对大型综合充电站设计时要考虑的因素的分析，可得到这类充电站的设计原则，具体包括以下几个方面。

（1）充电站的总体结构包括配电室、充电室、监控室、电池更换区、电池充电区、电池维护与存储区等，选址应在新能源汽车使用集中的区域，方便用户及时充电。

（2）应靠近为其提供电能的输变电站，从而缩短输电线路的长度，减少电缆阻抗的不利影响。

（3）应提供整车快速充电和电池组快速更换两种电能补给方式，以便满足不同种类和用途的新能源汽车在不同时段的充电需求，此外，还要保持网侧谐波含量低于电能质量的相关标准。为此，必须合理设计供配电系统、充电系统和谐波抑制系统等，其中供配电系统主要涉及配电变压器种类与容量的确定及断路器和继电保护装置的选取等；充电系统涉及高频开关功率变换电路拓扑及控制策略的选择等；谐波抑制系统主要应考虑滤波方式的选择等。另外，充电站还应满足环境保护和防火安全等相关要求。

第二节 新能源汽车充电设施的管理与运行

由于新能源汽车对技术发展的依赖性大，其运行中具有较多的不确定性，这就决定了新能源汽车充电过程要求具有专业化、系统化的特点。因此，应开展有效的组织管理，以保障充电站安全、高效的运营。同时，专业化的组织管理体系也是联结充电系统和上述营运关联系统的纽带，有助于推动充电站乃至新能源汽车的商业化运营。具体来说，可从以下方面加以保障。

（1）要建立职责明确、执行有力的运营组织架构，不同职责岗位配备不同的专业化人员，从组织管理方面对充电站建设和运营进行严格、规范和有效的控制，满足新能源汽车充电的专业化要求。

（2）根据充电站运营组织架构，设计一套合理的组织运作流程，使充电方法、技术和不同新能源车辆的需求相适应。同时，要协调好不同岗位之间的业务关系，协调好各个环节的衔接，充分提高充电站运作管理的效率。

（3）建立与充电站一体化管理相适应的严格的管理法规、条例和规章制度，以责任制为基础，对各种运营管理参数进行科学量化，增强管理的针对性和时效性。

（4）新能源汽车作为新的事物，充电站在充电中出现故障或意外事故是有可能的，应建立故障恢复与紧急响应机制，加强管理，确保人员、车辆及充电系统的安全。

一、充电设施的日常管理规范

（一）高压侧配电系统的日常巡检

1. 主变压器的日常巡检

主变压器的日常巡检，见表8－2。

表8－2 主变压器的日常巡检项目

序号	项目	结果
1	温度正常	
2	无绝缘破损、放电痕迹	
3	无异常声响	
4	散热风扇运行正常	

续表

5	引线接头无过热变色	
6	各相电压在正常范围	

2. 10 kV 断路器的日常巡检

10 kV 断路器的日常巡检，见表 8－3。

表 8－3　10 kV 断路器的日常巡检项目

序号	项目	结果
1	分合闸位置正确	
2	开关柜无异味、放电声	
3	开关柜体无发热迹象	
4	机构弹簧显示已储能	
5	环境监测装置正常工作	
6	引线接头无过热变色	
7	“本地/远控” 开关在远控位置	
8	“保护跳闸” 连接片启用（正常运行） “保护跳闸” 连接片停用（故障检修）	

3. 10 kV 电压互感器的日常巡检

10 kV 电压互感器的日常巡检，见表 8－4。

表 8－4　10 kV 电压互感器的日常巡检项目

序号	项目	结果
1	运行无异响	
2	引线接头接触良好，无过热变色	
3	高压瓷瓶无绝缘破损、放电痕迹	
4	机构弹簧是否显示已储能	
5	二次侧接线正确，无短路、松动	
6	二次侧接地可靠	

4. 10 kV 电流互感器的日常巡检

10 kV 电流互感器的日常巡检，见表 8－5。

表 8－5　10 kV 电流互感器的日常巡检项目

序号	项目	结果
1	运行无异响	
2	引线接头接触良好，无过热变色	
3	高压瓷瓶无绝缘破损、放电痕迹	
4	机构弹簧是否显示已储能	
5	二次侧接线正确，无开路、松动	
6	二次侧接地可靠	

（二）低压侧配电系统的日常巡检

1. 电力电缆的日常巡检

电力电缆的日常巡检，见表 8－6。

表 8－6　电力电缆的日常巡检项目

序号	项目	结果
1	引线接头接触良好，无过热变色	
2	无绝缘破损	
3	端头牢固、相色正确清晰，无放电现象	
4	端头处无断股，接地线接触良好	
5	电缆沟内无积水，支架牢固、无锈蚀	

2. 低压开关柜的日常巡检

低压开关柜的日常巡检，见表 8－7。

表 8－7　低压开关柜的日常巡检项目

序号	项目	结果
1	断路器操作手柄位置正确，符合运行模式	
2	断路器分合闸位置指示灯指示正确，符合运行模式	
3	交流电压表指示正确，与后台监控结果一致	
4	端头处无断股，接地线接触良好	
5	柜体无异味、无发热迹象	
6	接地线紧固、无松脱	

3. 继电保护系统的日常巡检

继电保护系统的日常巡检，见表8－8。

表8－8　继电保护系统的日常巡检项目

序号	项目	结果
1	保护装置插件密封良好，固定可靠	
2	保护装置连接片投切位置与运行要求一致	
3	保护装置运行正常，无异味，无异常声响，标签完整	
4	端于排及设备接线牢固，无松动脱落	
5	退出的二次线包扎完好	

（三）充电系统的日常巡检

1. 交流充电桩的日常巡检

交流充电桩的日常巡检，见表8－9。

表8－9　交流充电桩的日常巡检项目

序号	项目	结果
1	外观及桩内清洁干燥	
2	固定平稳、牢固	
3	充电插座外观完好、无损坏变形现象	
4	指示灯状态符合运行状态	
5	液晶屏无损坏，操作有响应	
6	桩内接线牢固、无松脱	
7	充电过程中充电线缆无明显发热迹象	

2. 充电机的日常巡检

充电机的日常巡检，见表8－10。

表8－10　充电机的日常巡检项目

序号	项目	结果
1	外观良好、无损坏变形现象	
2	无异味、放电声响、发热迹象	
3	接线牢固，无松脱、断线现象	

续表

4	指示灯状态与运行状态相符	
5	液晶屏无损坏，操作有响应	
6	液晶屏显示电压、电流等数据与测量数据相符	
7	液晶屏显示电压，电流等数据与充电桩数据相符	
8	能够自动完成设定充电过程	

3. 直流充电桩的日常巡检

直流充电桩的日常巡检，见表 8－11。

表 8－11　直流充电桩的日常巡检项目

序号	项目	结果
1	外观及桩内清洁干燥	
2	固定平稳、牢固	
3	充电插头外观完好、无损坏变形现象	
4	指示灯状态符合运行状态	
5	液晶屏无损坏，操作有响应	
6	液晶屏显示电压、电流等数据与测量数据相符	
7	液晶屏显示电压、电流等数据与充电机数据相符	
8	能够自动完成设定充电过程	
9	急停按钮外观无损坏，操作有效	

4. 安防系统的日常巡检

安防系统的日常巡检，见表 8－12。

表 8－12　安防系统的日常巡检项目

序号	项目	结果
1	各摄像头无损伤、遮盖，运行良好，画面清晰	
2	门禁系统正常	
3	后台机操作灵敏、可靠，各报警信号发出及时	
4	安防柜内部部件齐全完好，固定牢固	
5	安防柜内部接线牢固，无松脱、断线	

5. 计量计费系统的日常巡检

计量计费系统的日常巡检，见表 8－13。

表 8－13　计量计费系统的日常巡检项目

序号	项目	结果
1	计量表计工作正常，计量准确	
2	与监控后台通信正常	
3	部件齐全完好，固定牢固	
4	计费规则正确	

6. 车辆运行监控系统的日常巡检

车辆运行监控系统的日常巡检，见表 8－14。

表 8－14　车辆运行监控系统的日常巡检项目

序号	项目	结果
1	设备齐全完好，接线牢固	
2	能够与车辆可靠通信，获取运行参数	

二、充电设施的操作管理规范

（一）充电员岗位规范

（1）工作时间必须穿工作服，佩戴胸卡。

（2）严格遵守充电操作规范和电池维护安装操作规范。

（3）禁止踩踏电池（箱），禁止在电池（箱）上堆放物品。

（4）电池（箱）零部件定点放置，禁止随便丢弃。

（5）工作时间不得擅自离开工作岗位，如确实需要必须向主管领导汇报。

（6）工作中出现的异常情况必须向上一级汇报，不得擅自处理。

（7）工作时严禁闲谈，工作区内禁止吸烟。

（8）充电前应对电池电压情况进行测量，如发现电压、电池形状异常应及时汇报。充电过程中，应及时监测电池电压变化过程。

（9）充电结束后，认真填写相关记录表格。

（10）维护用具及设备在使用中负责到人，如在工作中发现重大事故隐患，应及时向上级汇报，以得到有效处理。

（11）每日结束工作前，应整理工作区，以保证工作区清洁。

（12）不准带与工作无关的人员进入工作区。

（13）不准操作与本职工作无关的设备。

（二）充电员充电操作规范

（1）对于不同车型使用不同型号的充电机，按照充电调度人员的安排进行车辆充电工作。

（2）在车辆充电过程中，认真观察电池电压、电流等参数变化，出现异常及时关机并向上级汇报。

（3）确认充电插头正负极后插接，确保插接安全可靠，两名值班充电员都确认无误后，开机充电。

（4）正常充电前，必须确认充电机充电参数设定与车辆电池类型、电池参数相匹配。

（5）在充电开始前、结束后，认真填写相关记录表格文件。

（6）充电结束后，必须先关闭充电机电源，再拔下充电插头。

（7）充电结束后，必须把充电线整理整齐，关闭、锁好车辆门窗及电池舱口。

（8）在充电过程中，不准擅自离开充电现场，不准在车厢内休息。

（9）严格按照规定参数执行充电工作，不得擅自修改参数。

（三）电池安装及更换操作注意事项

（1）电池安装前的配组工作需要确保电池必须处于相似的荷电状态，即：

① 并联的电池，电压差小于0.01 V，内阻差小于0.5 mΩ。

② 串联的电池，电压差小于0.05 V，内阻差小于0.5 mΩ。

（2）更换电池前，必须严格检查电池状态，包括电池电压、内阻等参数，或根据电池充放电历史记录参数确定需要更换电池的位置参数，并将测量结果报技术负责人，以确定具体方案。

（3）电池安装及更换工作场地必须相对封闭，非工作人员不得入内。场地周边不得有易燃易爆及与工作无关的金属物品，各个工位之间的距离不得小于2 m。

（4）连接电池前，用吹风机和吸尘器对电池表面灰尘进行清理，尤其是极柱内的灰尘和金属屑必须清理。

（5）电池间以铜编织线连接，首先用酒精溶液清洗，除去连接线表面的污垢和树脂胶。

（6）电池间连接采用规定的连接件及设备，不得擅自更改。

（7）电池连线工作实行责任负责制，电池装配后，由检验员检验，并进行登记。

（8）严禁在地面潮湿区域进行电池连接操作。

（9）必须保证电池连接操作工具具有绝缘手柄或在手柄侧进行绝缘处理，与工作无关的工具不得带入工作场地。

（10）操作人员上岗不得佩戴金属饰品，如手表、戒指等。工作服衣袋内不得有金属物品，如钥匙、金属壳笔、手机和硬币等。

（四）锂离子电池充电操作规程

以锰酸锂电池为例，充电操作规程如下。

（1）在充电前，必须检测电池包内单体电池的电压；单体电池并联的情况下，测量并联后电压的分布情况；在有条件的情况下，还应检测电池内阻的分布情况（用于确定电池的状态，包括电池是否损坏、电池荷电状态及不一致性分布情况）。

（2）如电池组电压高于3.95×nV（n为串联电池数），则充电初始工作电流为0.05C，电池组最高限压为（4.18～4.20）×nV。

（3）若电池组电压范围为（3.85～3.95）×nV，则充电初始电流为0.1C，电池组最高限压为（4.16～4.19）×nV。

（4）若电池组电压低于3.85nV，则充电初始电流为（0.2～0.25）C，电池组最高限压为（4.15～4.18）×nV。

（5）开始充电后，应立刻对所有电池电压分布情况进行测量，对在测量中的电压超过4.25 V的单体进行监控，对电压超过4.30 V的单体进行重点监控，若有单体电压超过4.40 V时，立刻停止充电，并按照规定上报监控情况。

（6）在充电过程中，测量电压的间隙，用红外测温仪测试电池温度（包括电池表面和电池极柱温度）。若发现单体电池温度高于其他电池5 ℃以上，则需要对此电池进行监控；超过10 ℃时，则必须停止充电，并按规定上报监控情况；电池组温度超过60 ℃时，必须停止充电，待温度降至50 ℃以下后，重新开始充电。

（7）充电终止电流应控制在1～3 A/200 A·h的范围内。

（8）充电终止后，必须等待全部电池温度下降至室温后，才能关闭电池舱结束充电工作。

（9）充电结束后5 h，再次测量并记录所有电池断路电压，单体电池电压低于全部电池平均电压0.1 V以上者，考虑单独充电或更换电池。

（10）充电过程中，发生任何意外情况，都必须首先切断充电机电源，使发生问题的电池包尽快同其他电池断开，并使之与车脱离。

（五）新能源公交车调度监控室管理制度

（1）为保证新能源公交车调度监控室正常、安全运转，加强系统、设备的维护和人员的管理，制定本制度。

（2）本室工作人员必须严格遵守管理制度、操作制度和有关电气安全操作规程，不允许在室内从事与工作无关的事情。

（3）建立值班制度，严格遵守值班时间，执行交接班制度。值班人员必须定时检查室内计算机系统、网络设备、电源UPS系统等运行情况，发现问题及时处理或上报。

（4）本室值班人员必须认真、如实、详细填写《新能源公交车调度监控室日志》，交班时必须向接班人员交代清楚一切关联工作事项，对重大事项必须让接班人员确认并签字。

（5）严禁非本室工作人员未经同意进入机房，经同意进入的非工作人员不得随意操作计算机等相关设备。

（6）所有进入本室的人员不得携带任何易燃、易爆、腐蚀性、强电磁、辐射性或流体物质等对设备正常运行构成威胁的物品。

（7）禁止随意变动和摆放室内所有设备。各种设备的使用人员必须严格遵守操作规程，确保设备的正常运行和信息数据的安全；出现使用故障时，使用人员应及时报告，请专业人员排除。

（8）不得在包括计算机在内的各种设备上私自装卸各种系统软件及常用软件，禁止私自登录互联网；一般情况下，不允许使用软盘、U 盘或移动硬盘传递信息，如确实有特殊需要，须先进行病毒检测。

（9）不得随意变动网络和通信设备的配置；网络设备应放置在通风、干燥的位置，需有防火、防盗措施；定期检查各种通信传输设备。

（10）各类软件系统的维护、增删、配置的更改，各类硬件设备的添加、更换必须经调度监控室负责人同意后方可进行，并且详细填写登记记录。

（11）保持室内卫生，不得随地抛弃废物，严禁在室内吸烟或进行其他可能引起安全隐患的活动。

（六）充电机安全操作规程

1. 充电设备开机前检查

（1）检查充电站三相输入和直流输出线的连接插头是否可靠。

（2）选择是否在电池管理模式下运行，根据电池特性设定合适的充电电压、单体限制电压和充电电流等参数，第一次设定好参数后无特殊情况请勿擅自改动以上参数，以便下次充电时能自动显示最近一次的充电参数。

（3）若接触器、液晶屏显示、风扇等工作不正常，请勿开机，等待维修处理。

2. 充电设备运行中监控

（1）密切监控充电机的运行状态，包括充电电流、充电电压和电池温度，如带电池管理系统还须检测单体电压变化。

（2）电池充电接近饱和后电压上升较快，应密切观测并及时停机。充电时如发现异常应立即停机处理，记录故障情况，并及时反馈给充电技术人员，待相关人员处理。

3. 注意事项

（1）避免充电机带“病”运行，如发现充电机内部响声异常、电流电压显示异常、机内有不正常气味或烟雾产生、液晶显示异常以及各信号指示灯显示异常等应立即停机处理，以免造成更多的元器件损坏。

（2）按键操作时请勿用力过大，严禁用硬物涂刮充电机外壳和液晶屏。

（3）充电机外壳应用电缆良好接地，充电过程中严禁靠近充电机和电池，禁止在充电过程中突然断开电源或负载电源插头。

（4）因充电机属大功率设备，主要靠强制风冷散热，充电时应确保其周围通风正常，并定期检查风扇是否工作正常。

（5）如遭遇雷电天气，为保证充电机不受损害，建议停止充电。如遇下雨天气过后充电，因空气湿度较大，请将充电机先接通电源，待机工作 30 min 后才能开始充电。

(6) 如充电机在运行过程中发生异常，应将同属于该充电架上的其他充电机全部停机，切断该充电架的三相电源总开关才能取下维修。严禁非专业人士拆开充电机，所有操作人员和维修人员需进行专业培训后才能上岗。为避免充电机电容剩余电荷危及人身安全，故障发生后应过 15 min 才能拆开充电机维修，且维修时应做防静电措施。

(7) 充电机应安装在无阳光直射、无漏雨、附近地面有绝缘处理的地点运行，并且充电机须为非移动式。严禁在充电机上堆放其他物品，充电现场应配备相应的灭火器材。

(七) 人工更换电池的安全操作规程

以公交车为例，具体操作规程如下。

1. 公交车停车到位

(1) 打开电池舱门。

(2) 打开开锁电源开关。

2. 更换车前部电池

(1) 用叉车从充电架上取下已经充好电的电池，调换至手推车上。

(2) 用手推车从公交车中取出相对应的需要更换的电池。

(3) 把充满电的电池装入公交车中。

(4) 把从公交车中取出的需要更换的电池装入充电架，锁好。

(5) 重复上述 (1) ～ (4) 步更换其余电池。

(6) 检查所换的电池箱是否已锁止，如已锁止，关上电池舱门并挂上挂钩，锁好。

(7) 车前部电池更换完毕。

3. 更换车后部电池

(1) 用手推车从充电架上取下已经充好电的电池。

(2) 用手推车从公交车中取出相对应的需要更换的电池。

(3) 把充满电的电池装入公交车中。

(4) 把从公交车中取出的需要更换的电池装入充电架，锁好。

(5) 重复上述 (1) ～ (4) 步更换其余电池。

(6) 检查所换的电池是否已锁止，如已锁止，关上电池舱门并挂上挂钩，锁好。

(7) 车后部电池更换完毕。

4. 更换结束

(1) 关掉开锁开关。

(2) 公交车驶出更换位置。

5. 使用叉车时的注意事项

(1) 叉车驾驶员应经过专门的操作培训。

(2) 使用叉车取装电池时操作人员至少为 3 人，1 人驾驶叉车，2 人在叉车上取装电池。

（3）叉车驾驶员应谨慎驾驶，上升、下降要平稳，上下左右对位要准、稳，保证电池安全，顺畅地装、取。

（4）叉车上的操作人员要站稳抓好，防止自身和电池的跌落。

6. 使用手推车的注意事项

（1）使用手推车取、装电池时操作人员至少为 2 人，1 人手推，1 人在旁扶住电池。

（2）取、装电池时手推车和公交车、充电架的对位要准。

（3）要保证手推车上的电池锁好，以防止电池甩脱。

（4）装电池时要轻并且要保证电池锁紧。

（八）快换机器人设备管理规范

1. 快换机器人安全操作规程

（1）操作人员应持证上岗，熟识国家有关用电安全规定和触电急救方法。

（2）工作中操作人员必须穿绝缘鞋，在潮湿区域工作时应注意做好安全措施。

（3）操作人员要经常检查工具的绝缘情况，正确使用各种仪器、仪表。

（4）操作前安全注意事项如下。

① 确认车辆已经停在指定的位置。

② 打开车辆电池箱盖，检查电池盒外观，开启车辆尾部低压电源。

（5）机器人操作安全注意事项如下。

① 两人操作，一位操作人员，一位监护、检查人员。

② 确保机器人作业时机器人作业范围内不得有其他人员（必要的工作人员除外）。

③ 任何人不得在机器人与车辆、机器人与电池架之间行走（紧急情况除外）。

④ 机器人前后移动时，操作人员必须给监护人员口令并得到监护人员确认后，方可移动机器人。

⑤ 确认车上电池盒电磁锁已经锁好，关电池箱门，挂好电池箱门的保险绳，关闭自动解锁电源，关闭车辆后门。

⑥ 确认电池架上的电池安装稳固。

⑦ 对机器人运行程序的修改，必须先作试运行再作实际操作。

⑧ 严格按照规定维护、保养机器人，做好机器人工作记录，发现问题及时汇报。

（6）更换电池注意事项如下。

① 禁止带电接近高压电极。

② 在维护电池、电池盒前必须切断电源。

③ 确认车辆、电池架上的电池安装稳固。

（7）用手推车更换电池时必须双人操作，必须确认电池稳固地安装在车辆上或电池架上。

（8）从架上取电池前，托盘必须全部缩回到位，设备停在 0°或者 180°位置，工作托盘上不能有电池。

（9）机器人左右移动前需要把托盘和缸缩回到位，高度不超过 300 mm。

（10）其他安全注意事项如下。

① 对车辆进行更换电池或电池盒维护保养之前，确认车辆停稳，并在作业车辆前放置停车牌。作业完毕后，驾驶员签字确认，然后移开停车牌。

② 留意来往车辆。

③ 严格按照消防安全指引作业。

2. 快换机器人日常例检及维护规程

（1）设备操作人员必须进行培训考核，合格后方可独立操作设备。

（2）设备纳入日常管理，按时进行例保、安保、小修和大修。

（3）每日每班操作前必须对机器人做检查和保养（对丝杠和缸加注润滑油）、擦拭。

（4）设备操作人员需按照使用说明书和安全操作规程要求对设备进行操作，按设备润滑图表要求，按时、定质、定量地对设备进行润滑保养。

（5）操作人员每日开机前必须认真巡视设备，检查设备上各紧固件是否有效，作用良好，各运动副上有无异物，液压站油位是否正常，并检查设备是否处于初始状态。

（6）在使用设备过程中应注意观察压力表的示数是否符合要求，液压站工作时是否有异响，液压油温度是否正常（不高于 65 ℃）、数字油缸是否工作稳定、准确。一旦发现异常必须马上按正常停机程序停机，并通知有关人员到场判断故障，以便及时检修设备。

（7）使用后，要求按停机程序进行操作，使设备处于初始状态。

（8）认真擦拭设备（擦拭设备前须切断电源），切断电源后方可离开设备。

实践操作

直流充电系统常见故障检修

1. 实训要求

（1）会连接故障诊断仪，会读取故障代码和数据流。

（2）能建立起清晰的故障诊断思路。

（3）能熟练完成零件和线束的检测。

（4）能独立完成常见故障的排除。

2. 实训准备

（1）实训用车：吉利帝豪 EV450 或北汽 EV200 车型。

（2）防护装备：绝缘鞋、绝缘手套、护目镜、防护服。

（3）专用修车工具：汽车故障诊断仪、万用表、灭火器等。

（4）手工常用工具。

（5）辅助材料。

3. 实训内容

（1）验证直流故障现象。

（2）写出故障诊断思路并进行基本检查。

（3）进行部件/电路测试。

（4）完成故障排除。

4. 实训步骤

（1）直流故障现象验证。

步骤1：启动车辆，观仪器盘的状态，记录指示灯的状况。

步骤2：插入直流充电枪，观察仪表盘状态。

步骤3：连接故障诊断仪，确定车牌和车型。

步骤4：读取故障代码及数据流。

（2）写出故障诊断思路及基本检查。

步骤1：查阅电路图，确定故障诊断范围和元器件。

步骤2：检查直流快充接口。

步骤3：对直流充电系统相关零件、高低压线束及连接器进行检查。

（3）部件/电路测试。

步骤1：检测相关保险丝。

步骤2：检测供电电路。

步骤3：检测接地线路。

步骤4：检测通信线路。

步骤5：检测高压线束。

步骤6：确定故障点。

（4）故障排除。

步骤1：确定维修方法。

步骤2：用解码器读取故障，确认无故障码。

步骤3：插入电枪充电，确认故障排除。

步骤4：进行现场5S操作。

课程思政

河北首个收费站口新能源汽车充电站投运

“下高速的时候，新能源汽车电量剩余不多了，来这充了20分钟，已经快充满了。高速公路下口也配置了充电桩，充电速度还挺快，太方便了。”2023年1月17日，在京哈高速唐山北收费站口，作为充电站的首批用户，李先生对这次充电体验非常满意。

当天，由河北高速集团投资建设的河北首个收费站口新能源汽车充电站在京哈高速唐山北收费站投入运营，为春运期间过往的新能源汽车提供便捷高效的充电服务，填补了河北省高速公路和城市之间充电设施的空白。

该充电站位于京哈高速唐山北收费站下口，占地面积约450平方米，装配了5套160 KW双枪快充桩，可同时为10辆新能源汽车充电，最快可在20分钟内为车辆充电至80%电量以上。充电站全部按相关标准建设，设施先进，且可远程控制，进出方便，能够确保新能源汽车安全快捷充电。

据了解，河北高速集团首批在廊坊、唐山和秦皇岛选取6个收费站口作为试点，投资近900万元建设新能源汽车充电站，共将安装双枪快充桩33套，可同时为66辆新能源汽车充电。目前，唐山北收费站口充电站赶在春节前投入运营，其余充电站也将于近期陆续建成投运。

“我们将积极贯彻落实省委省政府关于发展路衍经济、服务民生的指示精神，深挖高速公路沿线资源潜力，从其余200多个收费站中再选择一些合适地点，科学谋划、合理布局，全力推进充电基础设施建设，形成高速公路充电网络，让百姓出行更便捷、更安全、更暖心。”河北高速集团资源开发运营公司主要负责人刘少明介绍。

据测算，本次投入运营的唐山北充电站预计每天充电量可达2560千瓦时，相当于减少约2吨碳排放，每年可减少碳排放733吨。首批试点的6个充电站建成后，每天充电量约16900千瓦时，每天可减少碳排放约13.26吨，每年可减少约4841吨碳排放。

（来源：河北日报）

思考练习

一、填空题

1. 根据充电运行模式和规模的不同，现有的新能源汽车充电设施主要有________和________两种类型。

2. 大型综合充电站对供配电网的影响主要有________________、________________和________________。

3. 充电站设计应靠近为其提供电能的输变电站，从而________________输电线路的长度，________________电缆阻抗的不利影响。

4. 电池安装及更换工作场地必须相对________________，非工作人员不得入内。场地周边不得有________________及与工作无关的金属物品，各个工位之间的距离不得小于________________m。

二、简答题

1. 综合的大型充电站一般由哪些设施组成？

2. 简述充电员充电操作规范。

参 考 文 献

［1］李仕生，张杨．新能源汽车充电系统构造与检修［M］．北京：机械工业出版社，2023.

［2］瑞佩尔．新能源汽车维修从入门到精通［M］．北京：化学工业出版社，2023.

［3］宋志良，吕丕华，习璐．新能源汽车充电系统检修［M］．北京：高等教育出版社，2023.

［4］刘祖其，王跃进．新能源汽车充电系统原理与检修［M］．西安：西安电子科技大学出版社，2022.

［5］人力资源社会保障部教材办公室．新能源汽车充电系统检测与维修［M］．北京：中国劳动社会保障出版社，2021.

［6］李宏伟，孙晓春，房宏威．新能源汽车充电系统构造与检修［M］．北京：机械工业出版社，2020.

［7］张仕奇，刘仍贵．电动汽车充电系统原理与检修［M］．北京：化学工业出版社，2019.

［8］朱伟．新能源汽车维护［M］．北京：人民交通出版社，2019.

［9］瑞佩尔．新能源汽车结构与原理［M］．北京：化学工业出版社，2019.

［10］吕江毅，成林．新能源汽车动力蓄电池技术［M］．北京：机械工业出版社，2019.

［11］崔胜民．智能网联汽车概论［M］．北京：人民邮电出版社，2019.

［12］蔡兴旺，康晓清．新能源汽车结构与维修［M］．2 版．北京：机械工业出版社，2019.